生命，因阅读而美好！

气候改变世界

看千年前的气候变迁，如何重新划分世界文明的版图

THE GREAT
WARMING

CLIMATE CHANGE AND THE RISE AND
FALL OF CIVILIZATIONS

［美］布莱恩·费根 ⊙ 著
（Brian Fagan）

黄中宪 ⊙ 译

天 地 出 版 社 | TIANDI PRESS

图书在版编目（CIP）数据

气候改变世界 /（美）布莱恩·费根著；黄中宪译 . — 成都：天地出版社，2019.6
ISBN 978-7-5455-4447-3

Ⅰ.①气… Ⅱ.①布… ②黄… Ⅲ.①气候变化－影响－世界史－研究 Ⅳ.① K107

中国版本图书馆 CIP 数据核字（2018）第 285970 号

THE GREAT WARMING CLIMATE CHANGE AND THE RISE AND FALL OF CIVILIZATIONS © by BRIAN FAGAN

Published by arrangement with Bloomsbury Publishing PLC through Big Apple Agency，Inc..

Simplified Chinese edition copyright: 2019 Changsha Senxin Culture Dissemination Limited Company

All rights reserved.

著作权登记号　图字：21-2018-742

QIHOU GAIBIAN SHIJIE
气候改变世界

出 品 人　杨　政
作　　者　[美] 布莱恩·费根
译　　者　黄中宪
责任编辑　杨永龙　欧阳秀娟
装帧设计　罗四夕
责任印制　葛红梅

出版发行　天地出版社
　　　　　（成都市槐树街 2 号　邮政编码：610014）
　　　　　（北京市方庄芳群园 3 区 3 号　邮政编码：100078）
网　　址　http://www.tiandiph.com
电子邮箱　tianditg@163.com
经　　销　新华文轩出版传媒股份有限公司

印　　刷　长沙鸿发印务实业有限公司
版　　次　2019 年 6 月第 1 版
印　　次　2019 年 6 月第 1 次印刷
开　　本　710mm×1000mm　1/16
印　　张　18
字　　数　238 千字
定　　价　58.00 元
书　　号　ISBN 978-7-5455-4447-3

"好的。"笑脸猫说。这一次，它从尾巴末端开始慢慢消失，最后是它咧嘴而笑的神情。它身体的其他部分都消失后，那笑容仍挂在半空中好一会儿。

——路易斯·卡罗，《爱丽丝梦游仙境》

（1865年）

出版说明

· 地名写法沿用最通俗的用法。

· 考古地点和古地名，按照作者撰写本书所用资料里最常出现的写法。

· 本书的注释大多着重说明资料来源，并附上丰富的参考书目，为有意深入的读者提供更专业的著作。本书虽是历史性叙述，但穿插于内文的专栏，为热带辐合带之类的现象和主要的气候学研究方法提供更深入的说明。

· 凡是以碳十四年代测定法测出的年代都合乎标准。

· 绘制气温曲线时，为求图表明晰，去除了不规律的数据。

过去的未来：人类迫在眉睫的天诛 ——————

　　根据统计，每年有超过百万名观光客拥入柬埔寨的吴哥窟，参观这个世界文化遗产的胜地。可想而知，凡是踏入遗址的访客，无不惊艳于那300余座神庙寺堂，雕工之精美，堪称鬼斧神工，都城设计更称得上精妙绝伦。但惊艳之余，到底有多少人会意识到这座金碧辉煌的12世纪都城，竟然会在15世纪从灿烂的文明坠入蛮荒。记得去年5月，即将离开客座十个月的亚利桑那州立大学全球永续经营研究所（Global Institute of Sustainability）之前，向所长查尔斯·瑞德曼教授（Dr. Charles Redman）进行工作汇报，当时我开宗明义地告诉他：21世纪的考古学研究应该在现实社会中引发正面积极的影响，否则这门学问的意义就显得贫乏。从另一个角度来说，就如同学习历史或考古，我们的目的并不在于了解历史事件的内容，或考古遗址出土文物的遗留。相反地，我们希望借由历史事件或考古遗留来学习过去人类在过往环境中所表现的生活经验，以作为解决现实问题的参考。布莱恩·费根的《气候改变世界》不仅揭露了中世纪（9到14世纪）气候变迁所造成的人类生活的历史事实，更把历史学和考古学的精义表现得淋漓尽致；其次，书里边也明确地告诉读者，理解气候变迁和人类社会的关系需要气候学家、地质学家、地理学家、人口学家、历史学家和考古学家等人的通力合作，说明了科际整合的研究模式才能对人类社会文化的演化过程提供更深入的认识。

汤因比（Toynbee）曾经说过："一个社会的命运和他们如何解决问题有关。"从这个说法思考费根在本书中述及的每一个考古遗址，我们认识到气候变迁造成的环境变化是促使人类社会文化改变的重要因素，并能了解9至14世纪全球各地历史文化发生变化之影响因素、解决问题的策略，以及导致社会崩解的关键。事实上，中世纪的暖化对世界各地的影响，利弊互见；从各地的案例中可归纳出三种不同的应对之道和解决问题的方式，这些正是有关当时社会如何面对气候变化的适应策略。最明显的是，无论哪里的气候发生变化，"迁移"似乎是最直接和自然的反应。北极地区因纽特人和古斯堪的纳维亚人的相遇、大洋洲南岛语族随着季风散布到各地大小岛屿上，再如北美西南地区的印第安人面对干旱问题时"弹性变迁"和"机动迁移"便是自然而然的应对措施。

其次，许多社会通过生态系统的规划管理，解决环境资源受气候影响所衍生的问题，诸如可耕地的扩大和开发、水资源的分配和管理、农业技术的发明和提升，都能在中国北方、高棉吴哥、北美西南、中南美洲，甚至埃及地区的案例中不辩自明。

除此之外，我们也能从书中述及的事件中，发现不乏社会将各自的结构和组织更加系统化和复杂化的例子。为了解决自然资源受气候影响所造成的短缺，同时为了顾及社会资源的分配，此书从整体社会系统的功能着手，试图营造比较周密的组织和规范，让社会生命得以延续。虽然早期人类似乎都懂得应付气候变迁时的困顿，但目前所看到的例子，却呈现出当时那些"文明"古国一个接着一个崩溃的现象。导致社会瓦解崩溃的因素，也许正应验了贾德·戴蒙《大崩坏——人类社会的明天》（Collapse: How Societies Choose to Fail or Succeed）书中所提及的，有的社会在环境变迁产生问题时，一直没有心理准备；或者问题已经发生，却没有感觉到问题存在。比较令人不解的是，有些社会即使发现问题，但碍于各种托词，甚至不尝试去解决问题。当然，最遗憾不过的，便是那些曾经尝试过各种解决问题的办法，却终究抵不过恶劣环境而失败的社会。最值得注意的是费根在末章指出的那些骇人听闻的历史悲剧。不只是殷鉴不远，也绝不是杞人忧天。因为随着环境变化，危害事实的后果便每况愈下，暗示着一发不可收拾的未来。单就北美最近半世纪的自然灾害来说，公元1987年至1989年的干旱，损失达390亿美元；2005年卡特里娜飓风在新奥尔良造成的损失竟高达810亿美元。除非现代社会能够及时改变利用环境资源的方式，同时开发各种替代性能源，以及更精确地掌握环境变化的轨迹，否则人类面临生存危机的压力将迫在眉睫。

或许有人会认为这种想法过于悲观；老天爷是公平的，风水总会轮流转，就好像中世纪的暖化或者近半世纪的厄尔尼诺现象，并非全世界在同一时间一起遭受气候变迁引起的自然灾害。东边飘雨西边晴的自然现象不正解读了几家欢乐几家愁的造化吗？情况或许若合符节，只不过应该正视的是，全球自然资源的分配，应建立在以整体人类社会共享、共存和共荣的精神与态度上来考量，否则就像书中所言："未来几世纪的战争，不是为无意义的民族主义、宗教或民主原则而打，而是为水资源而打！"

最令人拍案叫绝的是，费根一针见血地指出：人类不善于替子孙未雨绸缪，尤其是那些政治人物，讲究的是立竿见影的绩效和能够赢得选举的口号，对于未来的策略规划几乎不在他们的关注范畴内。另一方面，费根也提醒我们：历史见证"人定胜天"只能作为激励人类意志的期许。至于人类永续经营环境的最佳策略，恰如孟子告诉梁惠王的话："不违农时，谷不可胜食也；数罟不入洿池，鱼鳖不可胜食也；斧斤以时入山林，材木不可胜用也。"本书绝对值得一读。

李匡悌

人类学博士、研究员

以古鉴今窥未来

　　"漫长干旱是气候房间里的无声大象"这句话，无疑是布莱恩·费根《气候改变世界》一书的精髓。在地球46亿年的历史中，气候从未停止变迁，一直在冷暖、干湿之间游移。大地是一本地球历史活页书，气候则是伟大的史家，将冷暖、干湿烙印在土壤、树干、洞穴、珊瑚礁、海底。在没有人类的古早年代是如此，在科学昌明的21世纪亦然。年代久远之后，这本书越来越厚，增添了许多新页面，旧的页面却不免日渐残破。地球的气候历史，变成断简残篇中稀疏的只字词组与残缺不全的图像。

　　幸好，20世纪科技发展快速，科学家得以利用各种复杂的技术，重建古代气候的可能相貌，拼凑出冷暖干湿交替的气候韵律。当我们面对21世纪"全球暖化"的警讯与预告，却赫然发现自己身处于气候史上的相对冷期，期间则又夹杂着冷暖交替的时期。气候的冷暖是相对的，相对于过去8亿年，目前的气候或许处于相对的冷期，却可能是这1000多年来最暖的时期。由于人类排放温室气体不但不见稍减，还有加速的趋势，气候学家推估未来100年，全球暖化将更加严重。他们预测许多地方将面临严重的干旱，剧烈天气也将更为频繁。然而，这一切都还是初步的推估。在这高度不确定性的年代，人类仿佛彷徨于十字路口的孩童，不知何去何从。有人质疑气候学家模拟推估的可靠性，也有人想到何不从地球的历史活页书寻找相似的历史事件，以古鉴今，或许还可窥未来。历史上的暖化事件很多，最近的一次是所谓的"中世纪温暖期"，发生于公元800年至1300年间。相对于其他更早的暖化事件，地球历史书记载的中世纪温暖期信息还算丰富。虽然已经有不少学术研究探讨中世纪温暖期各地的气候特性，却难窥其貌，甚至还在争论中世纪温暖期是否是全球现象。费根参考许多研究结果，认为或许我们仍无法确定暖化现象曾发生在地球的每一个角落，但毋庸置疑的是，暖化发生在地球的许多角落，全球暖化有迹可循。不仅如此，费根还发现长期干旱是许多地区的共同特征，在欧洲、欧亚大陆的大草原、北极圈、美国西部、热带太平洋、中国、印度、中南美都曾发生过。

无巧不成书，气候学家推测21世纪的全球暖化将使得内陆地区的干旱更加严重，某些地区的暴雨事件将更为频繁而剧烈。这意味着两极化的气候变迁，套句时下的流行用语，就是"M型气候"。温度高的大气能容纳更多水汽，亦即较不易饱和；一旦饱和，却又可以凝结出较多的水滴，降至地面成雨，因此雨量变多。水汽凝结时，会释放出大量的热量，使得天气系统更为激烈，因而暴雨事件更加频繁与剧烈。相反的，在半干燥地区（如撒哈拉沙漠南侧的萨赫勒地区），因为空气能容纳更多的水汽，因此更不容易饱和，地面蒸发将更加快速，地表更干燥，发生干旱的概率更高。费根发现，这样的情境曾发生于中世纪温暖期，更担忧历史即将重演——漫长干旱成为21世纪暖化地球上的普遍现象。他根据大量的文献与资料，抽丝剥茧，得到这个结论，让人眼前为之一亮，显现其身为杰出人类考古学家的过人功力。若将暴雨、台风比喻成急性肠胃炎，干旱就是中老年人的慢性疾病，来得无声无息，无法立即根治，情况好的还可以长期治疗，差的则为时已晚。干旱不像滂沱大雨、台风，如万马奔腾般铺天盖地而来。它的脚步缓慢却持续而坚定，经常为我们所忽视，惊觉它的存在时，早已深受其害而不自救。费根的神来之笔，将之隐喻为"气候房间里的无声大象"，再恰当不过。

费根身为考古学家，熟悉古代文明，自从1999年出版《圣婴[1]与文明兴衰：洪水、饥馑与帝王》一书，开始阐述他联结气候与人类历史的独特观点，已完成《小冰河时代》《漫长的夏天》等科普著作。费根自称是"不怕被人讥笑的通才"（unashamed generalist），撰写许多科普与通识书籍，比起一些自视甚高的学者，更让人欣赏。中国读者对他应该不陌生，除了前述几本书，《法老王朝》《古代文明七十谜团》和《古代文明七十发现》都出自其手。

从考古与人类学，跨足气候变迁，费根一直试图联结气候变迁与人类历史。正如他所言，气候决定论（climatic determinism）长期以来被考古学家与历史学家所唾弃，他却对一般人甚至科学家对古代气候变迁的轻忽，感到震惊与不解。他认为从历史中，我们可以了解古代人类社会如何应对突如其来的气候变迁与干旱，作为借鉴。以往资料不全，气候与人类社会的关联被忽视，可以理解；现今从树轮、冰芯、岩芯、洞穴取得的许多气候信息，则让我们有机会真正地去联结历史气候变迁与人

1　"圣婴"为台湾地区译法，大陆译为厄尔尼诺。——译注

类社会的发展。他说："这是我们首次能正确评估气候变迁对古代人类社会的冲击，了解那是影响人类历史的许多因素之一，甚至有时候是重要的因素。"费根显然不是盲目的气候决定论者，而是一位智慧的气候—人类历史联结观点的先行者。

近年来，气候变迁已经演化成复杂的跨领域科学，不再是气候学家的专利，本书就是最佳的例子。费根在书中谈到，中世纪欧洲如何受益于温暖气候，许多伟大的历史建筑建于这个时期，经济与人口急速扩张。他甚至认为："气温较高的那几百年带来稳定的收成，进而促进贸易、引发战争，最终为近代欧洲的诞生揭开序幕。"但是，中世纪温暖期欧洲的森林砍伐规模，也是史无前例的，甚至为接下来"小冰河期"的欧洲种下恶果："经过数百年的人口剧增和粮食普遍供应充足，四百年来漫无节制的砍伐森林和城镇急速成长，在中世纪温暖期结束时，欧洲大陆已大幅改观。但到了13世纪末期，欧洲面临严重的经济问题，因为人口成长的速度超过农产量的增加速度。"他进一步引申："1000年前的世界，生机勃勃，缤纷多彩，许多地方出现乍起乍落的文明、强大君主与地方性战争。骆驼商队、丝路与季风，将欧、亚、非洲许多地区连成一气，世上首次出现不折不扣的全球性经济。"然而欧洲受益于温暖气候时，地球上许多地区却苦于干旱，造成人类的大迁徙，甚至文明的消失。吴哥王朝于中世纪温暖期建造了至今仍令人惊艳的吴哥窟，却因干旱而人去楼空；美国新墨西哥州的查科峡谷，曾经盛极一时，如今只剩断壁残垣；玛雅文明也在漫长的干旱中，销声匿迹。这些观点或许让某些历史学家感到震惊与不解，却也不无道理，值得我们回味再三。

费根虽然联结了温暖气候与人类社会的演进，却也不断提醒读者，漫长干旱只是因素之一，人类的不当作为或反应才是导致社会无法永续的主因。比如，"（玛雅）人可以造水山或数百公顷的灌溉沟渠，但面对干旱、洪水、厄尔尼诺现象的自然威力，终究还是束手无策，特别是统治者对供养其民生所需的人民所受的苦难视而不见或毫不关心"。相反地，居住在美西大盆地的人"靠着对环境的了解和善于利用机会的本事，他们存活了下来，而在至为严峻的环境，经历数千上万年无比严重的洪水、干旱所淬炼出的生活方式，也因此赓续不绝"。

1000年前的温暖地球与普遍性的干旱，若与气候学家推估的未来全球暖化相比，恐怕是小巫见大巫。中世纪温暖期的经验，是否真如费根所言那般值得借鉴？我们无法预知，却值得参考。我们只知道，面对2003年炙热的夏天与干旱，科技发达、经济民生富裕的西欧有数万人丧生，经济民生严重受挫，和先民一样束手无策。费根对"大暖化"的看法或许不完全正确，但毋庸置疑的是，他的观点的确可以刺激我们对中世纪温暖期气候与人类社会的了解，更提醒我们过去发生过的事，未来也可能发生。以古鉴今窥未来，阅读本书无疑是一场丰盛的知识飨宴。

许晃雄

台湾大学大气科学系教授

目 录

欧亚之间的大草原绵延不绝,为策马奔驰的蒙古军铺路,一路向西,眼看欧洲就要纳入蒙古囊中,本土传来大汗去世的消息,拔都班师东还……若干旱未及时终止,说不定蒙古军将挥师直抵大西洋彼岸。

1000年前,身为黄金贸易卖方的摩尔人调整其社会结构,累积预测气候的知识,组织秘密会社,以应对沙漠突如其来的极端气候,兼有耐旱的骆驼,使伊斯兰世界与西非之间的黄金贸易异常兴盛,一场遍及全球的黄金贸易就此展开。

中世纪温暖期带来较暖和的冬天,使斯堪的纳维亚的谷类生长季变长,北方海域的结冰状况也有改善,北极区浮冰群往后退,古斯堪的纳维亚人开始冒险远离海岸,前进北极区,遇上了白令海峡的因纽特人,从而促成两个世界的短暂相遇。

中世纪温暖期期间,美国西部饱受超级大旱蹂躏,陷入贫乏和苦难,莫哈韦沙漠和"大盆地"变得不宜人居。矮松果减产,食物取得变得较不易,营居群只在走路可取得水源的范围内搜寻食物;食物争夺变激烈,社会关系紧绷。然而,靠着搜寻食物与水源分布的知识,他们存活了下来。

南亚、东南亚，还有从尼罗河到印度洋沿岸地区，季风与厄尔尼诺、拉妮娜的复杂关系摆布数百万人的生活，并造成尼罗河洪水水位降低、东非干旱、西南季风强劲及印度洋航海路线改变。东南亚的高棉则建造了一个脆弱的人工环境，碰上季风区必然发生的超大旱涝，一旦受损即无法翻修，以致无法永续运作，宏伟的吴哥窟最终埋没于荒烟蔓草之间。

漫长的干旱、不规律的季风雨与突如其来的洪水，经常将粮食和粮食生产者摧毁殆尽。7000多年来，86.5万平方公里的黄河流域一直面临着严峻的考验。在此，全球气候变化的力量，又一次决定了中世纪中国社会的命运。

漫长干旱是中世纪温暖期潜伏的无声恶徒，它是气候房间里的无声大象，而不可测的南方涛动，则是这头野兽破门而出的因素。1000年前的世界，全人类抱着保守的心态过活，敏于提防气候变化的危险。中世纪大暖化的历史提醒我们，人类最大的资产乃是善用降临眼前的所有机会，迎向充满挑战的未来。

历史上的大暖化

"我是万王之王，奥兹曼迪亚斯，
功业盖物，强者折服！"
此外，荡然无物。
废墟四周，唯余黄沙莽莽，
寂寞荒凉，伸展四方。

——雪莱，《奥兹曼迪亚斯》（*Ozymandias*，
1812）（杨绛译）

普埃布洛族巨宅（Pueblo Bonito）[1]憔悴而沉默地立于峭壁之下，宅内紧密相连的房间顶部大敞，迎向灰色天空。寒冷刺骨的冬日，一阵寒风吹得枯叶和细雪漫天纷飞，落在空荡荡的广场上。新墨西哥州查科峡谷上方，云层低垂，在1月风暴的强风中翻滚回旋。寂寥，无边的寂寥。

1000年前，普埃布洛族巨宅是一处圣地，每逢夏至，壮阔的舞乐声便在此响起。方圆数里内的人蜂拥至此，来到可能是北美西南部最大的普埃布洛族巨宅。公元1130年，干旱降临查科峡谷，50年不退，玉米产量锐减。不出数年，博尼托巨宅人去楼空。50年后，查科峡谷几为空城。数百年后，原定居峡谷内的古普埃布洛族印第安人搬迁一空，投奔住在水源更充足处的亲戚。

如今，在这冬日里，未见1000年前的鬼魂起来骚扰我、惊醒我。逝者已矣，早已消失无踪，不复记忆。我想起万王之王奥兹曼迪亚斯，他

---

1. 专指美国西南部的印第安族群，也指该印第安族群用土砖建成的部落建筑。——译注

的功绩已被遗忘，他的宫殿只剩断垣残壁。

公元1118年那场大旱袭击查科的10年前，高棉神君苏耶跋摩二世（Suryavarman II）在东南亚柬埔寨洞里萨湖湖边登上吴哥王位。几乎就在登基后，他便开始建造他的旷世杰作——吴哥窟。

为了建造这座集王宫和庙宇于一身的建筑，他动用数千名子民[1]，旨在在世间重现印度教里具有数座圣山的宇宙，而这一切只为服务这位神君。苏耶跋摩二世和其后几位继任者创建了一个中央集权的宗教理想国，其长期依赖集约式水稻耕种，靠着运河、蓄水池与夏季洪水来灌溉。

如今，吴哥窟的高塔不复金碧辉煌，庙宇的彩绘不复艳丽，但仍令人悠然神往：错综复杂的阶梯和回荡着跫音的长廊，上头装饰着连绵不断的浮雕，刻画着浩浩荡荡的皇家列队、行进中的军队，还有预示天堂欢乐的曼妙跳舞女郎。然后，你从遐想中醒来，领悟到这是个死寂之地，已冻结在史上的某一刻。在鼎盛之际，建造者抛弃了它，原因大概是干旱让稻田干涸，使他们断了粮。

我再次想起奥兹曼迪亚斯。吴哥窟徒留给人霸业尽成空的枉然和惆怅。查科峡谷和吴哥窟默默诉说着气候对人类社会的影响，不管是好是坏。苏耶跋摩二世的忠心子民辛苦建成吴哥窟后不久，沙特尔圣母大教堂（Notre Dame de Chartres）在法国北部立起。这座哥特式大教堂在公元1195年左右开始兴建，只花了25年就完成了，为该地第六座教堂，是石头与玻璃打造的建筑奇迹。沙特尔大教堂和吴哥窟同属旷世之作，但前者至今仍生气勃勃，依旧为人间服务，石头与玻璃在此化为永恒的奇迹。

---

1. 原文如此。但据资料显示，建造吴哥窟动用了几十万人，历时几十年才建成。——编注

玻璃镶嵌于高耸的横梁和优雅的拱券之间，在沙特尔大教堂处处可见。阳光穿过玻璃射进教堂，化为宝石般的光彩，营造出玄妙的气氛。沙特尔依旧将天堂带到人间，联结世俗与性灵，一如1000年前。在此，过去未死，仍活在人们心中。

建造沙特尔大教堂时，欧洲处于较温暖的气候，多年来连年丰收。受惠于此的人们感谢上帝，感谢天地间不知名的力量赐予他们丰饶，于是建造大教堂谢恩。

1000年前世界生机勃勃，缤纷多彩，许多地方出现乍起乍落的文明、强大的君主与地方性战争。骆驼商队、丝路与季风将欧、亚、非洲许多地区连成一气，世界上首次出现不折不扣的全球性经济。但大部分人仍靠着三五成群结伴打猎或仅供温饱的农业过活。靠土地勉强为生时，农作一歉收，生计就出问题。通过考古学，通过挖掘大城市遗址、洞穴和不起眼的贝丘，通过高纬度北极区零星散布的古斯堪的纳维亚人铁钉，通过历史文献和口述传统，今人早已了解当时的世界。然而直到现在，我们才开始了解当时较温暖的气候对人类有何等深远的影响。[1]本书就在探讨公元800年至1300年那500年间气候的变化——其实可以说是在探讨那期间的全球暖化现象，以及那些变化对1000年前世界的影响。当时的气候变化一如今日，并非呈直线，而是有起有落，且因地而异。

但那些起落遵循某种趋势，我们可以在事后勾勒出来。气候变化对

---

1. 气候是对每天、每季甚至每年天气情况观察总结出的特征，天气则是从气温、云量、降雨、辐射等变量角度表述出某个时刻的大气状态。简言之，气候是积累的感受，天气是当下的感受。

人类未来有何影响，从这时期的历史可以得到不少借鉴。

上一次大暖化，日子怎么过

"中世纪温暖期"（Medieval Warm Period）一词，乃是50年前英国气象学家休伯特·兰姆（Hubert Lamb）所创。[1] 他利用气候学和历史的多种线索，描述约公元800年至1200年间那段历史。在他笔下，这四五百年间的气候较温暖宜人，使欧洲丰收频频、古斯堪的纳维亚人得以登陆格陵兰和北美。"中世纪温暖期"结束后，换上为期600年极不稳定的气候和气温较低的环境，即所谓小冰河期（Little Ice Age）。

小冰河期（泰晤士河结冰封冻的时期）留下的记录较为翔实，因而今人对这时期早已有相当深入的了解。那时有饥荒和强烈暴风雨，偶尔出现出奇寒冷的冬天。但不久前，中世纪温暖期仍是气候学上的谜团。在人类造成的全球暖化受到科学界注意的许久以前，在古气候学仍在萌芽之际，兰姆撰文探讨了这个问题。如今，我们对中世纪温暖期的了解更甚于他。拜树轮研究所赐，我们现在对于至少1000年前欧洲、北美西南部的季节性降雨和气温，已有详尽的理解。接下来的章节会穿插专栏，

---

1. 对于兰姆认定为中世纪暖化期的那个时期，现今最普遍的指称用语，即是他创造的"中世纪温暖期"一词。许多气候学家认为该名词界定不够周延，而且那时期的气候其实非常多变，因而理所当然地认为该名词未必适用于全球；某些气候学家则用"中世纪气候异常"（Midieval Climatic Anomaly）一词。为求行文明晰，我在书中一律使用"中世纪温暖期"，偶尔也以通俗说法"气温较高的那几百年"称之，即使那几百年的气候并不全然较高。专家学者或许会鸡蛋里挑骨头，但"中世纪温暖期"一词毕竟简便、普遍、广为人知。

说明我们研究史前气候的一些方法。取自格陵兰、安第斯山等地高海拔处的冰芯，为过去2000年的冷暖周期变化提供了重要资料；太平洋小环礁热带珊瑚的成长层，也记录了过去千百年来的气候变迁。通过研究全球各地树轮的序列，中世纪温暖期略具架构但仍晦暗不明的气候慢慢有了清晰的轮廓。

中世纪温暖期期间，欧洲人建造大教堂，古斯堪的纳维亚人航向北美，但根据新研究逐渐勾勒出的面貌，在气温较高的那几百年间，气候既造福人类，也危害人类。那时气温的确逐渐升高，于是大部分地区的冬天变得较舒适，夏季变得更长，但气温变化只有几度，也不是每个地方都一定变得比较温暖。在那几百年里，太平洋东岸的天气凉爽干燥，几度出现突如其来的气候骤变，特别是干旱。漫长的中世纪干燥期加速了查科峡谷和吴哥窟的覆灭，促成玛雅文明局部土崩瓦解。

这时期的干旱有很大一部分可归因于太平洋上顽强的反厄尔尼诺现象，特别是约公元1100年至1200年间，但气候改变不是唯一的祸首（见第九章探讨反厄尔尼诺现象的专栏）。凡是有点头脑的人，都不会认为是气候"促成"本书探讨的所有经济、政治、文化上的变化。这种环境决定论——认为气候造成历史上诸多重大变动的观念，远在3/4个世纪以前就遭到驳斥。气候变化对人类社会的影响通常更为间接。

撰写本文时，我曾到附近沼泽区的岸边散步。我拾起小石头，丢进静止不动的水面。扑通一声，石头消失无踪，但落水处漾开的涟漪呈同心圆往外向岸边扩散，过了出奇漫长的时间，最后一道微波才消失。古代气候变化的影响也是如此。与其说是干旱、洪水或厄尔尼诺现象之类重大变化的直接冲击改变了政治或社会，不如说是这类重大变化的影响，

表一：8至15世纪全球气候趋势

图表非常概略，仅供参考
气温较高那几百年间全球的气候趋势

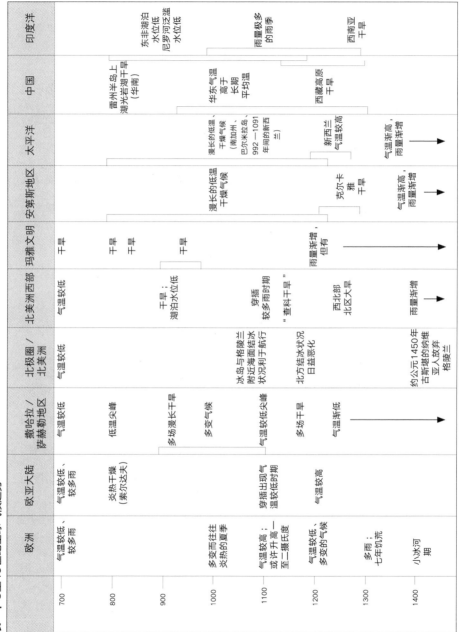

	欧洲	欧亚大陆	撒哈拉/萨赫勒地区	北极圈/北美洲	北美洲西部	玛雅文明	安第斯地区	太平洋	中国	印度洋
700	气温较低、较多雨	气温较低、较多雨	气温低	气温较低	气温较低	干旱				
800		炎热干燥（柔尔达夫）	低温尖峰			干旱 / 干旱			雷州半岛上湖光岩湖干旱（华南）	东非湖泊水位低 尼罗河泛滥水位低
900	多变而往往炎热的夏季		多场漫长干旱							
1000			多变气候		干旱；湖泊水位低	干旱	漫长的低温干燥气候	漫长的低温、干燥气候（南加州，巴尔米拉岛，992－1091年间的新西兰）	华东气温高于长期平均温	雨量极多的雨季
1100	气温较高；或许升高一至二摄氏度	穿插出现气温较低的时期	气温较低尖峰	冰岛与格陵兰附近海面结冰状况利于航行	穿插较多雨的时期 "查科干旱"					
1200	气温较低、多变的气候	气温较高	多场干旱	北方结冰状况日益恶化	西北部北区大旱	雨量渐增，但有 →	克尔卡雅干旱	新西兰气温较高	西藏高原干旱	西南亚干旱
1300	多雨；七年饥荒		气温渐低 →		雨量渐增 →		气温渐高，雨量渐增 →	气温渐高，雨量渐增 →		
1400	小冰河期			约公元1450年古斯塔的维京人放弃格陵兰						

以难以察觉的方式在社会里慢慢发酵，促成了政治或社会的改变，例如出现新的蓄水方法、栽种较耐旱的谷类作物、出现收集资料以预测降雨的秘密会社之类的新组织。本书不只探讨暖化和其他气候现象，也着重于探讨1000年前的人类社会如何应对气候改变。

人类始终居住在变化莫测的环境里，变动不已的环境使人类必须把握任何机会，不断适应短期和长期的气候变化。千年前世界的迷人之处，在于我们现今取得的气候学资料，正足以检视过去不为人知的层面；在某种程度上，去检视加速吴哥窟覆灭，或迫使蒙古的马上游牧民族寻找新牧草地的气候暗流。这些不起眼的暗流，如今却成为历史研究基本的一环。

相偕同行的浩劫与机会

本书探索的古代社会，既有众所周知者，也有鲜为人知者。我相信，若不将触角延伸到欧洲以外的遥远地区，便不可能理解中世纪温暖期的深远影响。在较温暖的那几百年里，气候变暖带给欧洲极正面的影响，欧洲大陆进入中世纪盛期[1]。气温升高和随之而来的降雨模式变动缓慢而悠远地影响了全球，这带来机会，也带来浩劫。

影响之一就是使分属不同文化而相隔遥远的社会往来更加频繁。例如气候变暖降低了北大西洋的结冰程度，使古斯堪的纳维亚人得

---

1. 指 11、12、13 世纪，其前为中世纪初期，其后为中世纪末期。——译注

以驾船横越大海，前往冰岛、格陵兰和更西边的地方，从而在巴芬岛（Baffin）遇见以狩猎、采集为生的因纽特人（Inuit）。太平洋的厄尔尼诺活动偶尔降低了东北信风盛行的威力。波利尼西亚水手往北、往东航行，使地球上最偏远的部分岛屿从此有人类定居。在气温较高的那几百年，欧洲境内有越来越多黄金是骆驼从西非横越撒哈拉沙漠运来的。强劲的西南季风使红海、阿拉伯半岛及东非的居民，能够一口气横越印度洋，抵达印度和更远的地方。这些跨越长距离的往来，和许多随着人类社会的政治情势演变、气候变迁而消长的往来关系，都改变了历史。

不幸和机会总相伴而来。将目光自欧洲和北大西洋移开，转而注视较干燥的环境和降雨不稳定的地区，你会发现，同样是中世纪，在这些地方，干旱期，乃至几英寸的降雨量，就可能是生死之隔。当欧洲沐浴在夏季高温、古斯堪的纳维亚人往西边远航时，地球上有许多人正饱受酷暑和漫长干旱的折磨。从北美许多地区，经中美洲、南美洲，再到遥远太平洋彼岸的中国北方，地球上一大片地区经历了数个严重而漫长的干旱期。萨赫勒（Sahel）地区、尼罗河谷与东非陷入数场干旱，饱受摧残。农民挨饿，文明崩毁，城市瞬间瓦解。考古学和气候学告诉我们，干旱是中世纪温暖期的无声杀手，是让人类穷于应付的严酷现实。

地球上的诸多文明多半都受到中世纪升温现象的影响，且其中许多还因此而衰落。

悄然无声的杀手：干旱

现今人类正处于气候剧变期，且剧变程度可能更甚于1000年前。全球气温逐步上升，伴随从海啸到飓风等多种与气候相关的天灾。科学家潜心探究剧变之际，好发议论者和末日预言者大声宣称人为的全球暖化将带来何等灾难。但这些人自居为先知，却几乎不曾费心去探究几百年前、几千年前的气候变化，只会以带有政治立场的心态，讨论1000年前的气温是否比现在还高。事实上，当时的气温并不比现在高。我们已进入持续暖化的时期，这时期至少可回溯至公元1860年，而造成持续暖化的祸首是人类活动（即石化燃料释出的温室气体）。

全球暖化是否是人为造成的漫长辩论已经结束，因为科学界已提出确切无疑的论据，说明未来的地球将因人类活动而变得更热。讨论焦点已开始改变，世人转而探索如何降低污染，和在冰帽逐渐融化、海平面渐渐升高的环境下如何生存的长期问题。当前气候变迁的激烈辩论，多半锁定在极端的气象活动和海平面上升方面。冰帽融解和洪涝概率增加，都是不容忽视的大问题，但中世纪温暖期的历史告诉我们，真正可怕的杀手是干旱，甚至在微幅升温期亦然。这杀手行动悄然无声，且往往叫人掉以轻心。针对人为暖化世界里的干旱，计算机预测的情形着实令人心惊。我们已知道，19世纪的干旱使热带地区死了约2000万至3000万农民，而那期间地球人口比现今要少许多。如今我们正进入持续暖化期，已有数百万人陷入生存危机：这些人或靠贫瘠的农地过活，或以亚利桑那州、加利福尼亚州（以下简称加州）来说，居民是住在靠掠夺地下水和河川以取得供水的大城市里。

中世纪温暖期为人类如何应对气候危机提供了许多借鉴，也提醒我们要有心理准备迎接地球暖化下的长期干旱。我们正进入一个新时期，在这期间，人口已大幅增加的地球将有许多人苦于极端严重的干旱、水资源短缺和作物歉收所引发的问题，且更难解决。我们只能企盼人类善于适应、善于把握机会、善于逢凶化吉的独特禀赋，能引领我们度过只能以不确定和充满挑战来形容的未来。

第一章

暖化时期

学名异腹荨麻长蝽的昆虫，
现今一般栖息在英格兰南部阳光充足地区的带刺荨麻上，
但考古调查发现……中世纪的约克郡就有该昆虫的存在……
这大概表示当时的气温高于今日。

——兰姆，《气候史与现代世界》（*Climate, History and the Modern World*，1982）

欧　洲	
700 —	气温较低、较多雨
800 —	
900 —	
1000 —	多变而往往炎热的夏季
1100 —	气温较高；或许升高一至二摄氏度
1200 —	气温较低、多变的气候
1300 —	多雨；七年饥荒
1400 —	小冰河期

公元1200年秋，英格兰南部寒雾低垂笼树梢。犁过的长条形田地上飘着无所不在的毛毛细雨，两名男子从挂在脖子上的帆布袋里拿出小麦种子播种，细雨打湿两人饱经风霜的脸庞。他们鼻子扁平，头发蓬乱，赤着脚，身穿脏污的无袖束腰上衣，头戴草帽，来来回回轻松走在田中，边走边将种子撒在浅浅的犁沟里。两人身后，牛拉的耙跟着犁过，泥土覆盖了刚播下的种子。耙是带有木质尖齿的方形农具，耙齿能插入土里。他们播完一块地，接着播另一块。时间所剩不多，他们得尽早播种，以免秋季大雨降临，将种子冲出土壤。

　　播种作物的例行程序一如四季推移，永远不变。这是每个人从小就懂得的道理。老一辈的人想起过去寒冷阴郁的日子，那时寒意无所不在，即使披上绵羊皮斗篷都无法驱除。他们还想起有那么些年，天空万里无云，毒辣的阳光直射而下，整个田地热烘烘的。这时候，村民赌天会下雨，不管三七二十一，种了再说。有时他们会赌赢，但往往赌输，结果就是隔年要挨饿。

种子袋空了，两人伸展一下肢体，将新的种子袋再甩上肩。他们辛苦干了几天活儿，先是收割夏季作物，然后犁田、播种冬麦，非常疲累。生活在仅足温饱而随时可能挨饿的农业社会里，永远有干不完的活儿。

经过几星期的好天气，村子有个丰收的夏季，没有挨饿之虞。好运接连降临，冬天气候温和，雨量并不多。1月和2月结了霜，甚至下了些雪，但没有回寒；春天早早降临，气候暖和，只下了不大的雨，雨量正合需要。随着白天变长，村民开始替逐渐茁壮成长的作物除草。7月下旬，谷物成熟，开始收割。炙热骄阳烘烤大地，深蓝色天空上飘着松软的云。男人弯腰收割，用铁制短镰刀割下熟麦。他们一把抓住一束麦秆割下，不停干活，只在要磨利刀锋时才停下。在他们身后，女人拉起裙摆，塞进腰带，方便双腿活动，头上罩着色彩艳丽的布。她们捆扎叶鞘，堆成一垛垛。仍附在麦秆上的麦穗很快就被搬进室内，以便天气转坏时在有遮棚的地方打麦脱粒，扬去麦壳。小孩在叶鞘堆间玩耍，拾取残株之间的麦粒。正午时大伙停工，伸展僵直的背，喝些麦芽酒，头顶上有鸟儿争相飞下来抢食麦粒。不久村民再度下田干活，天黑才收工。他们得趁还没下雨，抢时间收割完。

参照今日自给自足的小农所过的生活，我们可以判定公元1200年的这些农民绝不会浪费一丁点东西，即使在这样的丰收年亦然。只要瞧一眼成人脸上深刻的皱纹就知道原因。男男女女20几岁就显老，粗活和偶尔挨饿或营养不良，使他们的容颜早早就失去青春。但这些人生活在比过去几百年要更暖和的时代，生活在气候学家所谓的中世纪温暖期。

捉襟见肘的欧洲小农

1000年前，欧洲一切活动都依赖农业。从不列颠、爱尔兰到中欧，八至九成人口辛勤耕种以填饱肚子，幸运的话，收成才能有所剩余。欧洲大陆上的农民过着仅足自家温饱的生活，作物一歉收，生计就有问题，而丰收或歉收全取决于难以捉摸的气温和降雨。

那时的人口比现在少很多。伦敦人口在公元1170年首次突破3万大关，以当时的标准来看，已经是大都会。英格兰其他城镇的人口则少得多，例如英格兰东部的诺里奇（Norwich）只有7000至1万名居民。法国、德国、瑞士、奥地利与低地国的人口，在公元1200年时约有3600万，如今则超过2.5亿。这3600万人几乎全住在大小村落或小镇，因为城市这时才刚成为欧洲人生活里重要的一环。每个人，就连最大的领主，都依赖不靠机器、杂交种子或肥料耕种的乡村。犁与耙靠马与牛拉，甚至靠妇女拉。收成靠人力，收割的谷物靠人背到市场，或者用牛拉车或河上平底船运过去。

乡村景致由森林与林地、河谷与湿地交织而成，且不断因人类活动而改变风貌。许多人住在孤立的小部落，周遭是凌乱的田地。但越来越多人居住在较大、较集中的村子，附近的可耕地分割成数大块开阔地，每块开阔地再细分为数小块长条形田地。这些小田地通常被称作弗隆

中世纪英格兰农民播种，然后耙地，让泥土覆盖种子

女人在收割季时收割、捆绑谷物

（furlong）[1]，每块面积约0.2公顷。每个佃农在不同大块开阔地上各持有几小块长条形田地，却不会在所有土地上同时栽种。每个农民都知道，可耕地得定期休耕，以恢复地力，将植物病虫害降到最低，休耕前还得放牲畜啃食其上的残株、排粪施肥。排水最佳、最轻质的土壤，最利于谷类作物生长。牲畜不只啃食田里收割后的残株，还会到树林里和开阔

---

1. 即公共耕地。——译注

牧草地上较重质、黏土成分较高的土壤上吃草。一如今日仅能温饱的非洲农民，中世纪农民了解不同牧草的特性，了解从哪些不易察觉的细微处判定地力已恢复，了解不同野菜的生长季节。为防寒霜、暴风雨或干旱突然来袭，他们唯一的自保法门就是多方取得食物，绝不只依赖谷类作物。

在中世纪的欧洲，靠土地填饱肚子并不容易，但欧洲人做到了，有时收获颇丰，特别是在温度高而较干燥的盛夏时节。英格兰与法国农民主要栽种小麦、大麦和燕麦。普遍来讲，约1/3土地种小麦，1/2种大麦，剩下的种豌豆等其他作物。以今日标准来看，即使是丰年，产量都算少。小麦丰收时，每公顷约产540公斤到840公斤（今日产量则超过3150公斤），而且单位产量里有154公斤要留作种子，供下一季播种。由此可知产量的确很少，除了最丰收的年份，很少有粮食剩下。用来酿制啤酒的大麦单位产量较高（1580公斤），但留供播种的种子也较多。一般来说，丰年时的谷物产量几乎是种子的四倍。

活命靠的是分散食物来源。每个人都种菜。富含蛋白质的豌豆和其他豆类在早春时当田间作物栽种，秋天采收。人们任豆荚在植株上干燥，豆梗便犁回田里充当肥料。形形色色的蔬菜和香料植物为那个时代基本上无肉可吃而以面包、稀粥为主食的欧洲人补充了日常营养。

大部分农民都会养一些牲畜，可能是一两头乳牛，一些猪、绵羊、山羊、鸡，幸运的话，还会养匹马或几头牛，或至少在需要犁田时能弄到牛马役使。牲畜提供肉、奶，还有兽皮与羊毛。剪羊毛是春季大事，选在温暖西风吹起、预示夏天就要来临的晴朗日子进行。妇女打开门窗，让新鲜空气进来，和风将柴烟吹出门窗。户外，村民聚集在柳条大围栏中，绵羊在里面相互推挤。空气里弥漫着羊毛味。穿着紧身皮大衣的男人把一只只绵羊抓来，用简陋的铁剪剪羊毛，铁剪在这温驯的牲畜背上翻飞，手法利落。剪过毛的绵羊一脸茫然，抖抖身子，由小伙子赶到附近的畜栏里。待在附近的小孩拾起羊毛，放在木架上，在明亮的阳光下晒干。

牲畜一整年大都在外自行吃草觅食，特别是猪。秋季时，猪大啖橡实和山毛榉实；冬季的喂养则不同，让具繁殖力的牲畜活命是首要任务。多余的公牲畜和奶水枯竭的乳牛，秋季时不是卖掉，就是杀掉，好腾出干草给最有价值的牲畜食用。采收干草至为重要，6月开始割草，持续到7月，视气候而定，因为干草必须绝对干燥，以免采收后腐烂变热而着火。天气晴朗的日子，男人带着长柄铁质大镰刀，排成一列扫过草地，割下的草成排置于原地晒干。他们还会回来翻动草堆几次，使其干透，然后摞成堆存放。摞成堆时，外层堆成茅草屋顶的样子，用以防雨。干草收割是年中大事，却要看上天肯不肯赏好天气。收割季碰上下雨，冬季就甭想有干草储存，牲畜可能全挨不过冬天。在此，我们再次看到，一切全看气候。

即使是歉收年，农民仍得缴税和教会的什一税，从而耗掉存粮。一户四口之家有两公顷地，可以勉强过活，不怕挨饿。但家里每个人，就连年幼的小孩都得帮忙种菜，出去采集蘑菇、坚果和浆果之类的野生植物。碰上霜害或暴风雨造成的歉收，靠两公顷地，生活几乎是捉襟见肘；连年歉收，则意味着饥荒、与饥荒有关的疾病降临，运气好的话只是营养不良，但必定会有人死亡，特别是在寒冷而凄惨的冬末月份。因为那时存粮一向不足，且为期40天的大斋节才刚刚开始。

每年夏去秋来之时，每个村镇收割作物，感谢上帝赐予丰收，因为生活很不容易。循环往复的四季限定人的生活作息。栽种、施肥、收割的例行活动，亘古不变的生老病死，还有人认为上帝我行我素的作为，也起了同样的作用。

在这个不知何谓长期天气预测的时代，不管是君王、贵族、军阀、商人或农民，每个人都摆脱不了暴雨、干旱、强风、晴朗夏日的循环支配。他们不知不觉加入了大气与海洋合跳的气候之舞——错综复杂的加伏特舞曲[1]。但舞步渐渐放慢，变成从容不迫的华尔兹，夏季炎热和较稳定的气候成为常态。在公元800年至1300年间，这倾向尤其明显，气候改变的步伐放慢了。正是在这500年间，即中世纪温暖期期间，欧洲发生了巨变。

与气候共舞的人类历史

从长远历史来看，约相当于20代人的中世纪暖化期，不过是一眨眼的工夫。相较于最近一次冰河期结束时气温的改变，这500年的气温变化只能算是小儿科。约1.2万年前，地球进入全球持续暖化期，也就是地质学家所谓的全新世（Holocene）。这时期持续至今，尚未结束。数代科学家靠着不足的资料，建构出过去1万多年来的气候面貌。这段时期的气候，基本上属于现代气候，从冰河期结束、气温逐渐升高以来，这段时期气候的改变，相对来讲是微乎其微。但近几年古气候学研究的突破

---

1. gavotte，源自法国的快板民间舞曲。——译注

改变了我们对以往世界的认知。

今日的气候学家钻探海床和湖床，钻取格陵兰、南极洲冰原深处的冰芯，探究古木的树轮序列，发现全新世的气候在不断变动。如今我们不只能看出长达千年的冷暖变化，还能看出短期的周期变化。从稍微多雨变成较为干燥，从气温较高变成较低，再变回较高，这些改变从未停止。有些改变持续100年或10年，有些（如重大厄尔尼诺现象）只持续约一年。只有少数重大的气候变化能长留在人类记忆二三十年，因而在预期寿命只有30岁出头的时代，气候变化很快就被人遗忘。气候学上的新研究告诉我们，气候的步伐或许加快或放慢，或许跟跄而突然改变方向，甚至长期保持平稳，却从未停下。

气候往复变化的动力来自何处？不详。最可能的答案是地球偏斜度的小改变引发气候改变，太阳黑子活动的周期也起了同样的作用。如17世纪太阳黑子不足，在所谓小冰河期的最盛期，促成一段气温明显下降的时期。还有一些改变气候的因素，例如冰岛、东南亚等地的火山活动。

公元1815年爪哇松巴哇岛（Sumbawa Island）坦博拉山（Mt. Tambora）猛烈喷发，将火山顶轰掉了1300米。大量火山灰上升，进入大气层，遮天蔽日，使1816年欧洲出现著名的"没有夏天的一年"。

但最近大部分气候学家已相信，大气与海洋间复杂而仍不为人所理解的相互作用，是促成气候改变的一大因素。气候学家乔治·费兰德（George Philander）说那是两者合跳的舞，舞风大相径庭，一方舞步迅速，另一方手脚较笨拙。他写道："大气灵活而敏捷，对海洋的暗示反应很快，海洋则行动缓慢而笨拙。"我们抱着机会主义、时而坚决果断却往往心不甘情不愿的心态，与这两名舞伴共舞。

我们也已知道，气候的舞动回旋对人类社会有惊人的直接影响，例如公元6世纪某次大规模的厄尔尼诺现象，带来超乎寻常的暴雨，摧毁了秘鲁北部海岸沿线河床中历代沿用的灌溉沟渠；又如美国西南部的几场大旱，促成1000年前古普埃布洛人大举迁徙。普埃布洛人因干旱迁离家园的同时，中世纪的欧洲农民正置身于较稳定的天气与丰沛但通常不会过多的降雨中。稍微炎热、干燥的气候，其影响表现在各种不易察觉的地方，即收成更好、人口增加、加速砍伐森林、贸易和深海渔获量急剧增长、各地大兴土木建造大教堂。当然这并不表示气温升高造成这些改变，绝非如此。令人振奋的是，现在我们能用以前无法想象的方式，将看似微不足道的气候改变与各种历史事件联结在一块。除了一些值得一提的异数，如花费数年研究葡萄采收日期的瑞士史学家卡尔·菲斯特（Karl Pfister）之外，大部分史学家往往忽略气候的变化，这多半是因为他们不是科学家，不擅于运用新的气候学资料。现在我们可以理解，气候改变是影响中世纪历史的诸多重大因素之一，特别是北海地区住在小村落、以种植作物或捕鱼为生的老百姓，其生活受气候改变的影响尤深。

曾经，英国葡萄酒的风味让法国农人大惊失色……

约公元1120年时，僧侣暨史学家马姆斯伯里的威廉[1]游历英格兰西部诸郡的格洛斯特谷（Vale of Gloucester），赞叹当地富饶的夏季风光。"此处可以看到干道、公路旁满是果实累累的树木，那些树不是人为栽种，而是自然长出来的。"他写道，"在英格兰，就数此郡的葡萄园最多、最优良，或因土地肥沃，或因葡萄甜美。这里的葡萄酒没有难喝的酸味，甜度只稍逊于法国葡萄酒。"威廉注意到当地人将葡萄种在空旷处，安插杆子供葡萄藤攀爬，却未筑墙以阻挡寒风，可见当时的气候条件非常理想。春季时，葡萄不能受霜害，特别是开花时或开花后；夏季则要有足够的日照和高温，降雨不能太多；秋季也要有足够的日照和高温，以提高甜度。当时英格兰境内的葡萄园欣欣向荣，而那些葡萄园的位置比20世纪60年代法国、德国最北边的葡萄园还更靠北。

12到13世纪时，英格兰的气候非常温和，能出口大量葡萄酒到法国，令法国葡萄农大为惊恐，怨声载道。不只是英格兰这样的地方能酿制葡萄酒，公元1128年至1437年间，北纬55度的东普鲁士及挪威南部也生产葡萄酒。当时，黑森林海拔780米处都有葡萄园；如今，德国最高海拔

---

1. 马姆斯伯里的威廉（William of Malmesbury，约1096—1143），是英格兰西南部马姆斯伯里的修士，公认是成就仅次于圣彼得的中世纪历史学家。他最出色的著作是《英格兰国王伟迹》（Gesta regum Anglorum）和《新历史》（Historia Novella），前者描述公元449年至1127年英格兰国王的历史，后者接着叙述1125年后的英格兰历史。第五册描述他当时的历史，论葡萄园的段落就出现在此册。

的葡萄园在560米处。当时中欧的夏季气温比50年前还高1℃到1.4℃，比英格兰略低。

英国气象学家暨气候史家兰姆，研究气候成果斐然，却鲜为人知。通过他的著作，我们首度了解那温暖的几百年。他在20世纪50年代至60年代（大部分史学家认为气温和降雨对历史事件毫无影响的年代）研究过去2000年来气候的细微变化。兰姆是个气候探查高手，他没有树轮或冰芯之类替代性记录可资运用，转而依赖散见于各地、层层积累的地质线索和包罗广泛的历史记录，拼凑出过去气候的复杂面貌，同时探究至少200年来全欧各地借助仪器取得的观测记录。他的研究成果斐然，包括详述英吉利海峡和北海的一些重大暴风雨，例如重现了四场猛烈暴风雨，它们在约公元1200年、1200年至1219年、1287年与1382年，夺走荷兰、德国沿海地区至少10万条人命。他还详述了1588年让西班牙无敌舰队覆灭的大西洋强大低气压，从而为气候学的研究著作增添一件杰作。

专栏

研究古代气候变迁的方法

考古学家、史学家与古气候学家研究古代气候变迁，会运用到许多种方法，在此列出其中荦荦大端：

一、直接方法

1.仪器记录

仪器记录是最准确、最直接的气候变迁研究方法。遗憾的是，这类资料在欧洲和北美，最早只到约150年前，其他地方还更晚近许多。

2.历史文献

历史文献如日记、航海日志，及提及洪水、旱灾等天灾的官方报告，提供了后人一窥古代气候的宝贵记录。最古老的文献是日本、韩国的樱花树开花报告，最远可回溯至2000年前。在欧洲和地中海地区，许多地区的记录可回溯至约500年前。

二、间接方法（替代性记录）

1.冰芯

从格陵兰、南极大陆、安第斯山、西藏等地冰原深处钻取出的长条冰芯，为地球过去的气温变化提供了连绵不断的纪录。研究人员测量构成冰之水分子里的氧、氢稳定同位素比，借以了解气温变化。氢氧同位素比的改变，与气温变动有连带关系。从南极大陆取出的某冰芯，提供了42万多年的气温记录；格陵兰与安第斯山等地，则提供了过去2000年的高解析序列记录。

2.深海与湖床沉积物样本

从深海钻取出的海底沉积物，含有对温度变化敏感的有孔虫或海中硅藻，其中最久远的来自数万年前。在某些地方，例如委内瑞拉近海的卡里亚科海盆和加州的圣巴巴拉海峡，积累快速的特性，为中世纪升温和后来的降温提供了相当精确的记录。湖床沉积物样本提供了记录有水平衡变化的季节性累积层，有助于了解古代旱灾。

3.珊瑚记录

生活在接近海面处的珊瑚，每年都会制造一圈圈密实的碳酸钙。研究人员借由测量同位素稳定的O18与O16的比例改变，可查出气温的变化。温度越高，比例就越低。珊瑚记录往往不完整，仅有少数能提供两三百年来的气温变化。

4.树轮（树木年代学）

树木年代学建立在对树木年轮的研究上，树轮的疏密记录了降雨量的变化。树轮研究发祥自美国西南部，目前世界许多地方即运用此方法取得重要的替代性资料。来自欧洲的树轮记录，包罗特别广泛；来自北美部分地区的树轮记录也是。

近几年，已有人费心从亚洲和南半球收集更多样本，从中应可取得有助于了解中世纪温暖期和古代厄尔尼诺现象的资料。欧洲的树轮记录，最远几可溯及冰河期，但大体而言，以涵盖过去一两千年的记录居多。

以上是古气候学里主要的替代性记录，此外，石笋之类的洞穴沉积物亦属之。石笋记录了长久以来洞穴地下水同位素的组成比例和气温变化，通过钻取样本，也可判读过去的气温变化。

三、改变气候的外力

外力是指威力强大、难得出现的因素，例如足以导致气候改变的火山爆发。在中世纪温暖期里则是指自然改变，例如地球运行轨道稍稍偏斜，导致地球接受的太阳辐射总量改变，又如影响全球能量平衡的火山大爆发。火山大爆发将大量火山灰和硫黄气送进大气层，使抵达地球的太阳辐射减少，进而使气温降低。这类效应只能维持数年。1860年起，改变气候的主要外力是人类活动，而那大体上肇因于使用化石燃料。

四、计算机模型

先进的计算机模型，运用得自浮标、仪器记录、替代性记录、卫星等数量越来越庞大的原始资料，来模拟世界气候体系的动态。计算机模型既用于了解全球气候变化无常的本质，也用于测量不同外力的影响。以此为基础，有利于评估人为全球暖化的影响和长、短期的天气预测。

如今气候学家仍心怀崇敬地引用兰姆及法国史学家埃玛努尔·勒华·拉杜希（Emmanuel Le Roy Ladurie）的著作。勒华·拉杜希从气候驱动历史的角度撰写欧洲史，是此类欧洲史最早的著作之一。这部著作大体上以几百年间葡萄采收的日期来铺陈，较热的年份较早采收，较凉而多雨的年份便晚许多。

兰姆的早期著作有多处出自言之成理、持之有故的推断。例如，他从最远可追溯至1432年的记录，得出50年间夏季多雨、冬季暖和的平均值，然后运用这些平均值重建中世纪甚至更早的气候。他发现公元800年后的四个世纪，气温明显偏高，称之为中世纪温暖期（有时称为中世纪气候异常期）。他从未认为在这时期欧洲时时艳阳普照，反倒认为这是个冷热周期性变动的时期，偶尔还出现非常寒冷的冬天，例如公元1010年与1011年之交的那个冬天，连地中海东部地区都陷入酷寒。

接下来三个世纪，如此严寒的冬天不多。但气温持续升高，造成冰帽融化，使山区林木繁茂，并导致北海海平面大幅上升60厘米至80厘米。在涨潮又发生暴风雨时，便足以造成毁灭性的水灾。

即使未发生暴风雨，海平面上升也改变了沿海低洼地区的地貌。如英格兰东部的芬斯沼泽带（The Fens/Fenland）原为冰川所覆盖，后来成为遍布沼泽、湿地和高涨溪流的地方，偏远而不易进入。

早在12世纪初，捕鳗鱼者和沼泽地居民就靠着芬斯沼泽带为生，过着与周遭农民互不往来的生活。对于懂得利用这块沼泽地的人而言，这里既是丰富的食物来源，也是进可攻、退可守的战略要地。公元1066年诺曼底公爵威廉征服英格兰后，撒克逊酋长赫里沃德[1]固守于芬斯沼泽带中心的伊利（Ely）修道院，抵抗威廉长达五年。他和手下躲在柳树环绕的偏僻小岛上，小岛分布错落犹如迷宫。公元1071年威廉拿下伊利时，赫里沃德脱逃、藏匿，从此消失在历史上。

公元1000年后，北海持续上升。大不列颠有个潮水湾，深入内陆直抵诺维奇。

现今在内陆的贝克斯（Beccles）镇，在征服者威廉在世时，是北海海滨繁荣的鲱鱼港。威廉征服英格兰前，当地渔民每年供应3万尾鲱鱼给附近的圣爱德蒙修道院（Abbey of St Edmund）。威廉入主后，要求上缴双倍渔获。1251年和1287年的暴风雨，使尼德兰大片地区遭海水淹没，形成名叫须德海（Zuider Zee）的大片内陆水域，丹麦、德国沿海地区也有数千英亩地没入海中。

根据兰姆的研究，各地最暖的时期不尽相同。格陵兰的气温约在公元900年至1200年间明显升高；欧洲最暖的时期则在公元1100年至1300

---

1. Hereward the Wake（活跃于公元1070年），英格兰早期历史上鲜为人知的大英雄。公元1062年，他被撒克逊国王爱德华（Edward the Confessor）放逐，1066年后返回，发现父亲已死，兄弟遇害，家园落入诺曼人领主之手。征服者威廉入侵后，他号召人民抵抗。1070年在丹麦军队协助下，攻击、劫掠彼得伯勒大修道院（Peterborough Abbey）。后来丹麦军受威廉贿赂而打道回府，赫里沃德继续以伊利为据点反抗。威廉攻占他的巢穴时，他脱逃、躲藏，从此下落不明。

年，当时夏季干燥、冬天暖和成为常态。

中世纪温暖期有比现在还热吗？

在学术界，凡有新观念诞生，总会引来一窝蜂的引用而充斥于所有学术著作，中世纪温暖期（欧洲沐浴于和煦夏季的500年）的观点也不例外。史学界竞相将中世纪升温现象当成重大历史事件背后的幽微背景，但在气候替代性资料初萌之时，少有历史学家深入研究这个现象。兰姆从未把中世纪温暖期当作一段前后切割分明的时期，因为他非常了解欧洲气候的实际情形。兰姆研究成果问世之后50年间的气候探究证实他的说法无误。当时的气温的确逐渐升高，特别是公元1100年到1200年间，但当时的气候一如以往，变化无常。中世纪温暖期不是一个独立分明的时期，这时期的气候与之前也并非截然不同。继它之后，从约公元1300年（开始的年代不确定）到1860年的小冰河期亦然。但诚如马姆斯伯里的威廉赞誉英格兰葡萄酒的文章所言，平均气温即使只上升个1℃~2℃，都能改变大地风貌或摧毁文明。

许多学者认为，重现中世纪温暖期气候一事日益迫切，因为它已被纳入全球暖化是否是人为造成这个泛政治化而过去备受争议的议题中。那些反对全球暖化是人力所造成的人，将温暖期那几百年的气温曲线，与1860年工业革命高峰以来几近直线的持续升温相提并论。

气候异常（℃）

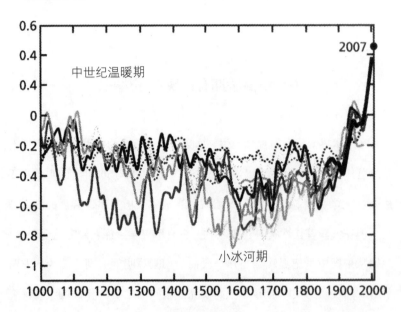

北半球气温重建图

　　根据六个不同研究小组的研究成果编成。除了气温，本表还列出得自仪器的全球平均地表气温（以深色表示）。每条曲线都有些不同，且都受制于不同的不确定因素。年代越久远，不确定的程度就越高。但在过去1100年的范围内，这些重建曲线大体上是一致的，而在400年前和呈现升温趋势的150年前更是如此。中世纪温暖期的气温变动，反映了不断改变的气候状况。［取自美国国家研究委员会的《过去两千年地表气温重建图》（Washiton D. C.: National Academies Press, 2006）图表 S-1。个别气温曲线的详细内容，无关本书宏旨，但在该出版物里可找到］

　　气候学家麦可·曼恩（Michael Mann）、雷蒙·布拉德利（Raymond Bradley）与马尔科姆·休斯（Macolm Hughes）使用树轮、冰芯、珊瑚之类替代性记录，加上过去150年的仪器记录，陆续推出过去600年、1000年的北半球气温重现图，争议随之爆发。他们的锯齿状曲线图明显呈现公元1860年以来气温上升的趋势，公元2001年在"全球气候变迁小组"（International Panel on Climate Change）的报告里刊出后，大受瞩目。那条曼恩曲线以"曲棍球棍"之名广为人知，因为图中所呈现过去150年的升温曲线，长而几近直线。与现今的升温趋势相比，中世纪那几百年的气温变化几乎是平的，此一研究结果让反对全球暖化是人力所造成者大为愤怒。他们希望见到的结果是中世纪温暖期的气温比现在还要高。

那500年间北半球的气温有多高？真的比现在还热吗？根据公元1861年以来的仪器记录，我们知道地球冬温上升约0.8℃，夏温则上升约0.4℃。至于中世纪那几百年的气温，我们得依赖替代性记录和零星的历史记录，例如兰姆所运用的历史记录。许多替代性记录最远可回溯至公元1600年，从中可发现17世纪气温较低，夏温比公元1961年至1990年间约低0.5℃。更早的记录比较不完整，但可发现公元1000年之后气温渐降，公元1000年至1110年间的气温则比千年平均值约高0.1℃。公元1000年前的记录则很零散，因为缺乏可靠的替代性序列。目前看来，兰姆的说法是正确的，至少就欧洲而言是如此。

11、12世纪，乃至先前的两个世纪，气温较高、较稳定，但气温仍比现今稍低。对于今日持续暖化的现象，只有少数科学家还认为那未必是人类所造成的，未必是史上绝无仅有的。

中世纪温暖期是全球现象吗？是以全球普遍升温和大体良性的气候状况为特色吗？小冰河期在新西兰、安第斯山、格陵兰如此天南地北的地区都留下明显的气候变迁印记，相较之下，中世纪较温暖期那几百年的冲击则较为模糊难辨。当时的气候就像现在，都是地域性的，即使气候是由大气与海洋更大规模的相互作用所造成的。在欧洲，漫长的较高温期使粮食供应达到某种程度的稳定，促成有利的发展环境，从而有助于较强大王国的诞生。相对的，在那几百年里，生活在干旱和半干旱地区的人民，有时却饱受毁灭性降雨和严重大旱的折磨。这些地区包括北美西部、印度、沙漠（例如撒哈拉沙漠）边缘地带、水源多寡因地区而有很大差异的欧亚大草原。当时太平洋东部凉爽干燥，北极区的夏冰少很多。中世纪温暖期一词取得并不尽妥当，但大部分人仍旧沿用，因为每个人都知道那涉及的是哪几百年，且诚如后文会提到的，至少有粗略的证据可证明，从中国的西藏到安第斯山、西欧、北美，乃至热带非洲，气温的确较高。中世纪温暖期是某种全球现象，但与50年前兰姆所预想的现象不尽相同。但气温较高那几百年无疑大大造福了欧洲，使其享有夏季炎热天气和大丰收，特别是在公元1100年至1300年的中世纪鼎盛期间。气温较高、气候较稳定的这段时期，只维持了200到300年，却已足以改变历史。

拿起你们的斧头，开辟新耕地

四面八方传来刺耳的声音。民众围着摊子互相推挤，或讲价，或聊天，或搬运农产品。颜色亮丽的莴苣、胡萝卜，成堆摆放在市场摊位上。女人多疑地闻着成熟的苹果。男人身穿束腰无袖上衣和长裤，在阴凉处拿着木头大酒杯猛灌麦芽酒。突然，现场鸦雀无声。群众让出一条路，让一队带着兵器、身着亮丽制服的士兵护送附近城堡的领主走过市场。领主骑着白色骏马，身穿轻铠甲，戴着头盔，直视前方；骏马披挂着华丽马衣。安静的镇民或手触额发，或单膝跪下。领主神情严肃，一路点头，侍从和随员策马紧紧跟随在侧。队伍离去，市场随即恢复热闹。

领主露面或许派头十足，有穿着制服的扈从、士兵随行护卫，但地方性战争可能让国王与封建领主疲于应付。在威仪的仪仗队和堂皇派头的表象背后，是片摆脱不了挨饿威胁的大陆。富足与饿死只是一线之隔，突如其来的春霜、连下数周的暴雨、似乎没完没了的数月干旱，就可能引发饥荒。乡下人个个都挨过营养不良的时期。他们把受苦的痕迹带进坟墓，骨头上露出端倪的压力线让我们得知此事。即使在丰年，许多乡下居民仍仅足温饱，或接近温饱。即使在最好的时期，农家生活仍免不了没完没了的辛苦劳动。

公元1245年，温彻斯特农人的平均寿命可能约24岁，如果挨过童年疾病的话（若将婴儿高死亡率纳入考虑，可能平均寿命还更短）。因提重袋或拿长柄大镰刀割草所造成的脊椎变形等职业病，普见于中世纪墓地所发现的遗骸上。渔民因使劲推船、拉满载鲱鱼的渔网而罹患骨关节炎。无休无止的累人苦活儿和不够充足的日常饮食，使人力损失惨重，即使在丰年时亦然。

气温较高的那几百年，收成只够自家食用的欧洲农民，生活压力大大减轻。谷类作物的生长季延长了3个星期。每年夏天，高温而稳定的天气在6月降临，经过7月和8月，直到繁忙的收割期。更重要的是，几百年来让生长中作物夭折的5月霜，在公元1100年至1300年间几乎不见。夏季炎热、冬天暖和，使人们得以在贫瘠的土地和较高海拔地区（即此前因为气温较低而无法耕种的地方）冒险种植作物。逐渐增加的农业人口往北方与山区扩散。

数据就是明证。12世纪时，英格兰西南部的达特穆尔（Dartmoor），在海拔320米处有欣欣向荣的务农小部落；到了20世纪，那个地方没有务农之人。今日，英格兰北部本宁山脉沼泽地（Pennine Moors）没有半点农作物，但在公元1300年，当地牧民抱怨牧地被开垦为农地。过去，苏格兰南部凯尔索修道院（Kelso Abbey）约有100公顷位于海拔300多米的耕地，比今日该修道院最高耕地海拔还高许多。当时该修道院的土地上有1400只绵羊和16户牧羊人家。小麦种植区最北可达挪威的特隆赫姆（Trondheim）。在遥远南方的瑞士阿尔卑斯山区，农民在河谷种植作物，而在200年前，那些河谷还覆盖着冰川。在较低海拔处，由于生长季节变长，作物夭折的概率大为降低；此外，夏季生长期数个星期的炎热天气使产量提高，粮食至少有些剩余，能供应日益膨胀的城镇人口所需。放牧牲口变多，冬天变得较暖和，城乡人口都增加了。教会和贵族要求平民贡献徭役、税赋、什一税的声浪日益升高，对可耕地的需求直线上升。为此，欧洲各地竞相拿起铁斧砍伐原始橡树森林，开辟耕地。

第二章

穷人的斗篷

大部分宜于耕种的土地，

已不见原来死寂而危险的荒凉；

耕地征服了森林；畜群和禽鸟逐走了野兽；

沙漠上撒了种子……

原来近乎孤独寂寥的小村，现在成了大城市。

　　——特土良（Tertullian，基督教神学家、
哲学家，2世纪）

阴郁的清晨，牵引耕畜的男孩用赶牛棒猛打牛儿侧身。牛低着头，使劲扯着挽绳，四蹄用力踩进、拔出田里的烂泥，湿润的田泥闪闪发亮。在后面，把犁人踩在及踝的烂泥里，紧抓着带轮犁具的手把，使劲下压，好将犁刀压进黏重的土里。他猛吸一口气，再用力往下压，然后提起，犁板吃力地翻出一道深深的犁沟。他操着犁，循着与前一天犁出的犁沟平行的路线，在狭长的田里缓缓前进。犁刀停下再前进，这时突然在凝聚成块的土里卡住不动。男孩冷得发抖，对牛儿又叫又戳，以免它停下来。

到了傍晚，一天的犁田工作结束。男孩拆解犁具，将牛牵回村子，在食槽里添上干草，将新鲜牛粪弄到外面，日后充当肥料。隔天，牛儿要再套上轭，犁具得再组装，吃力的犁田粗活儿得再继续。

从英格兰、斯堪的纳维亚到法国南部，从西班牙到中欧，农民年年要做这累人的粗活儿，数百年不变。1000年前，欧洲是个农村大陆，镇区日益扩大，城市刚刚兴起，但这大陆上的大部分人仍靠着仅够自家食用的收成过活，挨饿与富足只是一线之隔。在乡下，世上最要紧的事莫过于丰收，而气温较高的那几百年受冲击最大的地方，就在乡村。每个村、镇按四季推移而改变作息。那时候，夏冬的差异比现今更明显。夏天宝贵的那几个月，阳光普照，天空开阔，气候炎热，农民忙着栽种，然后采收。那是充满欢乐与节庆的时节，也是相对而言较富足的时节。冬天则阴暗寒冷，白天短，黑夜长，大地肃杀，黯淡无色，田里光秃秃，树上不见绿叶。阴暗的冬季没有电灯或煤气取暖器，只有摇曳的烛火可供照明。寻常人家要取暖，只能靠冒烟的火堆；豪宅、城堡里的贵族，则靠大壁炉。睡觉时，大伙儿挤在一块取暖，温暖的袍子和舒适的床是难得的奢侈品。中世纪温暖期降临，使冬夏的对比不再那么鲜明，冬天变得较暖和，作物生长季变长，夏天更热，并促进人口增长和暴力活动。

各怀鬼胎又爱打斗的领主们

暴力是中世纪欧洲严酷的生活现实，也是政治上不可或缺的一部分。[1]暗杀、出卖、瞬息万变的敌友关系、残酷的征战，乃是上层人士和特权阶级一生中常碰上的事。骑士和社会中较有权势者，极热衷地展示勇气与权力。他们持长矛骑马比武，考验个人的勇气和本领。敌对地主互相对抗，不一定会造成大量死伤，他们往往只是借对抗来确立地盘和政治势力范围，摸清楚各自权力的行使范围，确认谁可以压榨谁；有些战役几乎沦为仪式。在普遍丰收的时期，大部分夏天至少都有小规模战争在

---

1. 欲通盘了解这段时期，请参阅威廉·乔丹（William Jordan）的《中世纪盛期的欧洲》（*Europe in the High Middle Ages*, New York: Viking, 2001）。在此我广泛引用了这本著作。

某地爆发。

强大的分裂力量让较大的政治实体难以出现。11世纪初期，法兰克王国只是个抽象概念，只是众多各自为政的实体。这些自治实体彼此对抗不断，且往往陷入恶斗。在法国，王权只及于国王能收到税、能榨取民脂民膏的地方。公元987年兴起的法兰西卡佩王朝，其统治不是凭借国王与生俱来的权力，而是国王个人的本事。他们创造出国王是上帝选派的意识形态，在11、12世纪的大部分时期致力于收服对手，即封建领主和富裕地主，他们的城堡都筑有坚固的防御工事。他们这么做时，有部分是高举教会的旗号，教会的教堂和修道院是具有扩张野心的领主最觊觎的对象。

气温较高的那几百年，暴力活动此起彼落。非上议院高级法官的贵族、兼任主教的公国君主及宗教社群掌控了丰饶乡村和乡村的葡萄园、丰收物产、大群牲畜，引来土匪和亟欲扩张地盘的野心地主觊觎。在经济活动和乡村人口都急速扩张的时期，只有少数村落和小镇有足够能力抵御盗匪劫掠。在法国某些地区，如布列塔尼，由于邻近地区的贪婪者觊觎该地高产量的农田，引发了血腥冲突，使这些地区沦为废墟。只有西部的塞尔特语族地区幸免，因为这些地区极为贫瘠，大部分人口集中在沿海渔村。

因为粮食有剩余，野心勃勃的领主有能力供养军队，有钱建造石头城堡充当军队集结的待命区和镇压叛乱的基地，使战争更为频繁。野心家通过政治联姻与残暴的武力，将丰饶的农地和收成纳入掌控。但有些地区，如拥有乳牛场和丰饶物产的法国北部诺曼底地区，就获得相当程度的稳定。

　　勃艮第公国拥有肥沃的土地、小农场与大庄园，在较温暖那几百年间特别繁荣，特别要归功于贸易网远及西班牙北部和英格兰而日益兴盛的葡萄酒贸易。

　　由于人口急速增长，长距离贸易额日增，大领主间不断变动的敌友关系成为当时政治的一大特色。

　　在日后成为法国的那片土地上，权力角逐最终落在拥有丰沛农业潜力的北部。那几百年的气候较为高温，使这个以谷物、水果、葡萄酒著称的地区，农产大为丰收。得到丰沛水源滋润的丰美草地使牲口数量大增，羊毛产量也变多了；制作亚麻布的亚麻和制成靛蓝染料的菘蓝等非粮食作物进占更多农田。北部的广大林地为农民提供了养猪的草场，但林地本身也遭大肆砍伐，以供应建材、木柴及炼铁所需的木炭。当时的长期战争促进了武器、盔甲制造等行业的发展，而这些技术在和平时期也可用来制造斧头、犁铧等耕种器具。但公国国君之间的对抗摧毁了乡村，破坏了农业生产，使经济无法大幅转型。

　　在气温较高那几百年，战争都是地方性的，但卡佩王朝逐渐确立王权，收拾乱局，建立了真正的王国。国王腓力二世（Philip II Augustus）于公元1194年以巴黎为法兰西国都，1204年并吞诺曼底；到了公元1249年，法国南部大部分地区都纳入其掌控。拜高明的治理手腕之赐，法国国王收编了受征服地区的上层人士，使他们成为新王权体制下的既得利益者，国王便成为法国统一的象征。因此，气温较高的那几百年带来稳定的收成，进而促进贸易、激发战争，最终为近代欧洲的诞生揭开序幕。

人丁兴旺，迈向中世纪盛期

气温较高的那几百年期间，欧洲生气勃勃。艺术史家肯尼思·克拉克（Kenneth Clark）说得好："那就像是春天降临后的俄罗斯，每种活动领域——战斗、哲学、组织与科技——都迸发出超乎寻常的冲劲和蓬勃创新的事物。"王国国王和公国国君的作为，对大部分欧洲人（不管是自由民还是奴隶）几乎都没有影响。中世纪温暖期开始时，欧洲是个农村大陆，大部分人的生活作息都围绕着大小村落和亘古不变的栽种、采收工作。虽然儿童死亡率高，许多妇女死于分娩，疫病频发，偶有长期饥荒，人口仍快速增长。到了公元1000年，现今法国所在地住了约500万人，公元1350年则增加为1900万。意大利人口从500万增加为约1000万，英格兰则从约200万增加为约500万。这种程度的人口增长普见于欧洲各地，增长速度因地而异。公元1300年，挪威人口多达50万，由于作物生长季节相对较短，该地区可耕地的产量不足人口所需。在气候条件较佳而良田面积有限的情况下，人口在那几百年间急速增加，使农田日渐减少，越发无法喂饱日渐增加、嗷嗷待哺的人们，且此一差距日渐拉大，当时的人不易察觉。光看英格兰一地的数据就叫人触目惊心。公元1000年，该地有约340万公顷可耕地种植谷类和其他作物，供养250万人。此后的三个世纪，出现了数个漫长、气候有利农耕的时期，人口逐渐增加，因而在此之后，农田面积虽增加为460万公顷（许多开辟自难以耕种的农地），仍难以满足500万人口的需求。这些统计数据或许不准，因为有些庄园实行集约农业，特别是供应谷物贸易或日益增长之城市需求的庄园。但对收成仅供自家食用的农民而言，人口剧增使生活更为艰辛，而这有部分得归因于有利的气候条件。

因为有仅足自给的农民默默劳动，产出大量的剩余粮食，中世纪盛期的欧洲才能有哥特式大教堂、彩绘手抄本、精妙木制品等了不起的物质成就。这些剩余粮食为农民带来财富和金钱，让他们有钱雇请工匠和非农业工人，有钱荣耀上帝。作物丰收，生活惬意，贵族和平民都感谢上帝，不惜巨资献礼敬谢上帝，以免上帝发火而降下瘟疫、战争和饥荒；碰上歉收年便不再献礼，放慢大教堂建造的速度。在气温较高那几百年，欧洲欣欣向荣，为日后主权国家的纷纷出现打下基础。尽管有多年丰收，饥饿仍和富足一样同为此时期的特色。

适时问世的农业新科技

滂沱大雨渐渐变成冻雨，猛烈袭击这座村子，让泥泞小径变成小河。狂风猛刮，把树枝从光秃秃的树上扯下。吹个不停的狂风呼啸穿过光秃秃的树木，刮过茅草屋顶，翻搅天上的灰云，吹散从烟囱和屋顶袅袅升起的炊烟。簇集的民宅似乎紧贴着地面，在狂风的淫威下瑟缩着身子。户外空无一人。屋内，暴风雨的怒吼声轻了许多，但壁炉冒出的呛人烟雾盘旋在屋梁上空，屋内几乎什么都看不见；牛粪、人汗、腐败食物和排泄物的刺鼻味夹杂在一起，让人很不舒服。每个人都一言不发，挤在一起取暖，身上裹着绵羊皮和绑腿。牛在屋内另一头的牛棚里不安地走动。人和牲畜都在等待暴风雨稍歇。

即使在气温最高的那几十年，欧洲中世纪的气候都非常极端：连下数星期的雪，威力前所未见的冬季风暴，暴风雨在北海掀起巨浪，漫长的夏季干旱。这种极端天气下，要获得仅供自家食用的收成都不容易。由于气温和降雨变化难测，即使在最理想的时期，中世纪的欧洲农民也很保守。挨饿的威胁虎视眈眈，人往往两面下注，以防损失。公众谨慎保守的心态，让任何创新的发明都可能中途夭折。在自给型社会里，共识是生存的基本凭借，因为共识往往建立在多年累积的集体经验上。因此，即使在作物产量往往较高的较温暖时期，栽种谷类、葡萄等作物及择定采收日期，都得经过审慎研议。人口日益稠密和大体有利的气候条件，使中世纪农民的保守心态受到严重挑战。鉴于土地短缺和要喂养的人口变多，在气温较高那几百年期间，创新的农业方法在许多地方大受欢迎。

中世纪温暖期期间，较暖和的冬天、炎热的夏季与更长的作物生长季使作物丰收，进而大大促进人口稳定增长。随着乡村人口日益稠密，轻质、排水良好、易耕种的土地变得不敷需求。这类土地土质松软，用没有犁刀的原始犁就能充分耙松。这种犁的设计从1000年前的前罗马时代问世至当时，都没有改变。基本上它是浅耕犁，能耙出浅浅的犁沟，但未翻动布满草根的表层土。中世纪农民用牛来拉这种原始犁，如果没有耕畜，夫妻两人一起下田犁地，一人拉，另一人引导犁沟器。

只要土壤较为松软，已普遍使用至少4000年的原始犁就是简便好用的犁田工具。

然而，原始犁有严重的局限，碰上表土较硬而难以翻动的重黏土壤，效果就差很多，特别是在把土壤晒硬的干燥时期。干燥时期若拉长，例如气温较高那几百年间的干燥期，犁田就不易。随着可耕地的需求日益迫切，农民开始开垦潮湿而长满树木的土地，这种土地有生产潜力，但不易耕种。所幸新式犁在7世纪前后问世，正好在气温较高那几百年，需要翻松较重黏土壤的有效工具时派上用场。板犁（moldboard plow）有锐利的犁刀可划开土壤，斜向设计的犁板则能翻土，以埋住杂草，翻起养分。通常至少有两头牛合力拉板犁，但有坚硬马轭的马挽具在欧陆问世，提供了三或四倍强的拉力（马轭放在马肩上），情况大为改观。马犁田比牛快一倍，但以四或八匹马为一组合拉一具犁，对一般农家而言成本太高，只有宗教机构和庄园负担得起。为解决这一问题，村庄农民在犁田季节共享一批耕畜，但即使有牛代劳，犁田仍是从早做到晚的苦活儿。

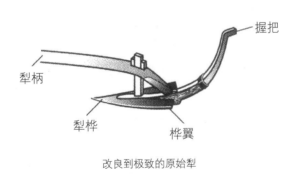

改良到极致的原始犁

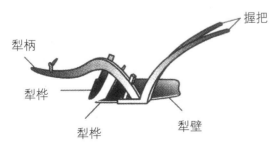

带犁壁的简陋平衡板犁

　　大约在三地轮种制问世时，马和带轮犁具开始普及。这种轮种制于9世纪期间首度出现在法国北部的修道院土地上，接着慢慢普及全欧。最初，村子一次只耕种一半田地，这时变成种2/3，留1/3休耕。三地轮种制提高了谷物产量，为牲畜提供更多草秣，使人获取更充足的养分，让家庭能养活更多人及耕畜，前提是有人负担多出来的栽种和采收工作，还有更多的犁、挽具、轭和其他需要用到木匠、铁匠、车轮修造工等专技人士的设备。

　　在这套制度下，1/3的土地种冬麦、大麦或黑麦，1/3于春季种燕麦、鹰嘴豆、豌豆、滨豆或蚕豆，剩下的1/3则休耕。三地轮种制将休耕地由一半减为1/3，将一年的劳动需求分配得更为平均，也提供了用来喂马的燕麦。豌豆、蚕豆之类的豆科植物将氮锁在土内，让土壤保持肥沃，农家便能养更多牲畜。

　　饥荒概率大幅降低，又有更多粪肥替土壤施肥；蛋白质摄取增加，健康水平提高，人口增加。最重要的是剩余作物大增，除了归功于较温暖的气候和收成增加，还因为耕种更为集约。

　　中世纪农村的作物产量低，创新步伐慢，但某些地区的产量却高出许多，特别是低地国和法国北部，还有英格兰东南与东部地区。英格兰这两个地区的庄园和农田供应日益成长的都市所需，或通过船只将谷物运送到海外。诺福克郡（Norfolk）庄园的集约混作农业，每公顷产量高达1005千克到1675千克或更多。一般而言，如此高的产量与先前引进集约而更有效率的农耕方法有关。这类混作农耕庄园结合农业与畜牧业，特别是绵羊业，产量比类似英格兰南部温彻斯特等管理良善的庄园多2/3。为何要有如此高的生产力？理由很简单，因为要喂饱城镇里日渐增加的人口。

城镇兴起：历史上的大塞车

公元1000年至1400年间，城镇的数量急速增加。光是中欧，从11世纪到1250年就出现1500座新镇，接下来的50年里又出现50座新镇。镇的大小差异极大，有些镇只比大村子稍大，另有些镇是2000到3000人的部落。中世纪小镇的人口都比村子稠密，镇里从事专门行业的工匠也较多，包括铁匠、陶工、织工、车轮修造工和多种专业工匠。每座镇都有定期的市集；没有定期市集，小镇便不能存活。有些镇甚至有铸币厂，因为镇上市集的交易不是以物易物，而是以货币为媒介。有些镇上还有宏伟的公共建筑，如大型教堂和市场大楼等。特别重要的是，镇是"交通拥堵"的热闹地方。威廉·切斯特·乔丹（William Chester Jordan）描述伦敦城外的中世纪镇绍思沃克（Southwark）时，替我们列出了部分原因："牛拉车和马车相互推挤争道，一片乱哄哄。成列的四轮运货马车载着蔬果、原料和成品去市集、工匠店铺及仓库，还有川流不息的骑马男女来到镇上，要替人传口信、上店铺、访友或参加聚会，在街上叫嚷着要人让路。"他还补充说道，"交通不拥堵，就谈不上是镇。"

最初，镇的政治影响力远不如乡间领主，镇往往由领主所控制。领主的代理人和神职人员争夺政治支配权，但最后由于各种贸易活动蓬勃发展，商人和商业部门的影响力越来越大。在还无缘享有良好道路的年代，大部分货物走河、运河或沿海水路运送到各地，这类贸易在古罗马时代以前就存在。9世纪时，查里曼国王控制了横越北海的重要贸易路线。默兹河（Meuse）、斯海尔德河（Scheldt）及莱茵河均穿过欧洲心脏地带抵达佛兰德斯沿海。在地势低洼的佛兰德斯地区，布鲁日（Bruges）、根特、伊普尔（Ypres）等日益壮大的贸易镇，很快就发展成人口稠密而繁荣的城市。除了伦敦、巴黎之类历史悠久的贸易中心，也另外出现了新兴的贸易重镇：英格兰南部有以怀特岛（Isle of Wight）作为屏障的南安普敦（Southampton），葡萄酒贸易和鲱鱼捕捞重镇迪耶普（Dieppe），设有鳕鱼仓库的贝尔根（Bergen），濒临北海而与维斯图拉河（Vistula River）及欧亚大陆有所往来的罗斯托克（Rostock）和诸如此类的地方。

城市成长为政治、经济带来持久不坠的影响。公元1300年，光是英格兰一地就至少有16座人口达到1万或1万以上的城市，这些为数庞大且逐渐增加的人口得靠城外的人填饱肚子。中世纪的城市不只吸引工匠与人脉广阔的商人，还吸引穷人和无地产者，在城墙内外拥挤的分租公寓和简陋小屋里落脚。新兴城市热闹、拥挤一如小镇，城里到处可见穷困潦倒、一贫如洗的人，从而隐藏了社会不安的潜在因子。饥荒时，拥挤的贫民区里的怒气因饥饿更为高涨，暴力蠢蠢欲动，一触即发。

气温较高那几百年，欧洲农业普遍丰收，但随之冒出的大量城市越来越禁不起作物歉收的冲击。后来，英格兰都铎王朝国王最担心的事，就是谷物短缺造成城市动乱。

中世纪温暖期期间，人口数变动剧烈。该时期结束时，伦敦可能有8万至10万人，就阿尔卑斯山以北地区来说，规模仅次于巴黎。伦敦是繁忙的海港暨河港，通常依赖约10350平方公里、产量并不稳定的地区来取得谷物，其中有些谷物来自160多公里外的庄园。人口剧增而城区日渐扩大的城市需要稳定的食物来源。公元1315年至1317年英格兰发生大旱时，国王下令掌管城市的司法行政长官远从萨塞克斯郡、剑桥郡、诺福克郡和240公里外的格洛斯特郡取得基本的民生物资和干草，以支应王室所需。伦敦的腹地范围随着气候状况和收成好坏而消长。在中世纪温暖期气候最佳的几十年间，伦敦消耗掉全英格兰1/5可耕地的谷物，而全英格兰的可耕地只有不到一半可定期生产谷物。温彻斯特之类的城市腹地小得多，可能只有方圆19公里。在城镇人口（约42万）可能只占英格兰全人口1.5%的情况下，城市市场的农产品需求仍然有限，且是有选择性的。但随着城市扩张，气候较为稳定，情况将有所改变。

　　较有利于农业的气候和较长的作物生长季带来冲击，而真正受到冲击的是乡村。随着村庄扩大，较松软的土壤都已利用，乡村随即出现粮食短缺的现象。可想而知，解决办法就是开垦更多土地，锁定之前因土质较重黏而不受青睐的土地、沼泽地、山坡地和较高海拔的土地，其中有些是暴雨时土壤易流失的土地，难以耕种。但大部分新耕地都是冰河期以来一直林木蓊郁的林地。

向湖要粮，向山争地

　　中世纪温暖期砍伐森林的规模令人震惊。[1]公元500年，温带西欧和

---

1. 迈克尔·威廉斯（Michael Williams）的《砍伐地球森林：从史前到全球危机》（*Deforesting the Earth: From Prehistory to Global Crisis*, Chicago:University of Chicago Press, 2003）是此一主题的权威性著作。本书探讨中世纪砍伐森林的部分广泛引用该著作。

中欧可能有4/5土地密布森林和沼泽；到了公元1200年，这些森林和沼泽只剩一半或不到一半，其中大部分是中世纪温暖期大规模开发土地时清除掉的。在尼德兰，农民以所谓的"攻势性筑堤"（offensive dyking）从北海开辟新生地。他们在沿海群岛的小岛外围筑堤，扩大岛屿面积；海岸后面的大面积泥炭沼，则开沟排水。他们与水大玩猫捉老鼠的游戏，随着泥炭渐渐沉淀，新生地渐渐成形。最初，开辟新生地者依赖越来越深的排水沟渠，后来则依赖抽水机和风力水车。辟地工程耗费巨大的人力，持续了数代，最后泥炭沼变成了可以喂养绵羊、牛的牧草地和种植作物的耕地。

　　欧洲砍掉原始森林一事，对文化、经济与政治都有影响。农民清除森林，同时也除掉自己的安全网，即过去斯堪的纳维亚谚语称为"穷人的斗篷"的安全网。森林提供建材、木材、木柴、猎物、药草与食物，还为农家牲畜提供嫩枝嫩叶及青草食用。中世纪农民较以往更常用到铁，制作斧、犁和武器都会用到，而冶炼铁时要用到木炭，木炭的材料则来自森林。大树提供木材给大教堂、宫殿和船，以及磨坊之类的简陋建筑。当时碾磨还是使用全木质结构的风车，水车还是新鲜玩意儿。1322年，在英格兰北安普敦郡，为制造风车叶片耗费大量木材，因此有人抱怨森林遭到砍伐。到了12世纪，森林使用受到严格限定，从牲畜吃草权到收集木柴，样样都受到规范。平民、王室和贵族等利害关系人有权使用森林，包括在其中打猎、放牧牲畜、使用林间空地。好比许多英格兰小农有权"用尽各种办法"取得建材和木柴，从树上敲下或扯下的枯枝就是木柴。浓密的林木和下层的灌木丛是生存的凭借。针对森林和森林的使用权、开辟权所做的规定越来越复杂，不得不在国王特权、地主权利与小农长久的经济需求之间求取平衡。

在中世纪人们的生活里，幽暗森林是个错综复杂的地方，有许多用处和强烈的象征意义。里头潜伏着有力而不可见的东西，凶猛的欧洲古代野牛和长角野牛在那里繁衍生息。那里也是王公贵族打猎的地方。打猎是他们的专属活动，他们打猎绝非只为取得肉类，打猎本身还有仪式意义，借此展示宫廷仪礼和权力，甚至要借由驯服野兽展示他们征服了原始大自然。纽约大都会美术馆藏有名为"狩猎独角兽"（Hunt of the Unicorn）的七幅中世纪织锦画，织造于公元1495年至1505年间，用以纪念举行了数百年之久的狩猎仪式，从中可见到具象征意义的中世纪狩猎场景：放出猎犬，找到藏身于某处的独角兽，追捕独角兽，独角兽遭猎犬围困，猎人杀死独角兽。独角兽是虚构的动物，这些织锦画呈现的是理想化的虚构狩猎场景，但画中传达了狩猎本身复杂而仪式性的本质。王权和征服自然之间的关系是无法压制的，王公贵族征服大自然以展现其无上权力，自然希望保住森林以供其打猎，其他社会成员则看重森林土地的农业生产力，两者间不可避免起了冲突。最后，农业占了上风。在改变和创新风起云涌的中世纪温暖期，都市日益扩张，人口密度提高，要喂饱的人口增加，使农业更为发达，进而使原始森林面积急剧萎缩。

公元476年，西罗马帝国崩溃后，莱茵河东岸的日耳曼部族如勃艮第人和汪达尔人掌控了原高卢的大部分土地。这些入侵者可能有8万人，他们抵达时，西欧的人口经过6世纪期间的瘟疫与饥荒摧残，已从罗马时期的最高峰（约2600万人）减少了约四成。入侵者长驱直入，进占先住民开垦的土地，此时许多土地已荒芜。这些日耳曼部族认为森林是不该侵犯的神圣领域，不可通过，应予以保护。因此直到10世纪，西欧经济扩张、人口增长，又有斯堪的纳维亚与中欧的移民加入，加剧农地、木材等需求，西欧才开始大规模砍伐森林。

中世纪温暖期，雨量减少一成，气温上升0.5℃至1℃。就在这期间，森林砍伐急剧加速。由于人口增加，居民开始开垦荒芜或之前不受青睐的土地。或许因为只要砍伐林地就能取得新土地，结婚年龄因此提早，出生率也因而提高，甚至促成更大的家庭诞生。急速增长的乡村人口和日渐扩大的城镇需要更多粮食。连年不断的战争需要养活军队，此时教会的势力更甚于从前，税捐需索无度，使得粮食供应雪上加霜。面对粮食不足的潜在威胁，众多规模不断扩大的家庭有两个选择：一个选择是缩短休耕地的年数，但长期看来，这是危险之举，因为如此一来，地力更易耗竭，作物产量随之降低，后果不堪设想；另一个选择是开拓新农田。所幸可供开垦的土地多的是，不必抢夺即可取得。

他们往往从森林边缘垦荒拓地，展开所谓"开拓林地"的活动。

男人每天带着斧头爬上树木，砍下树枝，集拢成堆烧掉。有时不免有年轻男子从树上失足坠落，硬生生掉在坚硬的地面上。运气好的只有擦伤，但更多时候是跌断手或腿，或许就此终身残疾。他们在有能力照料自己之前不具生产力，徒增家中的粮食负担。被砍掉大树枝后，高大的树干光秃秃地立在日益后退的森林边缘，等着被身强力壮的男子砍断。这些男子协力工作，不时停下来磨利斧头。不远处的村子里有忙碌的铁匠忙着锤打弯曲的刀片，制造新斧头，以满足需求。慢慢地，森林边缘出现一块新空地，散布着残余的树桩和树干。一旦壮汉砍掉树木、烧掉树枝、用灰烬替土地施肥后，村民连忙进场，又砍又拉，费力地将树桩连根拔离地面。他们用斧头或动用马匹加坚韧的绳索和铁链干这道活。[1] 开拓林地很辛苦，要同时动用多名人力，且通常旷日持久。一开始要定期放火清除灌木，放牲畜到周遭林地大肆啃食。最后森林倒下，开拓林地者进入，清除残株，建立新村落。全新部落（特别是偏爱在荒山野岭里遗世静修的修道院部落）往往出现在森林内偏远的林间空地。

中世纪温暖期间，西欧各地出现数千个新部落。巴黎东南方的约讷（Yonne）河河谷中段，领主以给予自治权和降低或免缴租税的方式鼓励人民垦荒辟地。领主免除人民徭役，准许小农嫁娶村外的人。诚如法国史学家马克·布洛克（Marc Bloch）所言，许多获准拥有新辟土地者陷入某种"妄自尊大的狂喜"，对新土地怀抱美丽的憧憬，满心期待荒地辟成的良田让他们发财致富，减轻人口对农田施加的压力。在东方，日耳曼领主（包括世俗领主和教会领主）鼓励人民开垦柏林东方遍布森林和沼泽的土地，那里只住着几群为数不多、行踪飘忽不定的猎人。其中有位领主以如下言语招募人民拓荒："这些异教徒是世上最坏的人，但他们的土地是世上最好的土地，有肉、蜂蜜和面粉。如果把那些地拿来耕种，产量绝对胜过任何土地。"

有人会认为中世纪气温上升、人口增长、农业创新三者之间有直接关系，但潜在的社会、宗教因素也是重要推力。更早之前，庄园主竭力将小农绑在土地上，以便掌控他们，收取更多地租。中世纪温暖期降临时，欧洲步入信教日益虔诚的年代，地方领导人和教会领袖不断想方设

---

1. 此一假设性情景乃根据威廉斯的《砍伐地球森林》第五章和我在中非洲与当地农民砍伐森林的经验模拟而出。

法巩固政治权力，以取得政治利益并积聚财富。他们渐渐取得未开垦、未使用土地的处理权，俨然一方霸主。

他们准许成群的拓殖者赴野地垦荒辟地、种植作物，"将野地纳入人类活动圈"。人及其劳动力成为领主的财富来源。这些拓殖者很快就成为自由农，拥有土地，靠种植作物赚钱。平民得到解放。

由于长嗣继承权普获采行，家产由长子继承，其他儿子只得另寻出路，也就是开辟新地。他们看重砍伐森林、开辟农地的程度，就如同贵族看重十字军东征和征服战争。

宗教是砍伐森林和农业革命的重要推手，本笃会是其中之一。本笃会特别看重劳动，认为劳动和读经、祈祷一样重要，利于心性修持。圣贝纳尔（St. Bernard）写道："未开垦的荒地，未经祈祷和苦行予以圣化，未有人在其上行圣洁生活，可说处于原罪状态。一旦那块地变肥沃，有了明确目的，就变得无比重要。"本笃会教团费了很多心血让中世纪农民摆脱自古以来对原始森林的恐惧。史学家迈克尔·威廉斯（Michael Williams）称这些修会是砍伐森林行动的"突击部队"，有数字为证。

公元1098年至1675年间，光是西多会（Cistercian）就创建了742处部落，其中95%在1351年前就已创立。每个修会都致力于集约农耕和砍伐森林。巴里的杰拉尔德（Gerald of Barri）写道："给这些修道士一块空荡荡的沼泽或荒凉的林地，几年后，那里不只能看到美丽教堂，还有环绕教堂而筑的民居。"

从任何标准来看，中世纪温暖期欧洲砍伐森林的行动，都是史上最大规模的森林砍伐行动之一。约在公元800年至1300年间，法国森林由

300万公顷缩减为130万公顷，但国内仍有1/4土地为森林所覆盖。整体而言，欧洲在公元1100年至1350年间可能砍掉了超过一半的森林。英国的森林砍伐较为零星，是较无计划的砍伐。尽管如此，人口增长的数据从任何标准来看都很惊人。光是英格兰伍斯特郡（Worcestershire）东北部汉伯里（Hanbury）这个小教区，人口就由公元1086年的266人增加为1299年的725人。

冰箱还没发明以前，海产店卖什么？

在森林砍伐和农业革新的同时，海上捕鱼业大幅成长，而其成长动力来自沿海地区较有利的气候、基督教教义及军用口粮需求增加。在此之前，由于地中海落入伊斯兰掌控和其他一些因素，查理曼大帝和其后的继任者已致力推动波罗的海和北海沿岸间的海路贸易。航海活动大部分限于夏天那几个月，即使在当时，英格兰东部和低地国的低浅水域与突然涌来的浪潮，仍让许多行进缓慢的商船失事。中世纪温暖期使北欧海域的水温微微上升，夏季更长。根据今日的情形反推，当时每逢较炎热的几个月，应会出现高温期和风平浪静的长期反气旋气候。与往后数百年的小冰河期相比，夏季一般来说暴风雨较少，但冬季狂风仍可能让海水倒灌，淹没地势较低的农田，特别是低地国境内。

中世纪温暖期海上贸易急剧成长，有部分反映了较温和的沿海气候。与此同时，海上捕鱼业日益吃重，特别是盐腌鲱鱼的贸易。

大西洋鲱鱼（Clupea harengus）是最多产的鱼种之一，每年春天聚集于北大西洋，夏季和秋初往南进入波罗的海和苏格兰、英格兰北海沿岸。鲱鱼是否对海面温度敏感，我们不得而知，但似乎很可能就是如此，因为过去几百年来，鲱鱼群数量有明显消长，而这不全然肇因于过度捕捞。不管是否对海水环境敏感，总之鲱鱼数量在中世纪温暖期间非常庞大，而在此之前，较少人食用或捕捞鲱鱼。捕捞鲱鱼需要无甲板的船和流网，以及北海浅水海域风平浪静的气候。有利的气候（特别是初秋），加上有增无减的海鱼需求，使捕捞鲱鱼成为中世纪温暖期间重要的国际产业。

鲱鱼肉富含脂肪，捕捞后若不盐腌，几小时内就会腐败。盐腌技术自古即有，但将鱼放进盐堆里的简陋盐腌法，对大西洋鲱鱼不管用。到了9世纪或10世纪，海洋温度开始微幅上升时，波罗的海渔民发明了盐腌鲱鱼的新方法：将鲱鱼放进装了盐水的密封桶。因而得以捞捕数百万条洄游的鲱鱼。

新方法很快传播到北海诸港，欧洲人首次能将腌鱼运送至内陆深处。几乎在一夜之间，一项大型产业就此诞生。

从基督教创立之初，虔诚信徒每逢圣日和大斋节期间都吃斋不吃肉。大部分人平日就只喝牛奶，吃谷物而不吃肉，因此受吃斋规定影响最大者，除了宗教团体，就是贵族和富人。后来吃斋日越来越多，到了公元1200年，全年有一半日子形同圣日，在这类日子里可以食用富含蛋白质的鱼。

尽管有修道院和领主庄园倡导，鱼类养殖业大幅成长，淡水鱼仍不敷食用。在此，较温暖的气候又助了一臂之力。中世纪温暖期的炎热夏季为鲤鱼之类的浅水鱼养殖，提供了理想环境。野生鲤鱼（Cyprinus carpio）在多瑙河和欧洲东南部其他河流的浑浊水域里繁衍。公元1000年至1300年，随着气温升高和夏季变长，池塘、河流水温上升，鲤鱼栖息地迅速扩展至欧陆各地。鲤鱼养殖相对较容易，因而发展成中世纪欧洲的一大产业，但价格依然昂贵。公元1356年，那慕尔（Namur，今比利时境内）某户人家在喜宴上以百条鲤鱼招待宾客，买鱼的钱足可买下两头母牛。宗教机构和有钱贵族垄断市场上的养殖鱼，平民实际上无缘享用。

所幸就在此时，廉价的替代品——鲱鱼——出现了，为虔诚信徒和担心城市穷人吃不饱的人带来了福音。在中世纪温暖期，食用海鱼的习惯出现重大改变。7至10世纪期间，海鱼只出现在港口和河口城镇的食余遗址里。在这类古代垃圾堆里找到的骨头碎块蕴藏了古人日常食物的丰富线索，为一般人意想不到的问题（比如中世纪鳕鱼多重、屠夫通常在牛长到多大时予以宰杀）提供答案。到了公元1030年，大量鲱鱼渔获出现在沿海城市哈姆威克（Hamwic，今南安普敦），且销售到内陆深处。据估计，11世纪末期，光是英格兰诸港口，鲱鱼捕获量就高达329.8万条，欧陆捕获的鲱鱼还未计算在内。到了12世纪，鲱鱼在深处内陆的维也纳到处可见。鱼成为基督教仪礼上极重要的一环，因而到了公元1170年，教宗亚历山大二世甚至批准在鲱鱼季的周日捕鱼。每年秋季，英格兰东部的雅茅斯（Yarmouth）都会举行长达六星期的大型鲱鱼交易会，为北海两岸人民提供数百万条桶装鲱鱼，销售量惊人。国王以盐腌鲱鱼作为军队粮食，城镇以数万条鲱鱼缴税。公元1390年，法国国王的施赈吏在巴黎市场买下7.8万条鲱鱼，分发给救济院和贫穷人家。

盐腌鲱鱼便宜，到处能买到，但味道不好，若非万不得已，就连穷人也不想吃。这种鱼烹煮时若不加香料精心调味，吃起来就像木头，却仍供不应求。鲱鱼业的黄金时代是在14世纪初，即中世纪温暖期进入尾声的最后几十年。鲱鱼群和雅茅斯之类地方的鲱鱼捕获量大减时，正值1300年后平均气温降低、北海海面温度下降之时，两者未必无连带关系。为应对供不应求的市场而过度捕捞，加上腌鱼方法改良，甚至气候改变可能也是原因之一，使得中世纪的鲱鱼业由欣欣向荣而日渐式微。

古斯堪的纳维亚人为其战舰和商船的水手提供了更为美味的替代食物，即盐腌鳕鱼干。大西洋鳕鱼为白肉鱼，肉质坚实，脂肪低。每年冬季，挪威北部罗弗敦群岛（Lofoton Islands）都捞捕鳕鱼，晒干保存，作为古斯堪的纳维亚人出海航行的主食。中世纪温暖期期间，出海多日的水手靠密封在容器内的鳕鱼干填饱肚子。在同样那几百年里，波罗的海的汉撒（Hanse）同盟发现，用较温和气候区的谷物换取挪威南部贝尔根（Bergen）捕获的鳕鱼，利润很高。当时，汉撒同盟已掌控北欧不少谷物贸易和北欧当时丰收的作物，也掌控了鲱鱼贸易，此时更将鳕鱼贸易纳入掌握。英格兰渔民因此航行到外海，到能够赢过汉撒同盟的冰岛南部近海鳕鱼场捕鱼。同时，他们也找到了替代鱼种，取代在气温逐渐降低时期渔获量不稳定的鲱鱼。他们的渔船、技术和经验均来自他们在中世纪温暖期宜人的夏季和暖和的秋季期间在北海捕鱼数百年的历练。在他们的捕鳕船队前往爱尔兰和冰岛的渔场，和几百年后前往纽芬兰渔场时，这份历练对他们大有助益。

让哥特大教堂得以兴建的小老百姓

欧洲受中世纪温暖期气候影响最大、最直接的是平民，也就是为社会提供粮食的默默无闻的老百姓。国王、国君和领主拥有庄园和土地，投身阴谋活动与战争，有时投身十字军。他们的生活在繁文缛节的仪式，在讲究骑士风范，在残酷及暴力中度过。他们的专业技能在耕种土地，对付变幻无常的气候剧变上几乎派不上用场。大部分平民以耕种为生，其中有很大一部分是自由劳动者，许多都有专业技能。许多人种植谷类作物，深谙作物轮种、植物病与储存之道。有人牧牛，有人牧羊，也有人养猪，还有些熟悉排水工程；捕鳗鱼者靠河、湖、偏远沼泽地讨生活，衣食无虞，因为容易熏制的鳗鱼已成为缴付租金的标准货币；女人养蜂，酿麦芽酒，纺羊毛纱。每一代人靠着见习学艺和口耳相传，学到前辈的知识。口耳相传的知识内容浩瀚，往往晦涩难解，来自变化莫测的气候（热寒、干湿的变化几乎在一夜之间就可能出现），及在各种气候下耕种所累积的经验。

对领主和国君而言，负责耕种、提供粮食的农民是无名小卒。但正是这些卑微的百姓让欧洲不致挨饿，正是他们在气候渐暖的时期改革农业方式，应对大环境的变化。他们生产的多余粮食，喂饱了军队和建造宫殿、豪宅的工人，喂饱了建造中世纪最宏伟的建筑哥特式大教堂的工人。他们付出劳力，砍下建造屋梁的大树，搬运建造高塔和教堂挑高中殿的石材。这些从数里外就能见到的宏伟教堂，连接世间和神界，因为在虔诚信教时代的当时，人们认为世间万物都来自天国。桑斯（Sens）、沙特尔之类的大教堂，耗费巨资兴建，以石头和有形物资作为象征性的牺牲献给上帝，期盼神恩回报。多数人期待的神恩就是丰收，因为即使在气温较高的时期，农民仍然不能松懈。

好日子结束了：饥荒和黑死病的岁月

经过400年的人口剧增、粮食供应普遍充足、漫无节制地砍伐森林，以及城镇的急速成长，在中世纪温暖期结束时，欧洲大陆已大幅改观。[1]但到了13世纪末期，欧洲面临严重的经济问题，因为人口增长的速度超过农产量的增加速度。到了公元1300年，大部分欧洲人的生活比上世纪还糟，因为通货膨胀吃掉财富，上层阶级对老百姓榨取更甚。农民开垦难以耕种的土地、采取缩短休耕期之类走短线的办法以为应对，在夏季气候相对较稳定的时期，这或许是快速增产的合理办法。农民欠地主的债务不可避免地加重，与此同时，不稳定的经济前景也在那些因羊毛业等产业波动而受创的城市里发酵，军事封锁成为城市居民严酷的生活现实。

这些问题全都可能让西欧许多地区变成形势一触即发的火药桶，但公元1315年，气候活动猛然介入。"这一季（1315年春），雨出奇的多，下了好久。"当时的编年史家让·戴努耶勒（Jean Désnouelles）写道。这场雨在复活节后，也就是田里刚播种后连下了7个星期。刚犁过的田很快就变成

---

1. 威廉·切斯特·乔丹（William Chester Jordan）的《大饥荒》（*The Great Famine*, Princeton: Princeton University Press, 1996），对此浩劫有非常精彩的描述。

泥潭，种子被冲到土外。烂泥沿着刚砍掉林木的山坡冲泻而下，在新辟的田地里冲出深沟。玉米和燕麦因水分太多，很少能成熟。大雨直下到秋天。"小麦不足"现象开始出现，圣诞节到了，人们仍为食物发愁。就连原来不管哪种气候都继续作战的军队，也立即休兵。1316年雨继续下，作物无法成熟，许多人一贫如洗。葡萄爆发霉病，"整个法兰西王国的葡萄大歉收"。这场灾难持续了7年，最后以1322年刺骨的寒冬告终。严寒使那年冬天许多地方运输停摆。

那些年，北欧许多地方的谷物产量大概减少了1/3，影响的程度当然因地而异。多雨的天气滋生牛瘟、肝吸虫之类疾病，牲畜死亡达九成。果实在吸水过度的树上腐烂，沿海渔场和鱼池受创严重，还有亚麻之类的工业作物受损。至少有3000万人面临营养不良的威胁。无法确知有多少欧洲人死于饥荒或与饥荒有关的疾病，但据估计有150万人，其中大部分是穷人。在宗教与迷信大行其道的年代，这场饥荒自然归因于上帝的惩罚。于是城镇的街头出现一列列以皮鞭自笞的赎罪者。

挨饿这几年结束时，中世纪温暖期较稳定的气候已成为遥远记忆。更难捉摸的气候，威力更强的暴风雨，严冬或酷暑，成为小冰河期渐渐降临的特色。但20余年后，更惨的灾难——黑死病——降临。公元1347年，一艘来自黑海的船似乎已将这瘟疫带到意大利。造成瘟疫的细菌鼠疫杆菌（Yersinia pestis）生存于跳蚤体内，跳蚤则寄居于鼠、人或猫之类温血宿主身上。黑死病患者因血液受感染导致皮肤变黑而得名。黑死病循着商路迅速传播到法国。公元1348年，英格兰和西班牙都受到侵袭，斯堪的纳维亚接着也沦陷。公元1348年至1485年间，光是英格兰一地就暴发31次鼠疫。

公元1346年时，欧洲有8000万人口，公元1347年至1351年的鼠疫夺走了2500万人。英格兰的人口从1450年陷入低点，直到1600年左右才恢复到黑死病入侵前的水平，挪威则到1750年才恢复。

黑死病在人口稠密的城镇散播，迅速如野火燎原，无法阻挡。任何草药疗法都不管用，用水蛭放血也丝毫未能减轻病情。没有人知道这种病如何传播，也就没有人想到要设法捕杀身上带有受感染跳蚤的老鼠和其他动物。得知远离拥挤的城市可降低感染风险，贵族和中产阶层移居乡下。有些宗教社团的修士在封闭空间里一起生活，成员死亡达六成。教堂陡然陷入危机，农业生产陡降，地主难以找到小农为其耕种，农事工资飙涨。但逃过一劫的自给农民境遇可能好一些，因为能分配到更多土地，且依赖他们填饱肚子的人（包括乡下和城里的人）变少。各地难以耕种的土地此时恢复休耕状态。然而14世纪60年代，几波鼠疫再度流行，很快就让所有获益皆成泡影，更别提短短一些年内欧洲少掉1/3人口（这比例尚有争议）带给幸存者的冲击。只要连年不断的战争未曾停摆，发动战争的统治者深信，上帝降下饥荒和瘟疫是要惩罚人类所犯的罪。相互厮杀或施行经济压迫的人，深信自己是奉上帝之命在做善事，借此让世界恢复正义。经历过黑死病和气温较高那几百年，欧洲改头换面。而就在这个换上新面貌的欧洲，乡村和城市里暴力横行，到了前所未有的程度。

中世纪温暖期让欧洲面貌大幅改变，也拓展了欧洲社会的认知和活动范围。在这几百年期间，古斯堪的纳维亚人利用北大西洋有利的结冰情况往西拓展，前往冰岛、格陵兰、拉布拉多这些原本不为欧洲人所知的陆地。第六章将会描述这些航行活动。

第三章

上帝的连枷

始师来觐，
三月竟，草木繁盛，羊马皆肥，
及奉诏回，
四月终矣，百草悉枯。

——丘处机门人李志常撰，《长春真人西游记》

	欧亚大陆
700	气温较低、较多雨
800	炎热干燥（索尔达夫）
900	
1000	
1100	穿插出现气温较低时期
1200	
1300	气温较高
1400	

"据说欧洲占全世界1/3，"14世纪某百科全书编纂者写道，"欧洲始于塔内河（顿河），沿着'北洋'延伸，直到西班牙的尽头。东部、南部起于名叫庞图斯的海洋（黑海），一路与'大海'（地中海）相邻，结束于加地斯群岛（直布罗陀）。"[1]在中世纪欧洲人眼中，向东方延伸的欧洲平原是个几近陌生的国度。平原缓缓起伏，消失于远处，最后没入亚洲。那儿人烟稀少，居民大多居无定所，随着干湿周期变化而大幅迁徙。

沙漠和半干旱环境对降雨量极为敏感，即使是些微的变化，都会引发环境改变。降雨量多个25毫米，就可能让沙漠边缘内缩数百平方公里；

---

1. 摘自约翰·特雷维萨所译的英格兰人巴托洛梅著作《拉丁百科全书》。如今以乌拉山为欧、亚两洲的分界。

几代以来不见一滴水的地方，可能会出现死水潭。假设连续数年降雨量都稍高于从前，便会有牧草地突然冒出，成群的羚羊在不久前还干旱一片的地方吃草，游牧民在水坑附近和有青草的地方放牧绵羊和牛。然后雨量渐少，溪床干涸，水坑消失，青草枯萎。凭着历代传承的经验，牧民把牲畜赶到沙漠边缘，赶到较有水的地方。大草原、沙漠之类的干旱地方就像一台大抽水机。雨量即使只是些微增加，都能让沙漠迸现生机，从而吸引慕水、草而来的动植物和人。这台抽水机就像个巨肺，或许可以屏住气息一段时间，但最后仍旧要吐出气息。于是干燥气候重新降临，把游牧民、牲畜、羚羊赶到沙漠边缘。

中世纪温暖期期间，欧洲水源充足，虽然气温稍高，气候稍微干燥些，但无疑有利于自给式农业。从地理上看，欧洲人生活在一个半岛上，夹在更为干燥的环境之间，而在那些干燥环境里，消长不定的沙漠决定了许多人的生活步调。在气温较高的时代，干旱是那些环境里的严酷事实，且具有改变历史的潜能。

古希腊罗马人认为欧亚大陆上的游牧民族是野蛮的化外之民，虎视眈眈，随时可能入侵破坏，奸淫掳掠。这不能全说是偏颇之见，黑海北方的锡西厄（Scythia）游牧民族即以用敌人颅骨饮水喝酒著称。中世纪欧洲同样认为自己身陷于敌意重重的世界中，东有伊斯兰，西有无边无际、充满风暴凶险的大海阻隔，还有来自广袤欧亚大草原的游牧民族威胁。后者的威胁几度成真。1241年4月9日，速不台率领的蒙古军在今波兰境内西里西亚（Silesia）的莱格尼察（Legnica）击败由西里西亚大公"胡子亨利"（Henry the Bearded）统率的波兰诸王公军队。亨利的骑士穿着厚重盔甲，敌不过行动灵活、善于骑射的蒙古军。同年稍后，蒙古本土传来大汗窝阔台去世的消息，西征军领袖拔都才撤军东还，未继续挥师往西直抵大西洋海岸。

欧亚大草原的环境残酷，易遭干旱、暴雨、酷热和严寒的侵袭。

变化莫测的欧亚大草原

游牧民族的舞台是由多种地形构成的大片辽阔地区。它起于多瑙河畔，呈带状往东逶迤，越来越宽，成为伏尔加河（Volga River）东侧中亚大草原的一部分，最后止于几千公里长的中国长城。畅销作家常将大草原描写为辽阔起伏、绵延数千公里而毫无变化的大草原。事实上，"大草原"涵盖了多得惊人的不同环境，包括水源较丰且有葱郁林地的森林大草原、开阔草原、河谷、沼泽地与山脉。大草原不适宜人类居住的北界则有沼泽、开阔冻原与绵延不尽的森林。在南边，草原和沙漠从东边的天山、祁连山往西，沿着乌浒河（Oxus River，即今阿姆河）、伊朗高原延伸，最后止于黑海、喀尔巴阡山、多瑙河等这些天然屏障。但大草原的中心地带向来是牧草地，沿着天山北缘和阿尔泰山南缘而分布。1500多年前的锡西厄人时代，骑马的游牧民族就已经策马通过这些山脉的低矮山口，从亚洲进入欧洲。

无论如何，大草原天宽地阔，一望无际，人与牲畜在其中无比渺小。公元1253年至1255年，中世纪修士威廉·鲁布鲁乞（William of Rubruck）以教皇特使身份来到蒙古王廷，拜见了蒙古大汗蒙哥。他说大草原像片汪洋一样辽阔，几乎杳无人烟，危险重重。行走在这样的地方，大地的浩瀚令人迷惘，大地的辽阔则让人觉得人类很渺小。大草原让人觉得自己是那样微不足道。我想起走过中非卡富河谷，那是片完全平坦的泛滥平原，雨季时即遭洪水淹没。我们看见远处有一些树，而那些树竟开始动起来，我们才知道那是成千上万的羚羊。成吉思汗的骑兵在这辽阔的大草原上，远远望去大概也像移动的树，却是带来危险、威胁与杀戮的树。据说蒙哥大汗告诉威廉："一如阳光照耀大地，我的威权……遍及全天下。"

欧亚大陆的大陆性气候向来严酷，平均气温由西往东递减。平坦地形、低降雨量、干风频频吹送，使树木无法生长。冬季长达八个月，干燥，严寒，刮大风。无休无止的风，改变了覆雪的分布，但只是短暂改变。夏季酷热，热浪和干旱司空见惯。往东越过乌拉山，气温降得更低，冬雪留在地面更久，气候则干燥许多。整个大草原地区，植物以深扎入土的根系应对干旱的环境，大部分小型动物栖居于地下。古代的大草原上有野马、野驴，还有赛加羚羊，以多达千头的群体成群移动。它们只适度啃食大草原上丛生的禾草，因而未危害到禾草的生存。但如今，牧草地被过度啃食（特别是春季土壤富含水分时），水分快速流失，青草几乎荡然无存。

大草原生活不易，即使最有本事的游牧民族也无可奈何。

马儿让人自由！马儿是我们的一切！

公元1100年，几名男子骑着马，顶着春天扑面而来的刺骨北风，蜷缩着身子，神情沮丧。

壮实的马儿沿着浅山谷里几乎看不出路痕的小径奔驰，步伐沉稳。远处有片一望无际的大草原，若没有地标引导，几个小时就会迷路。这时迁徙时间还未到，但这些人知道，族人能否活下去，就看他们这趟出来能否找到水草。他们一身轻装，从温暖舒适的冬季住所往北走，走过这道蜿蜒的山谷。在很久以前，他们的族人和先祖就在这山谷里放牧牲畜。策马前进时，他们时时提高警惕，既注意地平线上是否有他人踪影（难保是居心不良的打劫者），也在积雪融化的当儿寻找丰美的牧草地和下雨的迹象。几天之后，他们会顺风往南骑，带着大草原上攸关生死的重要情报（关于水、草的所在地）回来。回到冬季营地，可汗和顾问会根据他们的观察结果，决定族人往北迁往夏季草场的时机。

对蒙古人而言，马就是一切。马提供肉、奶、奶酪、酸奶，甚至是酒的来源——马奶发酵酿成马奶酒。马是财富、威望与强大的武器，最重要的是，马让人自由而机动。成吉思汗一统漠北之前，精壮结实的蒙古马成为大草原生活不可或缺的一环已至少有4500年。

马在公元前约3500年时驯化，比牛、山羊、绵羊晚得多。驯化的地点在大草原边缘，很可能在黑海地区，也可能在阿尔泰山（至今仍几乎是考古发掘的处女地）。马适应酷寒、积雪的能力比其他家畜都高得多，而且从冰河期以来一直如此。冰河期时，草原上掠食者甚少，马是这些掠食者最中意的猎物之一。然后，约公元前3300年至公元前3100年间，较冷、较干的气候周期降临（美索不达米亚地区同时发生大旱），使马的驯化更为普及。不久，马就成为大草原生活不可或缺的一环，并改变了历史。

　　马匹的使用使人类运输方式发生了革命性的改变，或许也是必然的改变。它缩短了人在大草原上移动的时间，人们得以利用散布于广大土地上的食物资源，活动地盘扩大了五倍，以往的行动限制变得可笑。大草原上的开阔河谷等特定地方，食物资源可能很丰富，但这些地方之间隔着贫瘠、时而危险的大片土地。能够快速横越此一阻隔，就能在大草原上存活，但整个社会形态也随之改变。此后，人可以轻易运送大量食物和其他物资，特别是马匹跟牛车结合时。财富将根据马匹多寡来衡量，至少在某些方面是如此。相邻部落间和部落与定居农民间的互相依赖程度提高。因为马让长距离贸易容易许多，从而成为奇货可居的商品。特别重要的是，马使劫掠者得以袭击远处的敌人，然后安全撤退，让徒步追击的敌人望尘莫及。蒙古人的前辈是更早之前就纵横大草原的锡西厄人，也就是盘踞古典文明世界北方的典型"蛮族"。希腊旅行家希罗多德曾写到他们残暴的杀伐，描述他们割下敌人头皮，把敌人的颅骨做成饮器，镶上金子，挂在腰带上。受攻击时，他们立即逃入辽阔的大草原，消失无踪。

　　锡西厄人被誉为世上最厉害的轻骑兵。他们精于骑术，将马引进温带欧洲。公元前4世纪，萨尔马希亚人（Sarmatian）取代锡西厄人称霸大草原。据说马镫就是萨尔马希亚人发明的，让他们能在骑马时手持长矛，将敌人推落马下。

　　大草原游牧民居无定所，因为久居一地，牲畜将过度啃食脆弱的环境，后果不堪设想。他们靠牲畜和马过活，有时在适于栽种的地方种植谷物，然后置之不管，几个月后再回来收割。

　　但马儿也有天生的劣势，使得游牧民得配合气候钟摆的摆动采取复杂的应对措施。

马是便捷的代步工具，但因为消化系统很没效率，也可能成为大累赘。牛进食有效率，只排泄掉所摄取蛋白质的1/4，表示它们摄食干枯而低蛋白质的草依然可以存活。马吃进的蛋白质只有1/4为它们所摄取，其他3/4全排泄掉。牛和马都利用堪称是发酵桶的东西，将植物性蛋白质转化为能量。牛的发酵桶是瘤胃[1]，位于体内食物尚未消化之处。在此，细菌分解植物性蛋白质（有不少藏在植物的细胞壁内）。刚分解的植物性蛋白质进入十二指肠，进一步分解为氨基酸。接着蛋白质进入小肠，被血液吸收，用在增长肌肉、提供胎儿营养之类的重要用途。马的瘤胃位于后肠，食物到此之前已经过十二指肠和小肠，因此制造的氨基酸不多，无法通过肠壁吸收大量蛋白质。马摄取的植物性蛋白质在形同无用的位置被细菌分解，成为富含氮的蛋白质。这种蛋白质有益于土壤而非动物。

在正常情况下，大草原上草料不虞匮乏，牛或马都不需要留住所摄食的所有植物性蛋白质。但干旱时，植物性蛋白质供应不足，青草有约15%的蛋白质，枯草只有约4%。干旱让青草枯死时，保留蛋白质就变得极为重要。牛能保留的蛋白质比马多三倍，使牛在干旱时更占上风。

从军事或负重的角度来看，马比较好用，但光是一季寒冬或一场夏季大旱就可能死掉数十匹马，特别是地面为深积雪所覆盖，或冬季草料短缺时。母马无法哺育幼马，没东西可吃，濒临饿死的马匹在几个月后便开始死亡。干旱不只让具有繁殖力的马丧命，还使游牧民失去奶、奶酪和酸奶的重要来源。游牧民不得不食用马尸。干旱如果持续两三年，

---

1. 反刍动物的第一胃。——译注

灾情会更惨重。届时游牧民找不到食物，马儿也死了，无法抵御敌人入侵或劫掠他人，除了加入其他部族或饿死、迁徙，别无选择。几年后，会有数千匹马死去。解决办法只有一个，就是迁徙到水草较丰美之地，而这种地方通常在南方，位于农民垦殖土地的边缘，或往往就在农民垦殖的土地上。

许久以前，游牧民就已和干旱跳起加伏特舞曲，至今仍未停歇。

重建中世纪欧亚大草原气候

大草原在气候研究上一片空白，即使在今日，仪器记录都非常稀少。中世纪留下的历史记录同样少得可怜，且对于了解过去的气候活动帮助不大。俄国气候学家已将11世纪初以来的极端气候活动（例如欧亚大陆的大旱）编目分类，并以30年为期，记录每个期间的格外温暖期和格外寒冷期。他们把这些气候活动与根据当地替代性资料（例如树轮和水文资料）得出的30年气温和降雨记录相联结。

他们得出的气温曲线显示，从约公元850年起有一个长达四世纪的温暖期，冬季暖和而夏季干燥，与西欧气温较高的时期正好一致。但这不表示那期间的气候总是舒适宜人。《诺夫哥罗德编年史》记载公元1143年和1145年的秋季大雨酿成巨灾，摧毁庄稼，造成饥荒。该书编者还写道，13世纪初期，气候造成长达17年的饥荒，期间又以公元1215年由干旱导致的饥荒最为严重，诺夫哥罗德城居民不得不啃食树皮，卖子女为奴。公元1230年又有一场旱灾，灾情更为惨重："有些老百姓杀掉生者食其肉，有些人割死人肉来吃，有些吃狗和猫……有人吃苔藓、蜗牛、松树皮、椴树皮、榆树皮和所能想到的所有东西。"这些灾难发生时，正值有大量记录可资证明的西欧处于较温暖期的盛期，古斯堪的纳维亚人当时仍驾船到冰岛、格陵兰，从拉布拉多带回木材。同一时期，斯拉夫人垦殖俄罗斯北极区的沿海地带，最北及于新地岛（Novaya Zemlya），直到小冰河期降临才退出。

诺夫哥罗德的编年史家告诉我们，欧亚大陆较高温那几百年，气候并不平静，因为那平静而舒适的期间穿插着大旱和寒冬，例如14世纪初期。从冰河期开始，北大西洋涛动（North Atlantic Oscillation）和其所导致亚速群岛与冰岛两地间大气压力的高低变化，一直支配着西欧的气候。高压笼罩亚速群岛，而低压笼罩冰岛，带来持续不断的西风与暖和的冬天。

但高压笼罩冰岛和斯堪的纳维亚时，西欧和大草原两地的冬季气温都陡降。中亚离大西洋、太平洋很远，气候不受这两大洋调节，大陆性气候造成中亚气温和降雨变动剧烈，几天之内就能改变草原的环境。即使春天稍晚降临或夏季出现数星期的干旱，都能毁掉一年的牧草地。诺夫哥罗德编年史家的记录当然不适用于大草原，但可以确定的是较冷与较湿、较暖与较干的周期模式适用于欧亚大陆的许多地区。

把游牧民族逼上梁山的干旱

大草原上的干旱通常是北极区持续笼罩高压系所造成的。这些高压系有时停滞不动很长一段时间，使通常带来降雨的锋面系统无法通过，并从北方海域带来极干冷的空气。凛冽的北极空气加剧干旱。例如1972年，一道反气旋（即高压）的中心笼罩莫斯科，整个夏天持续不退，使大西洋的低压无法通过。伏尔加、乌克兰等地的极酷热气候近乎沙漠，导致夏季降雨只有平均降雨量的两至三成，相对湿度变得非常低。气温比正常值高出3℃~7℃，地面的水分都被热量所吸收。类似的大旱，无疑在这之前的几百年里也发生过。

专栏

北大西洋涛动

北大西洋涛动是指大西洋亚速群岛上方的顽强高压与逗留在冰岛上方的低压之间如跷跷板般此起彼落而无规律可言的气压变动。北大西洋涛动的变动乃是北大西洋地区大气与海洋复杂的相互作用的一部分，而这复杂的相互作用，至今仍有待探明。北大西洋涛动至关重要，因为它影响北大西洋风暴路径的位置和风暴威力，而北大西洋风暴路径会给欧洲和部分欧亚大陆地区带来降雨。

当低压持续笼罩冰岛，而高压在葡萄牙、亚速群岛外海渐渐增强，冬季风暴威力即强，北欧降雨丰沛，冬季天气暖和。当北方气压高，南方气压低时，北大西洋涛动指数由"高"逆转为"低"模式，欧洲则会面临酷寒的冬天，西风也减弱，酷寒的冷空气从北极和西伯利亚往南、往西吹。目前尚无人成功预测北大西洋涛动的波动，北大西洋涛动可维持在"高"指数或"低"指数长达七年或七年以上，甚至数十年，但有时也会突然逆转。另一个压力梯度也影响了欧洲的冬天。在极"低"模式下，格陵兰与斯堪的纳维亚之间形成顽强高压系，格陵兰的气温随之变得高于平均值，而欧洲北部和北美东部气温则变得低于正常值许多。格陵兰上空气压低于欧洲时，气温值逆转，欧洲冬天变得较暖和。在中世纪温暖期期间，此一"格陵兰低压"现象可能持续不变。

北大西洋涛动的现象受许多复杂因素影响，包括大西洋海面温度、墨西哥湾流的温和海水、格陵兰南部海域的强劲下降流。此一下降流让大量来自墨西哥湾流富含盐分且密度较高的海水下沉到海面以下深处，为在各大洋间循环送水的海洋传送带（ocean conveyor belt）补充"新血"。北大西洋涛动与造成厄尔尼诺、反厄尔尼诺现象的太平洋南方涛动（见第九章）的复杂变动有明显的连带关系，只是这关系尚待厘清。

中世纪游牧民族很清楚年复一年的气候变化。漫长而多雪的冬季使牧草地寸草不生。宝贵的冬季草料得省吃俭用才能多挨两个月，或者以越来越少的配给撑过好几个月。牛靠着铺在地上睡觉用的草料勉强填饱肚子，越来越瘦，有些虚弱得要靠牧民帮忙才能站起；小牛死亡数目剧增；消瘦的牲畜冻死或死在深厚的雪地里。

碰上特别寒冷的冬天，人和牲畜都大量死亡。夏季则来得非常突然。雪迅速消融，草原变成烂泥地，溪水暴涨，妨碍游牧民移往夏季草场。气温剧升意味着渗进土里的水分不多，草长得差，夏草怎么样都不够。面对这类灾难，唯一的自保之道就是迁徙。在大草原中部地区，游牧民于寒冷月份尽可能往南迁，好让牲畜在最短时间内离开已经枯黄的草场。夏季时，他们北移至具有地利且遮蔽良好的河谷，因为那里雨量稍多，草较丰美。

在大草原上，水源及其分布也是攸关生存的变量。每个部族都以河域为中心（特别是河流在大草原上切割出来的凹陷河谷）来划定地盘。河谷形同部族地盘的生命线。他们在低于草原的河谷盖屋过冬，春季时北迁。在暖和的年份，有时2月或3月就北迁，寒冷的年份则拖到5月才迁移。季节性北迁的途中，若碰上不错的草地，会停下一段时日再开拔，有时却被暴涨的河水阻拦。最后，牲畜将抵达丰美的牧草地大啖青草，牧草地可能广达8400平方公里。在暖和的年份，游牧民会播下谷子，然后置之不理，直到快南迁时再来收割。在干冷的年份，他们没有栽种机会，因为抵达夏季草场时，播种已太晚，若届时还播种，作物尚未长成便会在寒冷的天气中夭折。

每一次的气温变化和雨量变动都大幅改变游牧民与所在环境的关系。较干燥的时期会出现可能危及他们性命的干旱，牧草发育不良，畜群十之八九死亡，若要到更远的地方寻找水草，必然会入侵邻近部族的地盘，而入侵往往意味着动用暴力。在水分较多的时期，牲畜数目增加，草场承载能力大为提高，战争随即减少。

一棵古松，见证了一位领袖的诞生

令人遗憾的是，可供我们查证成吉思汗时代气候变化的替代性资料少之又少。

涵盖此前1000年岁月的气候记录，犹如古气候学界的罗塞塔石碑[1]，十分有助于我们破解过去的气候，但这类记录鲜少得到编年史家应有的尊重。即使那些只是替代性记录，亦即古代气温和降雨的间接记录，仍然大有助益。对于寻找十年间气候变化，和中世纪温暖期之类上百年气候变化的考古学家和史学家，这类记录序列是罕见的珍宝。诚如前文提过的，较勇于突破的气候学家已通过编整这些记录，重现过去千年来的大范围气温。重现过去的气候，多半依赖树轮记录、历史文献、过去百年或更长时期的仪器记录。但欲探究成吉思汗征战时的欧亚大草原气候，相关记录仍然付之阙如，只有粗疏的推论和一两个树轮序列可资运用。

纽约帕利塞德斯拉蒙特－多尔蒂地球观测所树轮实验室的研究小组和蒙古国国立蒙古大学人员，从索洛戈提恩·达瓦（Sologotyn Davaa）的500年西伯利亚活古松上收集了多个样本。那个地方又名索尔达夫（Sol Dav），位于在蒙古中西部塔尔瓦加泰山高处。该地的生态环境极严峻，树轮年年都受气温变化的影响。经过数月研究，该小组根据500多岁的活古松得出一条气温曲线。然后他们返回当地，从死去已久但保存良好的木头中取得更多样本，将从中得到的树轮与活古松的年轮相联结。如今，气候的记录序列已扩大回溯至公元850年，较不可靠的序列则回溯至公元256年，也就是罗马帝国国势正盛、锡西厄人活跃于欧亚大草原的时代。

索尔达夫的古树确切无疑证实了今日地球的暖化，因为公元1900年至1999年该地树木生长的速度最快。但公元800年左右，也有一些显著

---

1. 破解古埃及象形文字的关键石碑。——译注

的高温期。整个序列里，公元816年的气温最高，甚至比今日还高。但过去1000年里，气温最高的一年是1999年。9世纪的温暖期和15世纪初另一个温暖期，正前后概括了中世纪温暖期那几百年。公元1100年左右有段较低温期，可见暖化时期并非只有高温。接着，渐渐降温的小冰河期降临，地球进入升降温变化不定的500年，而以19世纪的酷寒的气候为最低点。

索尔达夫序列不只提供了中世纪的暖化证据，且该序列的变化与著名的曼恩序列记录的过去400年北欧、西欧的气候变化正好吻合。通过保存良好的蒙古古松，我们得知成吉思汗东征西讨时正处于漫长的温暖期，期间频频降临的干旱可能大肆摧残了大草原牧草，使游牧民赖以生存的马和各种牲畜面临粮食不足的危机。如果僻处一隅的蒙古树轮序列确切说明了成吉思汗时代气温、雨量的周期性变化（我们有充足理由认定确是如此），那么很明显，大草原的气候发挥了数千年来未曾中断的作用，促使游牧民在大草原上不断迁徙。

气候钟摆若没有摆荡到另一头，蒙古统治势力的消长一定程度上将取决于游牧生活的现实情况，一如数千年来一再上演的情形。水草丰美，和平就降临；气候恶化，干旱摧残大草原，战争就爆发，为定居文明的居民带来恐惧、战栗。温暖与寒冷的气候，丰沛降雨与干旱，丰美牧草与寸草不生，不断交替，成为推动历史的一大动力，其影响力和经济变化、政治阴谋一样巨大。叱咤风云的成吉思汗和军队，还有辽阔大草原上最微不足道的部族，都受制于相同的现实。大草原爆发干旱，同时也出现了社会动荡、难得一见的将才，历史于是有了翻天覆地的剧变。要不是干旱适时中止，今日的欧洲文明可能是不同的风貌。

第四章

摩尔人的黄金买卖

他们从锡吉尔马萨镇出发……
行走在宛如大海的沙漠里，
靠星辰和沙漠里的岩石指引方向。

——佚名（12世纪）

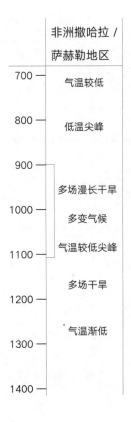

非洲撒哈拉 / 萨赫勒地区	
700	气温较低
800	低温尖峰
900	多场漫长干旱
1000	多变气候
1100	气温较低尖峰
1200	多场干旱
1300	气温渐低
1400	

公元1324年7月，埃及苏丹接待了一位十足怪异的客人。这位客人就是西非马里王国的国王曼萨·穆萨（Mansa Musa），他前往麦加朝圣，途经埃及。数百只骆驼和奴隶运送金质权杖和豪奢礼物横越沙漠而来。穆萨在开罗驻跸长达3个月。叫埃及人大为惊讶的是，穆萨的子民拜倒在他面前，将沙土倒在自己头上。马里人将大量黄金引进埃及经济，让这珍贵金属的价值一段时间内贬值了10%~25%。这个非洲王国和其惊人富裕的故事传遍基督教和伊斯兰世界。14世纪结束时，欧洲2/3的黄金来自马里，由骆驼横越撒哈拉沙漠运来。"摩尔人的黄金买卖"将两个大相径庭的世界联系在一块，一个是伊斯兰世界，另一个是西

非的西苏丹，意为"黑人国度"的毕拉德·苏丹。[1]

撒哈拉沙漠的气候泵

和欧亚大草原一样，撒哈拉沙漠的消长如一具天然的生态泵。此地位于中世纪欧洲世界的南缘，是地球上最热的地方之一。盛行的干燥东北风让一年里超过37℃的时日高居世界之冠。

或许有人会认为这是个死寂之地，但撒哈拉沙漠有其生命，绝非静止不变。降雨量只稍稍增加几毫米，沙漠的边缘就会往内缩，有时内缩好几里。在气温较高的遥远过去，今日的撒哈拉沙漠有数千平方公里地区覆盖着辽阔的浅水湖和半干旱草原，从干旱高山流下的季节性河流为这些浅水湖和草原提供水分。如今只有一座大湖尚存。12万年前，位于此沙漠南部边陲的查德湖，湖域面积比欧亚大陆的里海[2]还要大，如今却急剧萎缩。在雨量丰沛的年份，撒哈拉沙漠吸引动物和人们前来，足迹往往深入到查德湖北边极远处。干旱年份降临撒哈拉时，水源干涸，青草枯萎，稀疏的沙漠人口往外迁移到水资源较多的地区。撒哈拉气候泵从未停摆，有时静止不动几年，然后在降雨剧烈变动的时期猛然运转。本章介绍的是1000年前盛行于伊斯兰世界与西非之间的黄金贸易。由于有适应力强的骆驼，由于身为黄金贸易卖方的非洲人调整其社会以应对

---

1. 西苏丹（West Sudan）为今马里的旧名，毕拉德·苏丹（Bilad es-Soudan）则是其阿拉伯语称呼。——译注
2. 世界上最大的咸水湖。——译注

突如其来的极端气候（中世纪温暖期的特色），此一贸易在气温较高的那几百年里非常兴盛。

杂乱无序的气候变化

撒哈拉沙漠与萨赫勒地区（撒哈拉沙漠南方的半干旱草原）的气候史，充斥着杂乱无序的气候变化。

现代仪器记录和毛里塔尼亚（Mauretania）近海钻取出的深海沉积物样本，都为这些变化提供了详细的佐证。我们甚至能在其中某些记录和委内瑞拉近海卡里亚科海盆（Cariaco basin）所取得的深海沉积物样本（见第八章）之间找出关联。

在毛里塔尼亚发现的深海沉积物样本揭露了近几个世纪北大西洋东部海面温度曾出现过高达2.16℃的骤变。与此同时，海中不同水层的盐度变化也可能会影响海洋传送带的运作。海洋传送带是改变全球气候的基本动力之一，将海水从热带输送到北方海域，同时也将热传送过去。北大西洋东部海面的温度对吹过撒哈拉沙漠的干风有强烈的影响。东大西洋北纬10~25度间的海面温度如果较低，几内亚湾的海面温度较高，季风就转而向南，使萨赫勒和撒哈拉发生干旱。我们之所以知道这点，乃是因为公元1300年至1900年的降温现象（这在毛里塔尼亚深海沉积物样本里有记录）使萨赫勒地区发生干旱，包括可能比20世纪60年代的超级大旱还严重的几场干旱。依据这些沉积物样本，我们将中世纪温暖期在内的过去2000年的气候，初步重现如下：

公元前300年至约公元300年间，西非的气候稳定而干燥，降雨量稍低于现今水平。人类迁入尼日尔河中游之类水资源较丰沛的地区，城镇随之兴起。

公元300年后，雨量增加到现今水平的125%~150%的程度，直到公元700年为止。

到了公元700年，原本萎缩的查德湖湖域大为扩张。目前未有证据可证明这期间穿插着干燥期，但可能只是尚未发现。公元900年至1100年间，气候突然变得相当不稳定，由大西洋彼岸卡里亚科海盆记录季风变得较不稳定的现象可看出——有时雨量高而稳定，有时发生干旱。撒哈拉沙漠的范围不断在变动。

为了解这些变化，气候学家莎朗·尼可森（Sharon Nicholson）分析了热带非洲地区殖民时期的气象记录，从中找出六种降雨模式（或称为气候模式）。从19世纪起，非洲气候一直在这六种模式里循环。这些模式的更替毫无规律，包括以19世纪90年代和20世纪60年代的萨赫勒地区为代表的干燥模式、数个相关的过渡阶段，到畜群大增、造成沙漠边缘新生草地遭过度啃食的灾难多雨模式。如今，萨赫勒地区的气候模式转换非常突然，事前完全无法预料。中世纪温暖期时，很可能也发生过一模一样的剧变，让放牧牛群、从事自给农耕与长途贸易的人面临非比寻常的难关。

从全球性的角度审视这些变化，我们知道在萨赫勒地区某个干燥年份，亚速群岛正为高压所笼罩，冰岛则为低压所笼罩。东北信风变强，热带辐合带（Intertropical Convergence Zone）留在极南边的地方。西南风带给西非的水汽较少。当北纬10到25度的海面温度比现今水平低

2℃~4℃、几内亚湾的海水出奇的温暖时，热带辐合带的作用便会变弱。那些深海沉积物样本还显示，许多模式转换刚开始时，内陆出现非常剧烈的转变，其中有些发生在气温短暂陡降之后。公元约900年就发生过这样的例子，11世纪开始时也发生过一次。这类不稳定的阶段往往伴随漫长的干旱，对于住在萨赫勒地区的人而言，大概是相当艰难而多变的时期。

专栏

热带辐合带（ITCZ）

东北信风和东南信风在赤道附近交汇，形成一条低压带。两风交汇，使水汽较多的空气上升。空气上升，遇冷凝结成水蒸气，形成厚重的云雨带。云雨带往太阳照射最强烈、地表气温最高的地区移动，形成季节性位移。从9月到次年2月，热带辐合带往南半球移动，而当北半球处于夏季时往反方向移动。热带辐合带在陆地上空位移的程度，大不如在开阔水域上，在紧邻赤道的北边几乎停滞不动。在此，随着太阳照射增强，降雨量增加，太阳移开，雨量便减少。气温升高，雨量便增加，气温下降，降雨便减少。厄尔尼诺现象（见第九章专栏）对热带辐合带影响甚大，让热带辐合带偏向热带太平洋地区海面异常温暖的海域，使大西洋和撒哈拉沙漠边缘地带降雨减少。

载运黄金的沙漠之舟

那么，中世纪温暖期较高的气温和干旱，对撒哈拉的黄金贸易和萨赫勒地区的居民有何影响？就撒哈拉的商队而言，影响极小，因为有骆驼的缘故，或者更精确地说，因为有骆驼背上的鞍具。

在欧亚大草原上，生存依赖牛、马及丰茂的牧草地。较高气温和干旱降临草原时，游牧民搬迁到他处寻找水草。1000年前，撒哈拉沙漠的荒凉平原和高地不是牛、马能安然生存的地方，即使雨量稍有增加也是如此。在古希腊罗马时代，这沙漠是荒凉可怕之地。希腊旅行家希罗多德曾评论说，地中海沿岸的利比亚在当时"野兽出没，从那野兽活跃的地方往内陆走，利比亚变成沙漠，不见一滴水，杳无人烟和生物"。只有零星的游牧民在绿洲附近勉强生存，而即使在那里，活着与饿死向来只是一线之隔。能在那里活下来的人，都是能吃苦、能随机应变、不断在迁徙的人。

古罗马人把北非打造成富庶的谷仓，但从未穿越沙漠来到南边的热带地区。[1]他们欠缺能连续行走数日而不需补充水分的驮兽。要靠驮兽定期穿越撒哈拉，意味着要有高度适应能力与能十天不喝水的动物，即骆驼。骆驼耐干旱的能力惊人。

没有骆驼，黄金贸易绝不可能发达，但要到负重鞍具问世后，骆驼才真正成为"沙漠之舟"。骆驼将脂肪储存于驼峰，颈长而得以啃食乔

---

1. 对于古罗马人走访西非一事，学术界争论不休；若真有接触，顶多也只是昙花一现。——译注

木和灌木叶子，带肉垫的脚使其得以轻松行走在软沙上。它们用有效率的肾脏系统储水，靠着让体温大幅升高而不流汗的方式吸收热量。古罗马人对骆驼知之甚详，他们在北非甚至用骆驼拉车当作屏障保护士兵。[1]他们知道这种坏脾气的动物在沙漠里可以活得很好，但没有有效的负重鞍具，这些优点全无用武之地。而鞍具，正是罗马人所缺少的。

骆驼商队，使命必达

公元1世纪初期，撒哈拉骆驼开始套上鞍具，地点可能在今日苏丹境内的尼罗河谷附近。骆驼鞍具问世不是用于打仗，而是用于载货。鞍具被放置于驼峰前端，这样可将负重力、耐力都发挥到最大，且最有利于控制。撒哈拉骆驼骑手以棍子或脚趾操控坐骑。自此，骆驼商队首次能携带足够的水和粮食（供队中人类食用），长途跋涉于绿洲之间，穿越北非到西苏丹的辽阔土地。

骆驼商队于何时首度穿越西撒哈拉，不得而知，但绝对在伊斯兰军队于7世纪征服北非之前许久。骆驼商队行走在鲜为人知的路径上，但不久之后，这些路径为伊斯兰商人所控制，随即发展成固定的贸易路线。比起北非人的祖先，伊斯兰商人所属的文化具有更开阔的世界观。

---

1. 骆驼于约公元前1500年在阿拉伯半岛首度遭人驯化，但直到公元前数世纪前才普遍为人所用。要使用骆驼，处处得依赖鞍具。最初鞍具摆在骆驼的臀部上，骑者坐在鞍具上。他们用棍子操控骆驼，离地很近，因而失去骑骆驼居高临下的优势。到了公元前5世纪，阿拉伯半岛北部的鞍具问世，情况得以改观。这种鞍具质地坚硬，摆在驼峰上，从此骑者可以带着适量的货物同行，且能坐在鞍具上持剑或矛作战。阿拉伯半岛北部的鞍具极为实用，因此兽拉轮车在西南亚有好几世纪形同绝迹。

撒哈拉商队沿着固定的路线行走。每年秋天，驮负重物的骆驼队从锡吉尔马萨缓缓南行，抵达塔加札（Taghaza），收购附近矿场生产的盐饼。对非洲农民而言，盐饼是珍贵至极的商品，至今依旧如此，因为当地不产盐。离开塔加札后，骆驼队沿着足迹鲜明的路径前往尼日尔河中游的瓦拉塔、加纳与杰内。即使气候再佳，这趟路仍然危险重重。沙漠环境总是带着凶险，即使在雨量稍多的时期也是如此。炎热和脱水是永远挥之不去的威胁。路上还有身穿蓝色连风帽长斗篷、带着羚羊皮制成的盾牌和长矛的沙漠游牧民族会突然发动无情的攻击。商队组织者多半会在行前与游牧民首领谈妥，让商队安全通过游牧民控制的绿洲。游牧民还有靠岩石露头和星辰判定方位的向导，也提供骆驼给商人，好让商人在行程结束时把骆驼再卖回给他们。

商队组织很有条理，有些骆驼驮负货物，还有许多骆驼载运水和粮食或充当坐骑。骆驼数量多就安全，可抵御游牧民打劫。骆驼越多，所能载运的水和粮食越多，能运送的货物越多，利润就越大。

12世纪时，有些骆驼商队的骆驼多达1200至2000头。商队于秋天出发，行程一般延续六周至两个月。12世纪的伊斯兰地理学者伊德里西（al-Idrisi）写道：“早早就把货物装上骆驼，一直走到太阳爬上地平线才歇脚。日出后地面的热气让人吃不消。”商队一直休息到傍晚，然后以星辰为向导，连夜悄悄赶路。

即使在中世纪温暖期最干燥的时期，骆驼商队仍长途跋涉，穿越撒哈拉。穿越沙漠的驼队事前需要耗费大量时间，获取关于水源、水井和绿洲的信息。因为这些信息是平安的保证。每年的气候条件都不同，雨量多寡也会影响贸易模式。气候较多雨时，人们在阿哈加尔高原、伊福拉斯高原附近的中撒哈拉含水沙砾层凿出许多井。接着许多商队循着直行路线，翻过中撒哈拉的沙丘抵达塔加扎和奥达胡斯特镇。奥达胡斯特位于沙漠边缘，是盐贸易的重镇。在干燥时期，商队会循着往西绕一大圈的迂回路线，或者从毕拉德·苏丹往东再往北走，抵达伊福拉斯高原，然后往西，最后抵达锡吉尔马萨。骆驼的超强适应力，使商队足以灵活应对沙漠气候的变动。骆驼死亡、精疲力竭者有时极多，往往一个商队就死掉数百只。沿路到处散落骆驼和骑手的白骨，但黄金贸易从未停摆。事实证明，即使在最恶劣的年份，连沙漠极南边的牧牛人都受到影响，骆驼和负重鞍具仍是耐热抗旱的有效工具。

西非黄金传奇

如今我们相当了解中世纪温暖期的气候变化，几乎可以确定那是个雨量变化突然而急剧的时期。那时，撒哈拉沙漠气候泵大概疯狂运转，甚至相隔一年，沙漠范围就有消长。穆斯林发现西非黄金贸易时，似乎正是气候相对较稳定、雨量多于现在的时期结束之时。那时，水洼的水大概比较丰盈，靠骆驼穿越沙漠虽仍危险重重，但可以组织相对更庞大的骆驼队。靠着骆驼的适应力和沙漠里、沙漠边缘居民的本事，撒哈拉黄金贸易便在几乎不受气候转变影响的情况下，让外界继续享有西非的黄金。

在穿越撒哈拉沙漠一事上，人的贡献不亚于骆驼。撒哈拉贸易有很大一部分依靠游牧为生的柏柏尔人。柏柏尔人自古就在撒哈拉沙漠活动，饲养骆驼，陪同许多商队穿越沙漠。他们住在贸易路线的两头，充当连接南北方的桥梁。在促成跨撒哈拉贸易方面，伊斯兰教也功不可没。传入非洲的伊斯兰教最后成为北非商人、撒哈拉游牧民族、沙漠南方许多非洲统治者和商人所信仰的宗教。

伊斯兰世界极看重黄金，因此不惜冒险穿越沙漠从事黄金贸易。巴格达哈里发铸造的第纳尔金币流通于马格里布（西北非）和西班牙全境。黄金最初源自从叙利亚、埃及掠夺而来的战利品、基督教徒的宝库，以及上埃及[1]与尼罗河更上游地区。到了8世纪，西非黄金已广为人知。黄金出自塞内加尔河班布克地区的矿工之手，以沙金的形式由商人运到伊斯兰市场。班布克位于萨赫勒地区加纳王国往南走20天的地方[2]，那里当时是黄金贸易的集散重镇。野心勃勃的商人虽然想掌控黄金来源，但未能得手。黄金矿工坚决维护自己的自主权，外界对他们的工作情形所知甚少。他们从河里挖出含金的河沙，提取其中的金子，河里因此出现许多人工挖掘的小坑。工作程序简单，产量却很大。

在8世纪末期巴格达天文学家法札里（al-Fazari）称加纳是"黄金国"。

公元804年，马格里布地区的诸位统治者开始用苏丹黄金自行铸造第纳尔币。苏丹黄金为穆斯林四处征战提供军费，为伊斯兰世界带来无尽财富。在12世纪之前，西非黄金大部分留在伊斯兰世界。

西欧那时已放弃以黄金为基础的货币，部分原因是欧洲与东方贸易处于逆差，黄金外流，又少有办法填补。不过，随着欧洲经济复苏，

---

1. 埃及南部地区。——译注
2. 指撒哈拉沙漠与赤道之间横贯非洲的地区，非指今日的苏丹国。——译注

意大利各城市建造强大船队打击阿拉伯海盗。随着布料等商品对外贸易渐增，流入欧洲的黄金越来越多。到13世纪结束时，欧洲已有数家铸币厂在铸造金币，一个又一个国家恢复金本位制。黄金需求增加，价格上涨，接着趋于稳定。14世纪末期，欧洲境内的黄金大部分来自非洲的"西苏丹"。较能应付沙漠气候和生态的骆驼使黄金贸易持续不衰，进而促进历史改变。

没有人确切知道有多少西非黄金流入跨撒哈拉贸易。作家伊本·豪卡尔（Ibn Haukal）引用的锡吉尔马萨商队缴税记录，记载了每年进口黄金约8.5吨，大概是每年从西非运往北方的黄金总数的一半。公元951年，豪卡尔看到北方商人开的一张期票，金额为4.2万第纳尔，黄金贸易兴盛时期往来的巨大金额，由此可见一斑。

那么，黄金来自哪里？骆驼商队在更往南行之前，在沙漠边缘的奥达胡斯特（今毛里塔尼亚境内）停下。那是个柏柏尔人的大镇，人口众多，镇内房子以泥砖和石头砌成，屋顶平坦，镇旁有高耸的岩石。奥达胡斯特的市场始终人来人往，可买到来自萨赫勒地区的盐、绵羊、蜂蜜，还有各种食物，前提是要用黄金支付。这个富庶的绿洲城镇水源充足，垄断跨撒哈拉贸易的商人在此设立事业总部。他们在沙漠游牧民族桑哈贾[1]人的支持下组织骆驼队。地理学家巴克里写道，统治该镇的桑哈贾游牧民族首领，其领地之广大，得行走两个月才能跨越全境。据说他有10万头骆驼供其驱使。黄金和盐经过此镇流向外地，该镇领袖小心翼翼地维持与南方强大首领的良好关系，特别是绝不得罪拥有黄金的加纳王国

1.桑哈贾，由多个柏柏人部族组成的部落联盟。——译注

首领。

　　该国国王像女人一样打扮自己，戴项链、手环，头上有顶高大的帽子，以黄金装饰，并缠上精棉材质的头巾。他在圆顶亭子里接见要人，亭子四周立着十匹马，马身覆盖绣金布料……在他右手边，有各藩属国的王子，个个衣着华丽，绑成辫子的头发上有金饰。

　　"亭子门口有几只血统优良的名犬，戴着金、银质项圈，上面有相同材质的圆珠饰品。"

　　巴克里笔下的加纳充满了传奇色彩。他从未去过萨赫勒地区，乃根据哥多华档案库的资料写成著作。在他笔下，加纳是个位居非洲深处、洋溢地中海风情的王廷，拥有两个城区，一是伊斯兰商人的聚居地，内有12座清真寺；另一则是统治者的官院所在，附近将近10公里外有用于祭祀的树林（sacredgrove）和王陵。国王宝库里有一块金锭，据说重量将近13.6千克，以体积庞大而闻名于基督教世界与伊斯兰世界。

　　看似巍峨的都城昆比萨利赫，如今一般认为坐落在廷巴克图西南方约480公里处，廷巴克图则位于尼日尔河大转弯处。现在那里的确有广阔的石造废墟，也有伊斯兰铭文，但看不到曾有王室官院的痕迹，附近也看不到穆斯林旅人所说的墓冢。那处废墟坐落在萨赫勒地区的最北缘，而那个地方即使在降雨较多的时期，也几乎不可能有农业。或许昆比萨利赫根本不是加纳都城，只是个小贸易部落。如今，加纳王国仍如谜般难解，都城位置不定，唯一可以确定的是，它并非伊斯兰政体，而是非洲本土政权，与巴克里的描述大相径庭。其文化根源主要来自西非，即产黄金之地。

　　有很长一段时间，黄金来源一直是个谜。史学家亚库比（al-Yaqubi）

在公元872年撰写的著作里，转述了一则黄金像胡萝卜一样从土里冒出的故事，流传甚广。一如所有与黄金有关的故事，传说几经转述，情节越来越离奇，最后出现一座"黄金岛"，岛上黄金俯拾即是，任人拿取。金矿工人非常清楚黄金的珍贵，绝不吐露金矿所在地，以免外人生起掌控黄金来源的念头。出于这一考量，他们不愿当面买卖，商人将货物（大部分是盐饼）摆在河岸上，随即从河岸消失，然后当地人在每堆货物旁摆上成堆黄金。商人如果满意，就取走黄金，转身离开，并击鼓表示交易完成。有次商人抓住一名矿工，想查出黄金来源。他饱受折磨，至死未透露半点口风。黄金贸易因此终止，三年后才恢复。

班布克东边也有一个金矿区，名叫布雷，两个地区的人都生性羞怯，不喜外界打扰，小心翼翼地保护自己的金矿开采事业，因而从事买卖时作风隐秘，不喜大张旗鼓。撒哈拉的柏柏商人都没去过黄金产地，因此"黄金岛"一直是个谜。那些黄金究竟产自何处，至今仍无人知晓。12世纪时，伊德里西形容"黄金岛"有将近500公里长，250公里宽，河水年年泛滥，当地人在该地区"采集黄金"。他地图里所标示的"黄金岛"位置，正好与季节性泛滥的尼日尔河中游三角洲相符，而该三角洲住着说曼德语的农夫、渔民。

经历千年的社会记忆

尼日尔河是非洲大河，发源于接近狮子山国界的几内亚境内山脉，然后往东北流，进入广阔的内陆三角洲。三角洲上遍布支流、水道、沼泽与湖泊。此一辽阔的内陆洪泛平原就是考古学家罗德里克·麦金托什（Roderick McIntosh）口中"紧邻荒凉撒哈拉的一大片冲积花园"。在此，沙漠商队网与更古老的河边贸易路线相会。这处洪泛平原盛产谷物和包括陶土在内的其他基本民生商品，却像美索不达米亚一样缺乏石头、金属矿与盐。千百年来，此处的曼德语族农夫、渔民与远近民族互有往来，以取得所需物资，也活跃于撒哈拉黄金贸易。

曼德语族是撒哈拉民族的后裔（曼德语是许多族群共通的语言），约2000年前（或许更早），在萨赫勒地区步入一连串干燥期时定居于此地。如今，曼德语族在冈比亚到科特迪瓦的西非大片地区繁衍生息，种小米、牧牛，也做买卖，与沙漠里的熟人换取铜、盐及次等宝石。当他们往南迁移时，许多人便定居在肥沃的尼日尔河流域。

如今，每年一度的河水泛滥淹没约5.5万平方公里的土地，淹没区里不是沼泽就是湖泊，但在过去较多雨的时期，淹没的面积更广。洪泛区地理环境多元、变化不定，由差异极大的地貌和质地密实的土壤构成。住在该地区的曼德语族是博佐人和马尔卡人，前者以捕鱼为生，后者种植多种非洲谷物。博佐人居无定所，生活受小鱼和巨大尼罗河鲈鱼的繁殖周期所支配。有时会有多达150艘独木舟聚集在人造拦河坝附近，捕捞丰富的渔产。主要鱼汛期时，马尔卡人会前来帮忙。博佐人则帮马尔卡人收割，以为回报，因为谷物收割时正值洪水高水位期间，鱼儿稀少。

马尔卡人务农，做买卖，从事艺术与音乐创作。农业环境颇为艰辛。突如其来的洪水和暴雨会在一周内让一年辛勤劳作的成果付之东流。河水泛滥得早或晚，都会让村子陷入贫困。雨季初临时，捉摸不定的降雨或干旱年份都会让新整好的田地一片荒芜，更别提还有偷吃稻谷的鸟和老鼠。

马尔卡人种植数种不同品种的谷物，以应对种种不可捉摸的因素。最重要的是，他们依赖无数代积累的天气预测知识，才得以安然生存下来。骆驼的独特天赋使骆驼商队的领队得以驾驭凶险的气候，尼日尔河流域的人们则巧妙结合打造社会的方法和礼仪，以适应险恶而诡谲的环境。

1000年前兴盛于尼日尔河中游的人类社会善于应对不断改变的环境。在这个地区，不同文化的族群居住在格外多样的环境里。这些族群苗壮兴旺，不只因为种植了多样品种的谷物，还因为广泛运用社会记忆。考古学家麦金托什称尼日尔河中游流域是座"象征性水库"，在这里，源远流长的传统历经千年仍影响着这片土地上的历史与社会，而为诸族群所共享的社会体系则珍惜此传统。与各城邦争逐霸权的古代美索不达米亚地区不同，这个地区并未发展出高度中央集权的专制王国；这里也没有阶层分明的权力体制，有别于古玛雅或中世纪欧洲。在这里，强大的氏族和民族从事各种活动，在未明文揭示的制衡体制下一起生活，而这体制让每个人享有相当程度的自主、互助，使人更能在善变的沙漠边缘气候下存活。

气象预测机器

通过一座曾有人类长期居住的非洲考古遗址，我们可一窥这个持续发展的曼德语族世界。名叫杰内杰诺的古丘坐落在尼日尔河上游流域今日杰内镇南方3公里处。遗址的位置很有利：靠近水域，可种植耐恶劣气候的非洲稻，附近还有牧草地和开阔平原，驾船即可进入尼日尔河。杰内杰诺大概诞生于公元前300年后，日益干燥的撒哈拉迫使居民迁移到沙漠边缘时。即使碰上洪水水位最高的年份，这个地方仍旧很干燥，人类却在此居住已逾1600年。[1]不只在西非，甚至放眼世界，历史如此久远的地方都不多。这个部落往四方扩张，公元300年时约达20公顷，3个世纪后扩大将近一倍。杰内杰诺人民以耕种、狩猎、采集食物与捕鱼为生，属于自给自足式经济。虽然人口大增、气候剧变，但是此一经济形态数百年间几无改变。在此镇的漫长历史里，居民一贯实行高度多元的经济，开发许多微环境，从未像玛雅之类的文明那样以灌溉设施或人为堆高的田地增加粮食生产。

更往后，在杰内杰诺这个主部落的方圆4公里内，一度有多达69个部落。但这里和其他地方的人为何选择居住在紧挨成群的村子里，而不住在像伊斯兰国家那样人口稠密的城市？症结在于气候。在曼德语族所处的环境里，随时会有突如其来可能引发灾难的气候改变，他们即以此现实处境为主要考量，构建了其社会。

根据考古挖掘成果，千百年间，杰内杰诺人民始终维持着农耕、捕鱼、采集的生活方式，必要时会迁徙，但不迁出当地。然而，他们绝非听天由命地受短期的气候循环宰制。麦金托什认为曼德语族远比我们想象得更为积极，他们将农民与铁匠之类的工匠结合，纳入整体经济，借此对抗善变的环境。曼德语族住在各自独立的部落里，各部落靠亲缘关

---

1. 原文如此。但是，杰内杰诺既然建于公元前300年，那么，人类在此居住应该超过2300年了。——编注

系和神话、传说联结在一块。这些神话、传说甚具影响力，为曼德语族的决策依据。这里没有具备群众魅力的领袖，没有城市或强大的上层阶级，没有执法、维持秩序的军队来维系此一制度。反倒有个由信仰与仪式构成的"气象机器"，为降雨、干旱的预测提供参照依据。社会记忆由特别杰出之士细心保存，构成曼德语族气象机器的核心。

我们要怎样才能了解古代社会如何应对气候变化，如何察觉所处环境的改变？我们无法重现古人的想法，但我们可以审视曼德语族的社会记忆，审视以错综复杂的方式将生活与现实世界结合在一起的社会记忆。人具有气候变化的社会记忆，具有造成重大灾难之旱灾与水灾的社会记忆。而或许一如今天，他们在思想上把天灾和罹难者的名字联系在一起，甚至以罹难者的名字对灾难进行命名；或者把据说拥有超自然力量的某群人（如铁匠），和那些天灾联系在一块。这群人保存了代代相传有关气候变化与环境状况的知识，往往能预测即将发生的变化，提出应变之道。在此，尚有争议的问题是：在气候威胁和其他危险尚未真正降临的时刻，谁有权针对未来会发生的事做决定？

谁能处理这类事？谁可以信赖，谁不会滥用气候变化的危险知识而从社会的应对措施里牟取个人利益？在曼德语族社会里，气候预测不是气候学家那种超然客观的预测。每个预测者在社会活动领域各有职责，因此其预测扮演了重要的桥梁角色，联结了客观世界里的气候变化和人们在意识世界中采取的行动。

曼德语族"气象机器"背后的动力，乃是文化的核心价值观，以及多种层次的传说、象征、地理标志，和利益团体间的协商，简言之，就是部族记忆的殿堂。曼德语族应对非常复杂、多变、不可捉摸的萨赫勒气候时，必须小心谨慎而又随机应变。生态危机与社会危机会影响核心价值、改造权力结构，而从丰沛降雨变成干旱的剧烈转变，或者介于两者的过渡情况，都是这些危机的一部分。这就是为什么杰内杰诺和其他曼德语族镇的居民群居生活，住在多统治者的社会，而非权力大一统社会的原因。这样的社会，比起同时代高度中央集权的社会，例如古玛雅或秘鲁北部沿海地区的奇穆人，更能灵活应对气候的变化。

曼德人社会里最有权势的男女是秘密会社成员，这类地下团体如今仍盛行于曼德人社会。科莫（komo）是秘密会社普遍采用的组织方式，由科莫提吉（komotigi）领导，如今往往由铁匠担任。最早的秘密会社是为猎人而成立的，那时，冶金术还要许久之后才会传入尼日尔河流域。科莫提吉能预见未来，能治病，能驱邪。他是占星家和气象预测员，研究天象和最明显可见的星体。科莫提吉深谙动植物行为，并利用这知识预测雨是否会在栽种时节适时降下。科莫秘密会社至今仍存，一如行事极隐秘的猎人会社。如今，尼日尔河中游地区至少有七个大型秘密会社。

曼德人社会最早的专业人士，乃是具有神奇能力和社会威权的猎人。从非常久远的时代起，这类人就前往传说中充满幽灵、超自然力强大又危险重重的特殊地方。他们在那里获取控制天气的力量和其他生活方面的能力。2000多年前，随着农业、制铁技术的出现，铁匠们成为重要的尼亚马（nyama）持有者。尼亚马即"大地的力量"。铁匠是秘密会社最早期的成员，是千百年来让曼德人未走上阶层体制和中央集权的中流砥柱，他们拥有解决社会与环境问题的象征性的神秘知识。千百年来，曼德人的秘密会社将有关大地的知识传播到广大地区。

传说中，曼德伟大的民间英雄采集尼亚马，以平安穿过危险世界。例如铁匠巫师法科利（Fakoli），几度探寻才取得鸟头、蛇头之类药材，挂在他的巫师帽上。法科利的探寻之旅也是一次知识之旅，引领他走过灵性与象征性的世界。另一位神话英雄范塔·马阿（Fanta Maa），博佐人的文化英雄，在婴儿时期就懂得精湛的狩猎技术。面临绝种威胁的动物聚集会商，挑选一只羚羊化身为少妇，勾引他到荒山野岭，欲置他于死地，但范塔·马阿运用猎人的所有技能识破了这计谋。

尼亚马是流贯于所有生物和非生物的能量，使用者若心术不正，会危害世间。曼德人认为气候改变乃是因为天地之间的尼亚马受到搅乱。凭着历代积累下来的关于尼亚马扰动如何影响环境的知识，曼德的民间英雄和科莫提吉便能预测气候改变。法力最高强者能操控降雨或让大地干旱的力量，或者凭意念隔空取人性命。因此，具有神赐能力的人走过危险而具象征性的地方，在那里采集法力、权威及知识。猎人周游具有强大超自然力的地点时，会走入荒野，杀死灵兽。死去的动物释放出只有最厉害的猎人才能掌控的大量尼亚马，而杀死灵兽也为陷入危机的社会确保了丰沛的降雨。

如今，狩猎小屋仍被视为圣地，那里留存着历代积累的气候知识，以及关于当地境内资源的知识。就连名气响亮的猎人，如今仍旧前往这类小屋，以吸取更多越来越晦涩难懂的知识。过去，在降雨较丰沛时期所走的南北迁徙路径，从今日的地下水流向或许也可看出端倪。对曼德农民而言，大地从古至今都是一部书籍，上头记载了名称和地方，预示人类居住和气候变迁的活动。因为大地的预示，千百年来，曼德人顺利

曼德猎人和他所化身的蛇

地对抗了干旱和水灾。

　　曼德人的气象机器运作良好。公元800年到900年时，杰内杰诺绵延1公里长，这镇上和方圆4公里内69个小部落，保守估计共住了2.7万人。公元300年至700年间，当地降雨比公元1930年至1960年间多了约两成。公元1000年后，气候较为不稳定，此镇因而衰落。居民先是放弃低洼的谷物区，接着放弃地势较高、土质较松软的洪泛平原区，改种耐旱的粟类植物。居民失去家园，有部分原因在于气候变得更干燥，改变了河水泛滥的形态。在附近的梅玛，靠近水道和水洼的群集大丘消失，由较小、较分散且往往位于沙丘上的部落取而代之。整个尼日尔河中游地区，大大小小的部落都有所改变，以应对新情势，过程中不免要受苦，但他们的先民就是这样走过来的。

恶灵诅咒的黄金国

公元700年左右，气候相对较稳定期结束了，加纳正是在此一文化环境下崛起。曼德人代代相传的口述历史提到丁嘎（Dinga）这位大英雄，他是加纳诸酋长的先祖、厉害的猎人、尼亚马的采集者。古代传说提到他的足迹遍及具有超自然力的大地，战胜那些地方的守护动物和有灵性的动物。丁嘎在杰内住了27年，娶了一个妻子，但没有子嗣。杰内不受加纳统治，但一直与加纳友好，或许这时期正致力于和杰内结为坚定盟友。然后丁嘎离开杰内，定居于西北部，在达兰衮贝消灭了一位女神灵守护者后，组建了加纳王国。他大概是通过漫长的结盟过程来统合各社会团体，完成这建国大业的。同样的情形在萨赫勒地区一再上演，形成几个松散、向中央纳贡的部落联盟。借此，加纳的首领得以向南方的黄金等货物交易征税。同时，他维持一支常备骑兵队，以对付敌对的骑骆驼的游牧民族和不合作的酋长。

地理学家巴克里笔下的加纳正值气候稳定而较有利的几百年期间。他描述的加纳是个流动王国，以组织多样和作风灵活为特色。这王国的诞生，有部分是由于征服，但主要归功于曼德人运行不辍的制衡精神，这向来是其生活方式的一环。加纳的确非常富裕，但最大的财富不是黄金和有形物质，而是其本土文化中丰富的习俗和传统。拜这些习俗和传统所赐，加纳人得以在无情、粗暴的极端气候下生存。

根据口头传说，加纳创建者丁嘎，又名狄亚贝·西塞（Diabé Sissé），死时将其毕生积累的尼亚马传给孪生儿子之一的水蛇毕达（water snake Bida）。毕达答应他会从西南方几日行程外的班布克提供足够的雨水和黄金，只要加纳王国每年把该国最美的处女送给他。有一年，加纳照例挑选了要送上的处女，但追求该处女的男子不甘心所爱被夺，杀掉了那蛇。被砍落的蛇头在地上弹跳七次，落在布雷，即更靠近马利的黄金之地。自此，班布克的黄金生产日渐萧条，马利的黄金生产则越来越兴旺。七年的旱灾和饥荒使加纳民生凋敝，王国四分五裂。这只灵兽一死，邪恶的尼亚马便开始作乱。加纳与几个沙漠邻邦发生纠纷，正好是气候较稳定时期即将结束之时，这绝非偶然。

口述传统是人类飘忽不定的记忆筛滤过的历史。毕达死亡和接下来发生旱灾的传说，可能正隐约反映了当时曾发生数场气候的剧变，说不定一场前所未见的大旱使这个善于随机应变的王国变得一片荒芜。在伊斯兰势力日益壮大而四处攻城略地的时代，加纳一直独立于伊斯兰文化圈之外。直到公元1076年，穆拉比人首领阿布·巴克尔（Abu Bakr）攻占昆比萨利赫，这才使该地居民皈依伊斯兰教。150年后，东方的马里王国崛起。公元1324年，该国统治者曼萨·穆萨赴麦加朝觐，才使这个盛产黄金的国家广为世人所知。

第五章

因纽特人和格陵兰人

他们造好船只，出海。

第一次上岸的地方，就是皮雅尼（Bjarni）最后看到的地方。

他们朝岸边笔直航去，抛锚，然后放下小船，登陆。

那地方寸草不生，内陆覆盖着大冰川，

冰川与海岸之间的陆地像一大片岩石。

他们觉得这地方一无可取。

——《格陵兰岛传说》（*Graenlendinga Saga*，12世纪）

北极圈 / 北美洲
气温较低
700 —
800 —
900 —
1000 —
冰岛与格陵兰 附近海面结冰 状况利于航行
1100 —
北方结冰状况 日益恶化
1200 —
1300 —
约公元1450年 古斯堪的 纳维亚人 放弃格陵兰
1400 —

公元1000年，缕缕薄雾悬在格陵兰岛西方大卫海峡的浪尖上，望去犹如精细的哥特式窗花格，薄雾四周是无边的昏暗。留着胡子的古斯堪的纳维亚船长凝视灰蒙蒙的虚空，浑然不觉无孔不入的寒意。他的船员披着厚厚的斗篷，缩在船舱里，甲板上只有船尾操持大舵的舵手。两名年轻男子闲着没事，便把铁剑磨利，替光亮的剑身上油防锈。船随着海浪起伏，方形帆嘎吱作响，灵活的船身随浪涛而转向，非常轻盈。船缓慢航行，像行驶在波涛万顷、无边昏暗大海上的一座小岛。刺骨的北风在昏暗的虚空里飒飒作响，除了让船取得舵效航速[1]，别无用处。船上的年轻

---

1. 让船舵能控制方向所需的最低前进速度。——译注

水手见识过这种混沌不明的情况，在远离陆地的平静海面上漫无目的地漂流数日，等待那不知何时才会吹起的大风。

时间过得很慢，雾变浓，天色短暂变亮，随即又恢复昏暗。最后，东风吹起，风力变强，风势转而有利帆船航行。雾很快就散去，清楚的地平线和深蓝色的大海在眼前展开。舵手大叫，并伸手指向前方。锯齿状的覆雪山峦在清朗天空的衬托下露出鲜明轮廓，夕阳让天空更灿烂。水手们不约而同地松了口气，紧绷的心情轻松了许多。只要方向一直保持顺风，他们隔天就能抵达西边诸岛屿中一个停泊地。

古斯堪的纳维亚人上岸时，知道他们会碰上因纽特人[1]。因纽特人一直靠猎杀海栖哺乳动物为生，过着仅足温饱的生活。古斯堪的纳维亚人前来收购海象牙，但他们只有一样东西可和当地原住民交易，那就是铁。

中世纪温暖期或许让欧亚大陆和撒哈拉苦于干旱，却造福了北极地区居民。气温较高那几百年，极北地区的结冰情形改善，古斯堪的纳维亚人往西航行到冰岛和更西边的地方，次数更为频繁。本章描述的，就是在气温较高那几百年期间，北大西洋和加拿大北极区较有利的结冰状况，如何促成两个截然不同的世界短暂相遇，一方是古斯堪的纳维亚人，另一方是先祖来自极西边白令海峡的因纽特人[2]。

---

1. 一般称加拿大北极区的民族为因纽特人，称阿拉斯加、白令海峡地区的民族为爱斯基摩人。我在此沿用此传统说法。

2. 再谈爱斯基摩与因纽特的差异。阿拉斯加与西伯利亚人民用的"爱斯基摩"一词，据说源自阿尔龚钦族（Algonkin）印第安人的说法，意为"吃生肉的人"，也可能是"住在北方海岸的人"。有些人认为这词带有贬义，因此加拿大人通常使用"因纽特"一词，而在当地语言里，因纽特就单纯指"人"。为了行文方便，我沿用罗伯特·麦基（Robert McGhee）的务实用法，以"因纽特"一词指称居住在阿拉斯加北部、加拿大北极区及格陵兰的所有爱斯基摩人。

两个世界的短暂相遇

一如在欧洲，中世纪温暖期带来较暖和的冬天，使斯堪的纳维亚许多地方的谷类作物生长季变长。人口更为稠密，造成土地短缺，年轻男子少了发展机会。他们生活在不安定的社会，处处是争执、派系对立与暴戾。每年夏天，年轻"划手"驾着长船出海，寻找劫掠、贸易与冒险的机会。由于北方海域结冰状况改善，北极区浮冰群后退，古斯堪的纳维亚的船长——向来善于贴海岸航行的航海家——开始冒险远离海岸，进入北大西洋。

一般人认为古斯堪的纳维亚人远离海岸航行时驾的是战船，其实不然。他们依赖的是牢固、能负重的商船纳尔（knarr）。纳尔能远离海岸航行，船虽轻但坚固，在海上或偏远的海滩上都易于维修。船员在海上以淡鳕鱼干填饱肚子。淡鳕鱼干是挪威北部罗弗敦群岛在春天靠北极吹来的寒风风干而成。随着气候日益暖化，经验丰富的船长驾船西行，进入只有少数爱尔兰僧侣知道的陌生海域。在几代人以前，那些僧侣曾搭乘大型兽皮船远航至冰岛，其中少数人写下他们的冒险经历，辗转流传，成为古斯堪的纳维亚传说里的传奇故事。许多船一去不复返，或遇上狂风暴雨而在嶙峋的海岸失事，船员受困无法脱身；或遇上狂暴的海上大风而沉没，消失无踪。但公元800年过后不久，古斯堪的纳维亚的殖民者就在苏格兰北部外海的奥迪克尼群岛、设得兰群岛定居，不久后更登上法罗群岛居住。公元874年，古斯堪的纳维亚人英格尔夫

(Ingólf)登陆冰岛。

公元900年时，古斯堪的纳维亚人已在岛上殖民定居，带来了制酪业。当时，冬天比过去几百年更暖和。今日，北方浮冰群的南沿距冰岛北部海岸约100公里，而第一批古斯堪的纳维亚殖民者抵达时，浮冰群离海岸的距离至少是现今的两倍。即使气候较暖和，冰岛的生活还是很艰苦，特别是寒冬过后。这些殖民者除了从事制酪业，还猎杀海豹、在近海捞捕鳕鱼。较高温的夏天让他们得以种草，为牲畜过冬储存草料，并种植大麦。到了12世纪，气候变冷，岛上再度无法种植谷类作物。直到20世纪初，谷物种植才再度出现于冰岛。[1]

红发艾瑞克（Eirik the Red）因家族仇杀而被逐出冰岛后，约在公元985年往西航行，定居于格陵兰岛南部。他发现当地的牧草地质量比家乡好。不久，两个殖民地出现了，一个位于西南海岸的避风水域边，另一个在更北边的哥特霍布区，位于亚美拉里克峡湾的顶部。殖民者发现海岸在夏季多半不结冰，这是紧贴海岸往北流的格陵兰洋流加温所致。这一有利的洋流引领殖民者的渔船进入迪斯科湾附近的峡湾和岛屿，来到一个充斥鳕鱼、海豹、海象与独角鲸的地方。在这个被称为"北方狩猎场"的地方，他们收集到足够的海象牙以支付什一税给位于遥远挪威的教区当局，如此过了许多年。

西格陵兰洋流流进"北方狩猎场"的心脏地带和巴芬湾，然后被往南流的更冷的洋流所取代。若再往外海航行一小段距离，这些古斯堪的

---

1. 一般读者若欲了解古斯堪的纳维亚人的航海活动，最扼要的著作乃是威廉·菲茨休与伊丽莎白·沃德合编的《维京人：北大西洋传奇》（*Vikings: The North Atlantic Saga*, Washington, D.C.: Smithsonian Institution Press, 2000）。书中收录关于这一主题各层面的权威文章，还有完善的参考书目。

纳维亚人就会见到巴芬岛上白雪皑皑的山峦浮现在大卫海峡另一头，但他们没有这么做。海峡最窄处只有325公里宽。在今日，海峡西侧及巴芬岛、拉布拉多半岛、纽芬兰岛东部沿岸海域，水温较低，结冰期较长，覆冰较厚，有时进入夏季许久，海面覆冰才消融。但在中世纪气候较暖和的那几百年期间，夏季时海面覆冰较早消散，沿着这些海岸航行大概容易得多，且较安全。

古斯堪的纳维亚人最早于何时登上巴芬岛，不得而知，但很可能比史上记载皮雅尼·赫耶福森（Bjarni Herjólfsson）于约公元985年首度见到拉布拉多半岛还早。他从冰岛航向格陵兰，途中在大雾与微弱北风中迷失，最后见到一片地势低矮、长满林木的海岸，景象与他欲前往的格陵兰大不相同。格陵兰岛远远望去，只会是覆盖着冰川的高山。他未登岸即掉头，因而受到批评。然后，红发艾瑞克之子列夫·艾瑞克森（Leif Eirikson）的著名航行出现了。他在一处多岩而冰封的海岸外下锚，沿着海岸南行，借东北风之力航过"马克兰"（即拉布拉多半岛南部海岸），到达圣罗伦斯河河口，再往南行，抵达这处大河口南边的地区。因为那里长着野葡萄，他便将该地取名为"葡萄地"（Vinland）。他在今日纽芬兰北部半岛的朗索梅多建立小殖民地，数年后才废弃。

后来，为取得拉布拉多半岛的木材，古斯堪的纳维亚人数度远航，接触到不少当地原住民贝奥萨克人。贝奥萨克人与他们战斗，凶猛无比，因此古斯堪的纳维亚人从未在拉布拉多西部海岸定居。"他们起冲突，爆发激战，一群投射物凌空飞来。"《葡萄地传说》（*Vinland Sagas*）如此说道。

在两个世纪间，格陵兰的船只往北、往西航行，然后利用顺向洋流，沿着海岸往南航行。一旦建好船或取得木材，他们即乘着盛行西南风一路返航回家乡。他们和土著似乎都在互相回避。

沿着大卫海峡东岸航行，来到拉布拉多半岛，一路上危险重重，即使在气温较高那几百年期间亦然。船员要面对充满敌意的美洲原住民、北极熊和冰山，在恶名昭彰的多风海域还有突如其来的暴风雨。乘木船的古斯堪的纳维亚人在多冰海域紧贴海岸航行时，所面临的危险比因纽特人还多。因为因纽特人依赖轻巧的单人划子和兽皮船，容易拖上岸且较不易破洞，易于维修。突如其来的结冰可以在几分钟内压破商船纳尔，即使在夏季亦然。古斯堪的纳维亚人航行时，尽可能远离浮冰群边缘和夏季碎冰。尽管有种种危险，丰富的鳕鱼和较暖和的气候都让格陵兰人得以自由航行到大卫海峡另一头，进入加拿大群岛的狭窄水道。在那里，他们遇见因纽特族猎人，受到欢迎，因为那些猎人渴望得到对他们而言珍奇无比的一样东西——铁。与拉布拉多半岛上拒斥外人的贝奥萨克人不同，因纽特人生活在更为广大的北极世界，靠时有时无的贸易网与同祖先的其他狩猎团体往来，这些贸易网最西抵达白令海峡。

那么，我们能不能把这一往西探索的贸易，与气温较高那几百年扯上关系？

前进白令海峡

公元1000年，白令海峡阴沉、灰暗而空荡，海上散布着冰块。风平浪静，气温将近冰点，云层低垂。猎人坐在覆皮单人划子里，一动不动，双眼静静扫视阴暗的海面。他将打猎工具放在手边，桨几乎触及水面。他在海上生活往往比在陆地上更自在。

一颗黑头在不远的下风处短暂露出水面——一只海豹探头四处张望。猎人静静等待，划子一动不动。猎物迅速滑进水中，只余微波荡漾。守株待兔的老戏码开始，船静静浮在水面。等待时，猎人查看了鱼叉和系在锐利叉头上的整卷细绳。这一等就从早上等到下午。他看到海豹再度于不远处现身，又再度消失。他轻轻把船划向逐渐荡开的波纹处，继续等待。突然，猎物出现在鱼叉的攻击范围内。这个因纽特人掷出鱼叉，铁尖头深深刺进海豹的身体，海豹立即下潜。鱼叉头脱离鱼叉杆，细绳带着浮筒窜出。猎人跟着浮动的浮筒，等猎物力竭而死，一等就是一两个钟头。猎物尸体浮上水面后，他把它绑在单人划子上，打道回府。

白令海峡是个严酷、险峻的地方，冬天可长达9个月。浓雾笼罩灰色海面，一连数天不退，能见度只有数米。大风在迷雾笼罩的海上呼号。除了短暂的夏季，其他时候海面都挤满了碎裂的浮冰群，狂风暴雨时偶尔还有浮冰被冲上岸。海峡另一边的西伯利亚海岸线，地形较崎岖，有峭壁和鲜明的地标；阿拉斯加这边的海岸线，特色是地势低的海岸平原、湖泊、缓缓起伏的低矮丘陵。最佳的海栖哺乳动物猎捕地位在有岬角保护的西侧海岸。公元1200年前，古斯堪的纳维亚人驾船首次横越北大西洋。那时，在这严酷的海峡两岸也有以猎捕海栖哺乳动物和北美驯鹿为生的部落。

白令海峡在中世纪温暖期的气候变化，今人所知甚少。在气候较温暖的时期，南风有时盛行几十年，甚至几百年。但较寒冷的冬天带来强劲的北风和狂风暴雨，因此定居地或在面北海岸，或在面南海岸，视气候变化而定。公元1000年至1200年气候较为温暖，意味着海面不结冰的季节较长，春季时有较多冰间水道供猎人航行其中，以猎捕海栖哺乳动物。那时气候仍然严峻，有些地方较冷，有些地方较暖；某段沿海海域暴风雨频繁，某段则较平静。不结冰期变长，不封冻的海面变广，使人迁徙更自由，猎捕海栖哺乳动物的范围变广，贸易也更容易。但一如中世纪欧洲所见，气候变暖并非只有好处，没有坏处。每年气候都不相同，有些年结冰严重，有些年则一连数月不封冻。要在这种艰苦的环境下生存，需要相当程度的适应力和把握所有机会的本事，而那几乎是古代社会无法企及的。

从许多方面来看，气候升高1℃~2℃，对北极区的原住民无关紧要。毕竟在他们生活的世界，寒冷是常态，他们终日与冰、无尽寒冬为伍。与古斯堪的纳维亚人不同的是，他们从远古石器时代的先祖那里继承了适应极端严寒环境的本事，代代相传。他们适应力极强，即使是剧烈的气候变化也能安然度过。迥异于因纽特人，航海的古斯堪的纳维亚人完全不了解北极区的生活，行动受制于北大西洋的结冰状况。若没有气温较高那几百年，他们的西航行动大概无法抵达格陵兰和加拿大北极群岛。

白令海峡的猎捕队操作起覆皮单人划子和兽皮船，本事一流。爱斯基摩人，比如南方的阿留申人，几乎从幼儿时期就开始划单人划子。他们替单人划子穿上皮衣，保护乘坐者免于受寒。但这种水上运输工具要发挥全部威力，有赖于比单纯插刺的鱼叉更管用的狩猎武器。公元前1000年左右，白令海峡猎人发明了头上装有转动倒钩的鱼叉，彻底革新了海栖哺乳动物猎捕技术。一如铁犁彻底改变了欧洲的农业，头上装有转动倒钩的鱼叉也改变了古代北极地区的生活（当然，鱼叉头最初由海象牙而非铁制成）。传统的系绳倒钩鱼叉击中猎物时，鱼叉头会脱离鱼叉杆，但猎物下潜挣扎时，鱼叉头往往会从伤口滑出。相反的，新式鱼叉的顶端装了旋转尖钩，击中猎物后同样会与鱼叉杆分离，但鱼叉头会牢牢固定于猎物的表皮和皮下脂肪底下，不会因激烈挣扎或碰到冰而脱落。

在轻盈覆皮单人划子和大型兽皮船上使用新式鱼叉猎捕鲸和大型海栖哺乳动物，特别管用。

经过几百年岁月，以海象牙为叉头的鱼叉越来越精致，往往饰有精美的装饰。海象牙也用来制作鱼叉线浮筒的开口和塞子。浮筒是吹气膨胀的海豹皮，有助于猎人在大型海栖哺乳动物中叉死亡后取回其尸体。用海象牙来制作鱼叉头，坚硬耐用，但还是不如来自外地且备受珍视的铁好用。铁在2000年前左右从亚洲首次传到白令海峡地区（确切年代不详）。

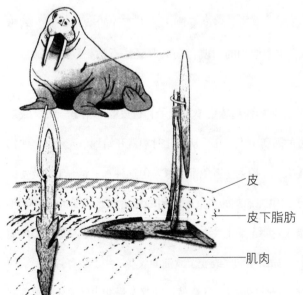

皮

皮下脂肪

肌肉

叉头装有转动倒钩的鱼叉刺入猎物身体，然后与前鱼叉杆（与主鱼叉杆相连的中间部位）脱离，转动倒钩刺向侧边，造成内出血，使猎物几乎无法将鱼叉抖落。鱼叉头有绳子拴着，绳子另一头系着浮筒，以便猎人追踪受伤的猎物公元900年时，猎鲸技术已发展成非常复杂的技艺。猎鲸队由海事娴熟的船员和精于猎术的猎人组成，乘坐大型兽皮船追捕洄游的鲸，春季在狭窄的冰间水道，秋季在不结冰的海上。在气温较高的夏季（公元1000年快结束时，这种夏季越来越常见），海上有许多地方不结冰，捕鲸队能一路穿过白令海峡，沿着北冰洋东部海岸长距离追踪洄游的鲸。在气温较高的那几百年，就在古斯堪的纳维亚人抵达巴芬岛外海时，东西方的接触似乎也变得更为频繁。

铁器恒久远，一只永流传

公元1100年，西伯利亚东海角的埃克芬村。闷烧的火让屋内烟雾弥漫，烟雾徘徊在鲸骨椽之间，下方有两个捕鲸船船长。两人轻声交谈，一个是当地人，另一人来自白令海峡对岸、现在名为伊皮乌塔克（Ipiutak）的夏季村落，此地靠近现在的波因特霍普，一个据传说有强大超自然力量的地方。这位访客趁着夏季末期的好天气横越白令海峡，到这里才用了几小时。他出访的时机拿捏得很好，因为这时白令海峡已刮起强劲南风，波浪滔天。要再过些时日，他才能动身前往位于南方的下一个目的地。

两人是亲戚，都善于猎鲸，来访者还是素孚众望的巫医，以高强法力闻名遐迩。他的手下已卸下船上的北美驯鹿皮，堆放在火炉边。主人从海豹皮袋里拿出一只上等的铁制矛尖，映着火光，闪闪发亮。远来的访客仔细打量着，伸出一根手指轻抚锐利的矛尖。他摇摇头，交易随之开始。交易结束时，两人之间的地上摆着一把小刀、另外几只上等矛尖和一堆黑矿石。双方讨价还价了一番，但彼此都满意，因为北美驯鹿皮奇货可居，而铁更是珍贵。

埃克芬村如今仅存的遗址均坐落在白令海峡的楚科特卡海岸上，西伯利亚极东地区杰日尼奥夫角（即东角）的南边。这处海角是亚洲大陆最接近阿拉斯加的地方，天气晴朗时，从海边就能轻易看见对岸的阿拉斯加。村子后面几百米处有座山丘，山丘顶上有一片墓地，专家从墓地里发现300多具遗骸。墓中遗物说明，埃克芬社会有严明的社会阶级。墓地出土的众多鱼叉中，有2/3出自其中3座墓。有具骨骸旁摆了相当多的猎海豹、猎禽鸟设备，包括十支鱼叉、数个矛尖、数只冰镐、数个木质帽饰。该骨骸旁还有许多骨骸，可能是扈从或奴隶的遗骸，其中有些人可能是活活陪葬。

考古学家米海尔·布隆什坦（Mikhail Bronshtein）研究了墓中装饰精巧的骨质、海象牙工具，认为那些古怪的动物状图案和其他装饰是种符号，用来区别来自白令海峡另一头广阔地域上的不同部落和氏族。有些墓穴葬的是当地村民，有些则可能葬着外地人，如商人或从别的部落娶来的女子。看来当时这横跨白令海峡两岸的广大地区，在政治、社会方面已有错综复杂的互动。不管住在海峡哪一头，他们都靠北极的海洋资源为生。可想而知，这些部落不免会出现派系对立和零星的暴力活动：在漫长冬季那些永夜的月份里，不免出现争吵，本是鸡毛蒜皮的小事，却变成恶言相向、难以收拾的纠纷。他们为争夺贸易路线和打猎地盘而交战，为一雪自认为郁积数代的耻辱而大动干戈。

　　布隆什坦仔细研究埃克芬村的手工艺品，发现骨质、象牙手工艺品上的细线和哥特式窗格的图案，刻工非常精细复杂，若没有铁质锋刃的切割及雕刻工具，不可能办到。他深信"古白令海文化"的海象牙、鹿角及木质手工艺品，大部分以铁质工具制成，铁因而成为2000年前和其后的工匠不可或缺的东西。

　　最初，白令海峡的铁来自内陆的商品交易会，有些也可能来自沿海岸而行的南向贸易路线。类似埃克芬这种地处交通要冲的村子，因地利之便，得以掌控各种商品贸易，特别是像铁这类高价商品的贸易。究竟有多少铁通过人们转手，辗转流通到海峡彼岸，不得而知，但大概不少。这就足以说明后来因纽特人与欧洲人接触后，为何迅速就接受铁的技术和铁制品。早在俄罗斯探险家维图斯·白令（Vitus Bering）于公元1728年乘船进入这个海峡的许久以前（白令海峡即因他而得名），此地区的人就知道铁，并视铁为极有用且高价的商品。

　　北极地区气温开始稍稍升高时，白令海峡两岸高度竞争的诸部落，已对铁需求甚殷。当时铁几乎全来自亚洲，后来可能逐渐有少量铁制品从反方向、数千里外的加拿大群岛和格陵兰岛上人烟稀疏的地区传过来。

新兴的铁制猎捕工具

　　育空河以东是地势低而起伏的辽阔土地，往东绵延直抵遥远的大西洋海滨。1.5万年前，厚厚的冰原覆盖这片饱受冰川侵蚀而多岩的大地。

哈得孙湾，一个不深的内湾，是该地最明显的地理特征。

冰天雪地、荒凉不毛的加拿大群岛坐落在大陆北边。与此大陆相隔不远处，坐落着拥有辽阔冰帽的格陵兰岛。在这极端寒冷的世界，一年只有三个月不结冰。即使在气温较高那几百年，永冻土仍不消融，夏季几个月里地面满是泥塘和沼泽，陆路交通即使是在最好的情况下都困难重重，更别提还有嗡嗡扰人的大量蚊子。植被稀疏，但能猎捕到北美驯鹿和麝牛，以及小型带毛皮动物和海鸟。但北冰洋的海洋资源丰富，为人数稀少的图尼伊特（Tuniit）原始部族提供了充足的食物。图尼伊特人于约5000年前开始从阿拉斯加沿着海岸往东迁徙，进入加拿大群岛。

图尼伊特人吃苦耐寒又善于应变，靠着最原始的技术在地球上最严酷的环境里生存了下来。加拿大考古学家莫罗·麦克斯韦尔（Moreau Maxwell）曾描述他们在约公元前1700年的隆冬之际，在有火炉的小小麝牛皮帐篷里大略的生活情形。帐篷内应该会充斥海兽脂油灯燃烧所发出的浓烈气味。"严酷的冬季月份，人可能终日都近乎昏昏欲睡，大家躺在又厚又暖的麝牛皮底下，身体紧挨在一块，食物和燃料放在伸手可及之处。"每个人若非必要都不外出，基本上形同冬眠。

图尼伊特文化经过千百年缓慢发展起来。考古学家所谓的"多西特人"居无定所，在气温较高那几百年往北迁，气候较寒冷时则退回。他们主要以猎杀海豹为生，但也猎杀北美驯鹿。在气候较寒冷的几百年里，他们发明出新的冰上狩猎、捕鱼方法，使他们能在隆冬时取得食物，而不必像先人那样过着近乎冬眠的生活。他们只有最简陋的矛，没有弓和箭，没有白令海峡民族的先进船只或头部装有转动倒钩的鱼叉。他们狩猎时依赖悄无声息的一流跟踪术，及无尽等待的耐心，借此逼近到猎物附近，用简单的插刺式鱼叉刺死猎物。当在冰面上钻孔捕鱼时，这类武器非常管用，特别是在公元1000年后气温较高那几百年期间。那时期，图尼伊特猎人开始使用头部装有纯陨铁的武器。陨铁来自格陵兰西北部的约克角地区，极为稀少，得自至少1万年前落在地球的流星雨，经锤打后才安于武器上。其他族群则利用北极区中部铜矿河地区的本地铜打造尖头。

陨铁和本地铜都比骨头、海象牙管用。比起用骨头或海象牙制成的武器，头部装上金属的武器杀伤力更强，也更耐用，这两种金属因此极受珍视。从弃置的骨质工具上的狭槽深浅与长宽研判，珍贵的铁一再被回收利用。至少有一部分的铁落在捕鲸船船长手中。加拿大西北领地索摩塞特岛卡里阿拉克尤克一地的图勒人（Thule）[1]部落中，从某栋有捕鲸装备的房子里，人们找到许多有狭槽的骨头，其中46%的骨头曾安装金属刀片。在附近一间较小的房子里，9.6%的这类工具曾安装金属刀片。这些器物全用于陆上打猎。少量的铁通过人类转手，慢慢散播到广大地区。一段时间后，可能有一部分铁矿石或矿石制成的器物往西流通，抵达白令海峡周边急需铁的族群。

白令海峡地区和东边诸岬角两地的族群想必一直有所往来，但要到中世纪温暖期，两方的往来才大幅增加。

---

1. 现今加拿大因纽特人的先祖。——译注

现在，要去见你——蓝色眼眸的"格陵兰人"

白令海峡地区的单人划子船长勇于突破现状，一如古斯堪的纳维亚人，既有永不满足的好奇心，也汲汲于寻找新的贸易机会。公元1000年后，气候变得较暖和，海面不结冰的时期会多出几星期，让兽皮船得以安全通过以猎杀海栖哺乳动物和洄游鲸的冰间水道也会变宽。食物充足，当地人口便随之增加，促使某些捕鲸船长起意寻找新的猎捕场。由于结冰状况改善，大型兽皮船便能趁弓头鲸沿着加拿大北极区海岸往东迁徙、进入加拿大群岛之际，在不结冰的海上和宽阔的无冰水道里追逐它们。弓头鲸是北极的露脊鲸科动物，弓状的巨头占了体长的40%，生活在接近海面处，春夏季时小群移动，秋季时大群移动。

公元1921年至1924年，格陵兰学者努德·拉斯穆森（Knud Rasmussen）以狗拉雪橇为交通工具，率领考察队从格陵兰长途跋涉到阿拉斯加，一路研究因纽特族群，挖掘考古遗址。泰克尔·马蒂亚森（Therkel Mathiassen）率领考古小组，挖掘出与当下因纽特族文化大不相同的遗址，[1]令考察队员大吃一惊。他们从格陵兰西北部图勒附近的废屋里发现名不见经传的千年前部落遗址。不久，他们在大卫海峡到阿拉斯加北部之间的辽阔北极区发现数座类似的遗址。这些图勒人以猎杀海栖哺乳动物和鲸为生，在中世纪温暖期就已横越高纬北极区。他们的猎

---

1. 因首次在图勒地区发现该文化遗址，属于该文化的族群就被称为图勒人。——译注

杀技巧极为高明，因此能安然住在永久性的冬季部落里。部落的房子以石头和草皮搭成，屋梁则是鲸的颌骨。

不久便有学术著作探讨图勒人在公元1000年的迁徙，认为那是捕鲸人为了追捕弓头鲸，而从白令海峡沿着北极区海岸往东快速移动的活动。因为在中世纪温暖期那几百年里，北极区不结冰的海域变广，为弓头鲸提供了更广阔的活动空间。事实上，促成迁徙的因素可能远不只这么单纯，迁徙不只为了捕鲸，还为了取得铁。

较温暖的气候对图勒人从阿拉斯加往东迁徙的活动影响多大，不得而知。目前有一些证据指出，较温暖的200年也带来强劲的北风和许多暴风雨。不论气候如何，图勒人和其白令海峡地区的祖先很懂得安然存活之道，懂得如何不费吹灰之力就适应较温暖或寒冷的环境。至于少数图勒人横越数千里是为了铁，还是为了鲸，我们无法确定。鲸无疑是重要的主食，至今仍是。但真正的动机可能是为了取得铁，或为了和远渡重洋而来、似乎拥有不少这种珍贵矿石的外人碰面。在北极区，居民长距离迁徙，且把熟悉结冰状况、鲸的迁徙、海栖哺乳动物群栖处看得至为重要。我们可以确定在这样的世界里，图勒人，一如图尼伊特人，一定听过神秘的格陵兰人（qadlunaat ／ qallunaat）[1]事迹。格陵兰人是远渡重洋而来的蓝眼外地人，使用铁质武器，拥有大量的铁，有时甚至愿意拿铁换取东西。

最早期的东部图勒人遗址坐落在冰天雪地的极高纬度北极区沿海地带，与约克角的陨铁矿床相邻。基于此一事实，图勒人迁徙的故事就更

---

1. 因纽特人称外地的非因纽特人（特别是白种人）为"格陵兰人"。——译注

显曲折复杂。在这些早期部落中不只发现陨铁，还发现古斯堪的纳维亚铁质和其他材质的器物残片，而那些器物只可能来自格陵兰。此外，从这些图勒人部落遗址出土的器物，与来自白令海峡周边部落的工具一模一样。加拿大考古学家罗伯特·麦基（Robert McGhee）和另外几位学者深信，这可能表明在气候较温暖、结冰状况较有利迁徙的时期，白令海峡地区的民族快速横越北方，抵达约克角地区，以掌控铁的来源。根据碳十四年代测定法测出的年代，这些位于东部的早期图勒人遗址，在12世纪或13世纪时开始有人定居，而那时夏季浮冰群的前缘距南方的冰岛很远。北大西洋的航海条件在夏季时较好，古斯堪的纳维亚人在格陵兰的部落相当繁荣。

图勒人族群在东方定居后，渐渐扩散到整个北极区东部。根据口述传说，他们在掌控铁的来源过程中杀死或驱逐了图尼伊特人。13世纪和14世纪时，剩下的图尼伊特人部落遭弃置。也有一些图勒人营居群，在某个时期从西北部往南迁，接触到古斯堪的纳维亚人的部落，与他们和平共处。两方都未试图驱逐另一方，因为双方都有对方无法从他处取得的货物，彼此各取所需。

海象牙与废铁的交易

我们可以想象古斯堪的纳维亚人划着商船纳尔，进入不结冰的海湾时小心靠岸的情景。三艘覆皮单人划子接近这缓缓靠岸的船只，船上的古斯堪的纳维亚人把箭摆在随手可及之处。因纽特人划着单人划子，朝近岸的浅水域打手势，示意那里可安全泊靠。古斯堪的纳维亚人一下锚，三名因纽特人也把单人划子停靠在这艘船边，爬上对方的船只。他们不觉害怕，因为先前已跟这艘船做过买卖。

他们交换礼物，分别是几段染色亮丽的羊毛和一根上好的海象牙。因纽特人中年纪最轻者指着固定木壳板的铁钉，一脸惊讶地盯着对方剑鞘里的铁剑。这是他这辈子第一次见到那么多这种珍贵金属。

纳尔船长和一些心怀戒备的划手搭乘小船上岸，展开缓慢的以物易物。因纽特人在自己的冬屋前摆出成排海象牙，古斯堪的纳维亚人则解下成捆的羊毛和铁制小玩意。不是新武器或矛，只是些从旧船拆下的铆钉、锁子甲残片、几把钉子、桶子铁皮条残片，全是家乡废弃不用的东西，或前一个夏季在林木蓊郁的拉布拉多半岛造船时回收的物件，但在大卫海峡这一头却奇货可居。

几天后，古斯堪的纳维亚人留下一些铁器、一顶老旧钢盔、几捆冬季时在格陵兰织成的上等羊毛，载着海象牙离去。古斯堪的纳维亚人离去后，因纽特人将部分的铁改制成矛尖和鱼叉头，但大部分被当作珍奇物品珍藏。在每个因纽特人的记忆中，格陵兰人都是挑夏天来，但不是每年都来，而是在结冰状况允许时才来，而且是毫无预兆就出现。经过许多代的岁月，因纽特人便依赖这桩买卖来取得铁这种珍贵的商品。他们很可能预存好海象牙，以备这些难得的访客莅临。

高纬度北极区埃尔斯米尔岛上的原住民部落已出土了一些古斯堪的纳维亚人的器物，其中包括外来的铜和铁、锁子甲和木匠工具的残片，还有船的铆钉、羊毛布料残片，乃至古斯堪的纳维亚风格的雕刻，甚至还有重新加工利用的木桶底部。

在巴芬岛嫩古维克一地的因纽特人住所，出土物则传达了其他讯息。那些出土物包括数条纱线与在"西部部落"（格陵兰岛上最北边的古斯堪的纳维亚人部落）发现的羊毛料残片一模一样，还有据断定来自13世纪末期或14世纪初期的松木残块。松木不会从大海漂流到这岛上。两件松木残块上有钻孔，且孔里带有类似铁钉生锈留下的痕迹。有人认为，这里发现的东西是古斯堪的纳维亚人与原住民直接往来的证据，而非通过多人转手从远处辗转传来的东西。更南边将近1000公里处，巴芬岛南部的两处遗址则出土了古斯堪的纳维亚人的张帆索和短纱线。

在人烟稀疏的加拿大北极地区，器物的出土地点范围极广，证明古斯堪的纳维亚人和因纽特人之间至少有零星的接触。最早提及这类接触的文献是12世纪的《航海史》（*Historia Norvegiae*）："在格陵兰后面更北边的地方，猎人遇见了身材矮小、名叫史克雷林（Skraeling）的人……那些人不知道铁的用途，用海象牙当投射物，用磨利的石头当刀。"古斯堪的纳维亚的器物有部分往西流通到多远，不得而知，但其中少数绝对有可能在气温较高那几百年里流通到白令海峡。

当时，善于猎杀海象的因纽特人占据了加拿大北极区的沿海地带和岛屿，最远及于梅尔维尔湾北方的格陵兰西北角。这个被艾瑞克森命名为赫卢兰的地区，海象众多，而海象牙是这些殖民者看重的贸易商品。格陵兰环境太冷，无法种植谷类作物，即使在气温较高那几百年亦然。因此，殖民者以制酪业为生，种植干草为牲畜提供冬季草料。在13世纪北方陷入较低温时，他们也捕鱼、猎杀海栖哺乳动物。公元1262年，格陵兰一如冰岛，成为挪威的属国，但真正让格陵兰人与其祖国保持联系的是教会。第一个驻节格陵兰的主教于约公元1210年抵达南部的加达尔

（Gardar）。几代格陵兰人以值钱的商品向挪威教会缴纳什一税，包括当地人以绵羊毛织成的布料、北极毛皮、供欧洲及伊斯兰君王游猎之用的活猎鹰、以海象皮制成的船用绳索，还有最重要的，则是独角鲸长牙和海象牙。光是公元1327年，教会官员就宣称收到约650公斤海象牙的十字军特别税（约有200头海象因此丧命）。

　　教会什一税无孔不入，驱使古斯堪的纳维亚人往北拓展，进而使他们接触了加拿大北极区的原住民。经过许多代以后，在海象牙和铁这两样商品的穿针引线下，古斯堪的纳维亚人和其原住民邻居发展出复杂的贸易关系。一年要缴付的什一税，需要超过400根海象牙，古斯堪的纳维亚人光在自己殖民地周遭猎捕也凑不足这数目，只好往外拓展货源。他们与因纽特人的接触并不频繁，顶多只是零星接触，但彼此各取所需，互蒙其利。以打猎为生的因纽特人是沿海民族，往往居住在远离内陆的海岸，他们热衷于和外来殖民者贸易，而不愿将他们赶出农场。一直到公元1340年至1360年间，一连串严冬和气温低得超乎寻常的夏季出现了（格陵兰冰芯详细记载了这些变化），较北方的殖民者才放弃南迁农场，投奔环境较适宜人居的"东部部落"亲戚。北方殖民地因气候日益寒冷而遭废弃，海象牙贸易随之瓦解。海象牙是格陵兰殖民者主要的财富来源，他们想必发觉越来越难和欧洲保持经济关系。随着结冰状况恶化，他们不再缴纳教会什一税，与挪威的关系随之断绝。公元1370年，挪威每年派一艘贸易船前往格陵兰的惯例已然中止。该年，最后一位主教死于加达尔，教会未派人前往递补。

接触中止

因纽特人也越来越依赖与邻近殖民者贸易，以取得铁。格陵兰与欧洲越来越疏离，海象牙需求几乎中断，迫使他们更积极与古斯堪的纳维亚人交易。殖民者离弃农场，因纽特人随之南迁，在废弃的农场上搜掠铁。此时，殖民者的生存越来越依赖猎杀海豹和捕鱼，但他们不愿采用原住民的打猎生活或技术，即使愿意，因为有原住民猎人，他们也无法进入重要的海豹猎捕场和渔场。到了公元1450年，格陵兰岛上的古斯堪的纳维亚人殖民地全遭废弃。这两个迥异的世界在气温升高时展开的短暂接触也随之中止。美洲原住民与欧洲人第一次接触的记忆，只留存于古斯堪的纳维亚人的史诗和珍贵的口述传说中。

古斯堪的纳维亚人和因纽特人，一如北欧居民，发现气候变暖使生活相对容易（但仍旧艰困）。食物变得较多，农民、猎人的古老劳动因新技术而提高了生产力。从北极区到北非，由于交通更为便利，这些技术有部分通过跨文化接触，为广大地区的人民所共享。但在地球上的其他地方，气温升高并未带来如此大的福惠。中世纪温暖期的大暖化替某些地区带来丰饶，却带给其他地区漫长的干旱，彻底动摇了那些地区既有的文明。

第六章

超级大旱时期

最初，

没有太阳，没有月亮，没有星星，

天地一片漆黑，到处只有水。

——加州迈都族印第安人（Maidu Indian）创世传说

北美洲 西部	
700 —	气温较低
800 —	
900 —	干旱； 湖泊水位低
1000 —	
1100 —	穿插 较多雨时期 "查科干旱"
1200 —	
1300 —	西北部 北区大旱
1400 —	雨量渐增

即使坐在阴凉的岩洞里，汗仍流个不停。辽阔无垠的沙漠景致横卧眼前，远方是热气笼罩的不毛山头，其上是沙尘漫天的灰蓝天空。热气笼罩沙漠地表、沙丘、干涸的溪床，稀疏的矮灌木贴地而生。太阳渐往西移，但没有风，天地静到极点。没有一丝风吹过灌木丛，也没有挟沙的沙漠风暴横扫过炙热的平原。日复一日，人们都是天亮即起，远在正午之前就找地方躲避无情的骄阳。这时还只是6月初，往后还有数星期更热的日子。

在这样的环境下，人常会想起遥远的过去。在此，你想起了曾经到此地搜寻食物、远眺同一干燥景致的历代先民。那时候，每次只有一小群人来，或许十来个，有男有女有小孩，大人消瘦、枯槁、满脸皱纹，仿佛被沙漠骄阳烤成人干。太阳快落到地平线时，女人生火，男人到附近的平缓溪流边搜寻在溪岸觅食的长耳大野兔。女人回到栖身处后，从鹿皮袋里拿出一些珍藏的矮松果磨成粉。磨粉石发出熟悉的轻柔摩擦声。在无休无止搜寻食物的日子里，每到晚上总会听到这声音。为了搜寻食物，这群人几乎一整年都在迁徙。即使在收获最丰的时期，都尽可能省着吃。没有人挨饿，但可食的植物稀少。经过非常干燥的一年后，就连野兔都很难找到。

美国西部天宽地阔，风光处处雄奇，无数传说在此流传，约翰·韦恩和著名西部电影在此缔造经典传奇。从1.2万米的高空俯视这片干燥的大地，一连几个小时，景致似乎都没改变。那半干旱的世界让人直呼不可思议。艰困、荒凉的大地孕育出传说和男人顽强、女人机智的刻板形象，这些形象也为好莱坞所钟爱。实际上当然没有这么简单，但美国西部的壮阔让人觉得自身渺小，让人不由得叹服牛仔未出现前在这不适合人类居住的环境下安然生存长达数千年的猎人和植物采集者。中世纪温暖期时，欧洲或许享有作物大丰收，古斯堪的纳维亚人或许能更自由地航行于北大西洋，但美国西部，一如欧亚大草原和西非的萨赫勒地区，饱受超级大旱蹂躏。

荒野大镖客也撑不住的超级大旱

天空万里无云，阴暗的光线照在干涸的湖床上。在快速萎缩的欧文斯湖（Owens Lake，今加州境内）干湖床上，男人低低地蹲在灌木之间。

在他们的记忆中，这是最干燥的一年。经过数个月的高温天气，这座湖日益萎缩，留下广阔的沙质平地。他们及邻近部落的扎营处附近原本都是湖水粼粼。这些男人在日落前许久便已就位，利用大石和溪床藏身。每个猎人都带了一把弓和一筒箭，不时左望右瞧，察看是否有鹿在凉爽的早上前来觅食。鹿如果前来，最有可能出现在湖边一处小水坑附近。

终于有一只公鹿前来觅食，两位年轻人交换了一下眼神，轻轻移动，悄悄跟踪，生怕一丝晨间微风掠过，泄露了他们的气味。两人极尽小心，越来越逼近那只正在觅食的鹿。半小时后，鹿已经在射击范围内。

突然，猎物抬起头，嗅了嗅空气中的气味，或许已察觉到一丁点人的气味。两名男子定住，身子和武器都一动也不动。公鹿扫视周遭，几分钟后觉得安全了，再度低头啃食。两人举起弓，将装上石箭头的箭慢慢搭在弦上，蹲下来以取得最佳射击效果。就在此时，有个人的脚轻轻踢到地上的石头。鹿受到惊吓，立即跑开。两只箭疾射而出，飞掠过湖床，未能射中。太阳正迅速升起，他们只得等傍晚或改天再来打猎。

欧文斯湖位于美国加州东部内华达山脉东侧，为公元900年至1250年美国西部的超级大旱提供了有力的证据。这片湖泊位于欧文斯河河口，湖域原本超过300平方公里，湖水粼粼至少已有80万年。[1]在数百年、十年，甚至一年一变的异常多雨、干燥时期，注入欧文斯湖的山区径流量每年差异极大。在较干燥的时期，棉白杨和杰佛瑞松之类的树木生长于湖水下降后空出的潮湿土壤上；较多雨的年份，湖水上涨，这些树便没入湖中。死去的树干和树枝屹立于湖面上数年，最后终会消失，只剩下

---

1. 欧文斯湖原有深度超过75米，1913年洛杉矶水利与电力局将注入湖中的数条溪流改道，该湖自此变成一大片盐滩。

湖面下扎根于湖床的残株。

地理学家斯科特・斯泰恩（Scott Stine）在他的大部分职业生涯中，都在研究这些曾经没入水中后来在干燥年份因湖水下降而露出的残株。他以碳十四年代测定法测定最外围树木的年代，计算这些残株的树轮，借此重建中世纪温暖期时干旱气候、多雨气候的精确递变顺序。研究发现，美国西部某广大范围内，各地的气候递变顺序惊人的一致。

斯泰恩的研究始于20世纪80年代的某次大旱。那次大旱，加上洛杉矶地区大量的用水，使莫诺湖（洛杉矶高架渠最北部的集水区）水位下降超过15米。他从许多残株上收集样本，以碳十四年代测定法测定其年代，发现在中世纪温暖期时有两代的树和灌木生长于湖中。第一代于公元1100年左右、湖水上涨约19米时死亡。此次湖水上涨发生于短暂的极多雨期，该时期的雨量比近代任何一年都要多，在过去4000年里则排名第四。但在约1250年时，丰沛的降雨消失，转而进入严重干旱期，持续超过百年。湖水急速下降，第二代树木在新裸露的湖床上长出。

根据莫诺湖树木残株的记录，中世纪温暖期时，该地区的降雨量在百年或更短的期间内出现几次极剧烈的变动。斯泰恩对此现象大为着迷，如今则将焦点转向东北方的沃克湖。沃克湖湖水来自内华达山脉的两条河，其中西侧那条河流经的狭窄峡谷，密布着巨大的松树残株。这峡谷很窄，河川的横向运动受到限制，因此似乎能确定这些树曾在某个水位大幅降低的时期茂盛生长，因为松树根只要短暂没入水里，就无法存活。这些残株说明了公元1025年左右的水位非常低，比现今的河岸还低40多米，之后出现短暂多雨期，继之又是干旱期，气候变化的年代顺序与莫诺湖残株透露的讯息相符。

欧文斯湖也提供了证据，证明在同一时期曾有几次大旱。公元650年至1350年，在这干湖床上狩猎及采集的人于湖水严重干涸时期留下独特的石质箭头。斯泰恩以碳十四年代测定法测定附近一株当时茂盛生长的灌木残根，根据得出的年代，将人类在干湖床活动的时间进一步缩小到沃克湖所记录的第一次大旱时期。

莫诺湖、沃克湖与欧文斯湖，记录了发生在相同时期的干燥期。第一个干燥期始于公元910年前，持续到约1100年。第二个干燥期始于公元1210年前，结束于约1350年。那时的干旱有多严重？斯泰恩以1987年开始的加州六年干旱为基准，那次旱灾使内华达山脉的径流比正常值少了35%。

加州干旱虽然为期甚久，湖泊水位下降的程度却没有先前厉害。以欧文斯湖先前的干涸来说，注入湖中的水想必比现今注入的量少了45%~50%。

斯泰恩所得出的干旱期，旱情非常严重，因此今人还能在美国西部几个广大地区发现其痕迹。例如，加州东部怀特山脉的古老狐尾松对气温和降雨变化非常敏感，而在该地区的树轮里就发现了干旱的痕迹。根据某记录，公元1089年至1129年是过去1000年里最多雨的时期。

在内华达山脉南部，根据狐尾松和杜松的千年记录，人们发现了同样两个大旱期，还有过去1000年间四个最温暖期。这四个温暖期发生在10—14世纪期间，又以公元1118年至1167年期间气温最高。

干旱证据的分布，最北到达俄勒冈州东中部、洛基山脉与相邻的北美大平原。大提顿国家公园的珍妮湖里，有高达24~30米的树干直挺挺地立在湖中。下水查看的潜水人员甚至在其中一棵完全没入水里的树上发现猛禽的巢。有人从某棵残株上采下外层木质部，以碳十四年代测定法测定，得知年代约是公元1350年，几乎和内华达山脉诸湖泊的残株年代相同，似乎珍妮湖的水位也曾大幅降低。随着干旱降临，小型啮齿类动物数量锐减，黄石国家公园北部的囊鼠体型达到3000年来最小。

这些大旱的出现是由于太平洋东北部上方的冬季急流和与其相关的风暴路径逗留在加州和大盆地北方颇远之处。公元1976年和1977年的冬雨季节出现这样的现象，就是个典型例子，使加州许多地区出现有历史记录以来最干燥的冬天。另一方面，阿拉斯加则出现有历史记录以来最多雨的冬天。在中世纪的许多时期，同样的急流模式持续笼罩美国西部，阿拉斯加则格外多雨。我们能得知这点，乃因威廉王子湾的冰川后退，使原埋于冰川底下的树木残株重见天日。经地质学家测定，它们存在于公元900年至1300年间，即中世纪温暖期。在过去，冰原向来在多雨的时期扩张，一如今日在多雨的冬季时扩张。

斯泰恩等人的观察结果，已从多达602个树轮序列得到强而有力的支持，最早的可追溯至2000年前。借由这两种指标，气候学家首次编排出此地区的干旱资料表，一个是帕默尔干旱严重程度指标（Palmer Drought Severity Index），另一个是干旱面积指标（Drought Area Index）。前者是测量多雨、干燥程度变化的方法，已应用多年；后者针对干旱严重程度指标自行制定标准，然后计算地图上旱情超过该标准的地点数目。这些计算结果让研究人员能从更长远的历史看待21世纪美国西部的旱灾。前四大干旱期集中于公元935年、1034年、1150年和1253年，全出现在长达400年的全面干燥期内，恰与中世纪温暖期重叠。1300年后，气候突然变为持续较多雨，且维持长达600年，然后再变为类似今日美国西部的干旱气候。现今的干旱为期最长是4年，在严重程度和持续时间上，没有一次比得上中世纪温暖期的干旱，因而有人称1000年前有个"超级大旱时期"。

中世纪温暖期的干旱与今日干旱的差别，在于那时的干旱期拖得特别久。那么，那些干旱是怎么发生的，尤其是，怎么能持续这么久？研究人员深信，超级大旱时期异常温暖的气候造成干旱更频繁且持续更久，而这有部分是由于蒸发剧烈和土壤的水分减少。太平洋的气候变动对美国西部的降雨影响甚大，特别是太平洋的厄尔尼诺，与以较低温、干燥为特色的反厄尔尼诺现象，以及能使美国西部陷入干旱的太平洋年代际涛动（Pacific Decadal Oscillation，见专栏说明）现象，影响特别大。此外，20世纪北半球气温升高，西太平洋和印度洋异常升温，已导致北半球中纬度地区出现干旱。据推断，中世纪温暖期也发生了这些效应。换句话说，全球性的更大规模升温催生出超级大旱时期。

还有其他因素。东太平洋下层冷水上涌增加，似乎和热带大气层的温度升高有关。冷水上涌增加，让东太平洋的海面温度变得像反厄尔尼诺现象时那样低温而干燥，令北美洲西部发生干旱。诚如本书第十章会提到的，这类情形在气温较高那几百年的确持续存在。公元1150年至1200年间，全球火山活动减少，太阳黑子活动旺盛，因为这两个现象，整个东部热带太平洋区呈现类似反厄尔尼诺现象的较低温状态，从而使南北美洲广大地区陷入干旱。

专栏

太平洋年代际涛动

太平洋年代际涛动是太平洋气候的长期性变动。在较低温相位，东赤道太平洋的海面高度和温度比正常值低（海水温度一旦上升，海洋膨胀，海面随之升高）。另有一个海面高度和温度高于正常值的对等相位，联结北、西、南太平洋。在高温相位，东太平洋温度上升，西太平洋则下降。海水温度的冷暖变化，改变了急流的行进路径，使其在较低温相位时更往北流动，进而降低美国西部的雨量。太平洋年代际涛动的冷、暖周期，每隔约20—30年变动一次。除了这些长期性变动，另有厄尔尼诺与反厄尔尼诺现象，也加入了影响太平洋气候的行列。如今似乎正进入较低温相位，意即北美西部许多地方降雨较少的现象将维持20—30年。

险路勿近的大盆地

内华达山脉的中世纪干旱，在过去4000—7000年间名列前茅，比今日我们大喊吃不消的干旱还要严重许多。那时候，只有几十万人住在"大盆地"和俄勒冈、加州的沿海地带。那么，那些干旱对那些人有何影响？旱情最严重的地方是干燥内陆，特别是人烟一直非常稀少的"大盆地"和南边的莫哈韦沙漠，即使是有大量人口居住的沼泽及湖泊附近也躲不过。

"大盆地"为洛基山脉和内华达山脉之间的地区，面积约42.9万平方公里，包括加州、俄勒冈、犹他、爱达荷四州的局部地区，和几乎内华达州全境。此地区环境非常多样，有高山与穿行其间的河谷，地形变化剧烈，同一山区垂直分布不同的环境区。"大盆地"西南部气候干燥，植被稀疏，山区雨量稍多，气候形态较复杂。所幸在河谷底部有一些大湖和广阔湿地，过去总吸引为数不多的"大盆地"居民前来觅食。"大盆地"的大部分地区几乎全年无雨，降雨量因年而异，且差异极大。在古代，这意味着在多雨的年份，植物性食物的供应量可能是干燥年份的六倍之多。但在如此干燥的地区，虽名为"多雨"，其实还是谈不上多。要在这里生存，需要有无比的耐心，要有善于抓住机会的精明，以及非常杂食的习性。只独钟情于一种食物，后果会很惨。生存的秘诀在于时时刻刻机动和熟稔数十种可食的植物。

过去，"大盆地"的气候一直不是很稳定，因为当地的环境可能在短短不到一年的时间就发生重大改变。能取得食物的地区分布不均，往往位于小块湿地之类植物生长较旺盛的地方，而这类地方之间往往隔着更为荒凉不毛之地。少数营居群住在格外富饶的湖畔或多沼泽地区，较干燥地区的人则过着少数几个家庭组成的群体生活。他们居无定所，在相隔遥远的不同地方间移动，利用各地的季节性食物填饱肚子。他们的社会生活以收集情报为核心，将一整年内不同食物变动的取得地点"标示"出来。美国西部的狩猎部落个个都花许多时间收集情报，情报来源包括其他营居群里的亲戚、来访的外地人，以及从远处前来的人，他们带着用来制造工具而材质近似玻璃的石头来交易。

　　生活在如此干燥的环境，人的选择不多，因而这一原始的生活方式几千年来几乎没有改变。犹他州中部的霍古普洞穴断断续续有人类居住，形成厚逾四米的遗物堆积层。这处堆积层记录了8000多年间人类偶尔造访此洞的活动史，以及千百年来几无改变的保守生活方式。当地部落每次在洞穴暂住时都非常依赖海芦笋。那是种长不高的多肉植物，生长在浅盐湖和干湖床的边缘。他们带着纤维篓采集各种可食植物，保存在洞中的储藏室，然后将种子放在紧密编织而成的盘子里煎或烤，放进一些余火未烬的木块予以拌炒。接着他们用手持石和磨粉石板将种子去壳，磨成粉。霍古普洞穴居民也用陷阱、罗网与矛来猎杀32种小动物和34种鸟。他们食用多种食物，借此将挨饿的概率降到最低。他们在广大土地上随季节巡回迁移，这洞穴是他们途中的歇息站。

　　另有一个季节性入住的地点，曾为人类使用达数千年。那是座岩洞，位于内华达州东部高地沙漠的前博纳维尔湖附近，考古学界称该岩洞为博纳维尔庄园。在1.8万年前的冰河时期，这座湖形同内陆海，如今干涸已久。1.25万年来，断断续续有当地部落到此处栖身。公元前6000年，在此洞栖身者食用多种种子，包括荞麦、野生黑麦，还有矮松果。这些基本的食物内容延续了数千年。

　　要在这样的环境存活，食物来源要多样、机动，要能了解何时何处能取得食物和水。这套办法在较干燥、较多雨的时期与中世纪温暖期间都很管用。"大盆地"居民如派乌特人（Paiute）与修修尼人（Shoshone）都非常依赖矮松果。矮松果是冬季的主要食物之一，夏末秋初时采收。根据19世纪的资料记载，当地人用长竿采集绿色松果，然后用火烤熟，得到种子，再予以烘烤，磨成粉。矮松果放在内衬草叶或兽皮的袋子里可以保存甚久，最长达四五年。每三至七年就有一次矮松果大丰收，因此靠着储存的松果可以挨过一季又一季。

矮松果作为"大盆地"居民主食之一，历史悠久，但矮松禁不起干旱蹂躏，一有干旱就会出现树皮甲虫。这种昆虫会在树上挖洞产卵，不久后幼虫孵化，然后杀死松树。美国森林局估计，公元2001年至2005年的几场干旱，光是在亚利桑那和新墨西哥两州就死了8000万棵矮松，让好几大片山林全变成褐色。1000年前的干旱严重许多，对矮松林会造成何等严重的伤害，无从得知，但中世纪期间，势必有数代居民的矮松果收成剧减。在这种环境下，挨过干旱的唯一办法就是食用多种植物性食物。矮松果这项主食歉收时，就靠那些可食植物渡过难关。

即使在较多雨的时期，当地人口密度也不高。这里的人就跟非洲萨赫勒地区的居民一样，在较多雨而能找到植物、有源源不绝的水可饮用时，便散居于沙漠多处；干旱时期，沙漠扩张，便逼迫他们往外迁移，退居至水源供应无虞的少数地方。各居民区的日常食物因地方不同而有很大的差异。居住在湿地边的部落，例如内华达州某些部落，日常食物可能有一半是鱼。相对的，居住在加州欧文斯湖周边的人，几乎只以植物性食物为食。即使在最恶劣的时期，靠着机动和多样化食物，人类仍能安然存活。人们认为高度机动的修修尼人已经在加州沙漠生活了五六千年，有力地说明了狩猎、采集生活能应对艰苦的环境。

狂沙十万里

南方的莫哈韦沙漠，环境更为严酷。这沙漠是"大盆地"的一部分，今日即以夏季高热著称。

对古代人类而言，这里的环境比"大盆地"其他地方更为严酷、干燥。19世纪90年代时，人类学家大卫·普雷斯科特·巴洛斯（David Prescott Barrows）研究在莫哈韦沙漠安然生存数千年的卡维亚族（Cahuilla）印第安人如何搜寻食物。他发现他们应对干燥环境的办法，和美国西部沙漠其他地方一样。即使在较多雨的时期，所有人仍住在气候最凉爽、水源最充足的地方。卡维亚人的食物种类驳杂，每个部落采集数百种植物供食用、制造或药用。秋季时采收六种橡实，依赖牧豆树。每0.5公顷牧豆树可生产多达2700公斤的牧豆。可食用的仙人掌、较高海拔处的矮松果、蒲葵子……他们食用的植物多不胜数。他们的食物有80%来自部落方圆八公里内。尽管可利用的植物种类繁多，难以捉摸的环境变化却让他们一直战战兢兢，一如数千年前生活在美国西部沙漠的先祖。

所幸有许多可食植物可应急，加上不断的迁徙，即使碰上严重大旱，他们仍能挨过。

靠着杂食和机动，美国西部沙漠的居民经历数千年的气候变化，依旧安然存活，但1000年前莫哈韦沙漠的环境到底有多严酷？为了回答这个问题，气候学家依赖一个只有内行人才懂得的资料来源，即北美林鼠所积累的小型食余遗址。这些食余遗址的年代是公元600年到1200年，从中发现了来自周围干燥环境的植物，嗜湿植物则不多。此外，公元900年至1300年间，几乎未发现泉水活动增加或湖泊高水位的记录，而在接下来的小冰河期期间，这两者是特色。那时的冬季降雨无疑少于其前后历史阶段。

公元800年后，莫哈韦沙漠的长期干旱令各种水源都减少，使泉水流量变小。浅水的沙漠干盐湖向来会吸引猎物和水鸟前来，这时大概也已干涸。水变得相当稀少，可取得水的地方相隔遥远，在干燥大地上远行以找出水源的风险跟着提高。据断定存在于公元800年至1300年的考古遗址为数不多，而这些遗址坐落在重要的泉水附近和莫哈韦河沿岸的常年绿洲里。当时，这些绿洲的地下水接近地表，即使在持续干旱时期亦然。莫哈韦沙漠的其他地方可说是无法居住，大概只有在罕见的大暴雨过后会有某几个星期适宜人居。中世纪温暖期生活不易，人们往往只能勉强温饱。但对那些能够适应环境的人而言，干旱终究能挨过去。

莫哈韦沙漠的生活变化无常，由卡维亚湖的消长最能清楚看出。每年春季，莫哈韦沙漠东边的科罗拉多河暴涨，河水注入辽阔的三角洲，所走的水道每年不同。公元700年左右，科罗拉多河长期改道，使河水流入地势低洼的索尔顿盆地，形成深约13米的大片水域。这片内陆湖最大可达185公里长、56公里宽、96米深，是北美最大的湖泊之一。这个大湖作为科罗拉多河的泄洪区长达600多年，后来泥沙淤积升高，注水道堵塞后变成封闭水域，不到50年就干涸了。

拜科罗拉多河洪泛所赐，卡维亚湖几百年间相对稳定，水位变化只有约一米。地质调查显示，卡维亚湖在中世纪温暖期的大部分期间都很满。在持续干旱时期，一个大湖突然出现在干燥无比的土地上，无疑叫当地狩猎部落、采集部落喜出望外。遗憾的是湖水太咸，不适合饮用。湖岸边出现许多短期居住的部落，他们为捕鱼或猎捕该地大量的水鸟而到此居住。

气温较高那几百年的气候，使莫哈韦沙漠和"大盆地"的许多地方变得不宜人居。食物取得变得较不易，部落搜寻食物的地区小了许多，只限于水源附近地区。食物争夺变激烈，社会关系紧绷。小型部落大概得应付矮松果减产的困境，春季时野草丛数量有限，想必使某些家庭受到排挤。先是争吵、相互谩骂，进而演变成动粗，甚至动用棒、矛相互袭击。最后群体分裂，争执的一方离开，投奔亲戚或另觅定居地。社会环境相当动荡不安，弥漫着焦虑和不耐忍受饥、渴的心情。

在干燥的美国西部生存需要合作，在辽阔而严酷的大地里，特别要了解到哪里可以找到零星分布的水源和食物。那些地方有水时，还能勉强找到可食植物，勉强生活下去。但碰上干旱，食物来源完全断绝，沙漠里的人、动物、植物全得外移至沙漠边缘。中世纪温暖期的气候造福了欧洲和北极区，却使辽阔干燥的美国西部陷入贫乏和苦难，甚至连懂得灵活应对和机动是生存之道的人都无法幸免。然而，靠着对环境的了解和善于利用机会的本事，他们存活了下来，而在至为严峻的环境里，经历数千上万年无比严重的洪水、干旱所淬炼出的生活方式，也因此赓续不绝。

第七章

橡实与普埃布洛人

如果干旱让玉米苗枯萎、

让水牛莫名迁移或鲑鱼无法如往常般洄游，

其他地区人们的生活将在根本上受到动摇。

但加州境内可取得的食物非常多样，

加上想出了相应的回收办法，

橡实作物歉收也不致酿成类似的后果。

或许每日配给会变得不足，让人饿得受不了，

但几乎不会有人饿死。

——克鲁伯（Alfred L. Kroeber），《加州印第安民族手册》（*Handbook of the Indians of California*，1925）

巴巴拉海峡波平如镜，雪峰上的棱线鲜明地划过冬日亮蓝色的天空。几个人在轻柔无比的东南风中划桨，享受强劲西北风发威后的宁静。很难想象昨天还是雨雪交加的冬季暴风雨天气。日落后，阳光仍在天边逗留，久久不肯离去，海面慢慢变成美丽的淡蔷薇色。姥鲛（basking shark）懒洋洋地游到水面，在平静的海水中轻轻摆动鱼鳍和尾巴。如镜的太平洋海面上，饱经日晒雨淋的木壳板小划子趁着风平浪静，轻快移动。"太平洋巨浪滔天，有时似乎把小划子顶到高高的云霄，有时则将它淹没在深深的海底。"划舟者蹲在海草垫上，以稳定的速度划了一个又一个小时，重复唱着同一首船歌。一名男孩窝在船底，忙着用鲍鱼壳舀船里的水。船歌回荡在安静的空中，晚霞渐渐消退，小划子接近陆地。

中世纪温暖期美国西部的大旱让古老的移动方式受到最严峻的考验。有人因为饥荒而死。在南加州之类的地方，社会本质有了惊人的改变，变得更讲究阶级，甚至更专制。但整体而言，美国西部居民默默挨过了难关。当地文化已沿袭了数百年，甚至数千年，若非西方探险家和后来的传教士、殖民者引进了全然陌生的新东西，这传统的生活方式大概会永远延续下去。

美国西部的人们并不全都住在沙漠里，有的往西朝太平洋迁徙，进入今日的加州境内，那里的多样地形有极多样的环境，例如小山谷、湿地，还有浅湖处处的翠绿河谷。某些地区如旧金山湾或圣巴巴拉海峡，有丰富的海洋渔场、栖居海底的有壳水生动物与海栖哺乳动物栖群，食物来源充足，因此许多部落甚至可以在同一个地方待上一整年。远离海洋或湖泊的内陆居民极依赖野生植物填饱肚子，而这些植物分布零散，采收期各不相同。采集者不论男女老幼，都非常了解可食植物的分布，但为了采集必须不断迁徙。迁徙使他们较不易受到干旱的危害，但除了不耐旱的矮松果这个显著的例外[1]，其他植物性食物大多不耐久存。最后，"大盆地"部分地区和加州许多地区的部落有了一样营养成分超高的主食可资依靠，那就是富含碳水化合物的橡实。

公元前2000年后，加州境内只要有长橡树的地方，人们都懂得食用橡实。最初只把橡实当作补给性食品。那时加州的气温比现在还低，较多雨，人口稳定增长，因此禾本科植物种子和其他历史悠久的民生植物变得较稀少。我们知道当时的人吃不饱，因为公元前1000年前（人们广泛食用橡实前）的人类骨骸有营养不良的迹象，例如胫骨上的哈里斯线（Harris Lines，因生长短暂受阻，而出现在四肢骨头上的线条）和牙增生（dental hyperplasia，孩童牙齿上数层有缺陷的珐琅质）普遍比后代更为明显。美国西部居民转而大量食用橡实，很有可能是因为人口过度稠密、

---

1. 矮松果可久存，却不耐旱，参见第六章。——译注

频繁出现食品供应紧缺及营养不良所致。有趣的是，橡实一成为主食，齲齿也大幅增加，因为橡实富含导致齲齿的碳水化合物。

橡实的主食地位一确立，各部落很快就接受加工、储存橡实的额外工作。通过加工和储存，各部落得到更充足而营养的食物。橡食可以大量储存，因而许多采收者会花几周采收足供一年食用的橡实。除了预存粮食，防范挨饿的唯一方法就是种植玉米和豆类，一如当时美国的西南部居民。采集橡实者很懂得农耕，但橡实既然俯拾即是，何必花那么大工夫开垦、种植作物？从公元元年开始，从俄勒冈到南方沙漠之间的加州居民就已经把橡实当成主食之一了。

橡实未彻底改变公元1000年至1500年前加州居民的生活。这个不起眼的坚果只让生活在较拥挤而地盘区隔分明的人得到较稳定的食物来源。但在中世纪温暖期漫长的干旱期间，高度依赖橡实也提高了饥荒的危险性，因为这个不起眼的坚果也耐不住干旱气候的摧残。

橡实是双面刃

公元1100年某个炎热的秋天，耀眼的阳光穿过加州橡树林树叶，地上树影斑驳，繁忙的橡实采收季已展开，将持续数星期。部落成员一大早就带着成沓的空篓子到橡树林里，年纪较大的男人负责猎捕到橡树林享用橡实大餐的鹿，少年则爬上树枝轻轻摇晃，成熟橡实顿时如雨般落下。

树下的女人和老人边笑边将圆滚滚的橡实捡进篓子里。他们在地上细心翻拣，利落地剔除裂掉或腐烂的橡实，只留下耐久放的。少年爬上另一棵橡树时，女人捧着装满橡实的篓子回营地，将橡实倒在干兽皮上。采收从天亮忙到天黑，因为一年中只有这么几天的时间利于采收。

早期的加州居民绝不是史上第一个依赖橡实的民族。1.4万年前，叙利亚所有村子都靠橡实填饱肚子。中世纪温暖期的欧洲农民大量食用橡实。美国中西部的美洲原住民也曾是。迟至19世纪，意大利、西班牙乡村的日常食物，仍有约20%来自橡实。但最依赖橡实的仍属环境极其多样又有长期干旱的加州。橡实营养价值高，也极耐久存。在有利的条件下，橡实放在大篓子或特别建造的谷仓里可存放两年之久。生活在如此难以捉摸的环境里，食物能否久存至关紧要。到了公元500年，加州已有数千名印第安人极为依赖橡实，而当时橡实产量丰富。16世纪加州印第安人与西班牙人接触时，他们一年采收的橡实超过6万吨，比今日工业化的甜玉米产量还高。许多群体的日常食物有超过一半来自橡实。自古以来多种食物并重的谨慎作风，因橡实的盛产而式微。

因为在多处考古遗址发现了橡实残块，还有用来加工处理橡实的研磨器和捣具，我们对食用橡实了解甚多。而通过观察传统社会和今日的消费习性，我们对橡实的采收、加工与储存，也有相当充分的了解。食用橡实至今仍盛行，很多人爱吃美味的橡实面包，因此我们非常了解这种古代的重要食物（也是现代食物）。

俄勒冈到加州之间的橡树共有15种。丰年时，加州橡树的单位产量达每公顷784公斤，足以媲美欧洲中世纪的农业产量。这样的产量，以西班牙人抵达时加州的居民人数来说，再多养活五六十倍的人口都不成问题。遗憾的是，橡实产量因树林而异，甚至因株而异，大部分橡树品种每隔两三年才有一年盛产。古代采集者深知这点，因而以采集不同地区的橡实来应对。橡实耐久存，有助于弥补产量不稳定的缺点，却还有其他严重的不利之处。橡实是很费劳力的作物，采收后的加工处理比采收本身更费事。去壳、捣碎只是开始，因为此时橡实含有苦涩的鞣酸，在用水泡过之前无法入口。加工橡实所耗费的时间远比碾磨谷子还久。据某项估计，欲从2.7公斤的捣碎橡实得到约1公斤的粗粉，需耗掉约4小时。但如此的辛劳很值得，因为磨成粉后，除了可制成营养的面包和稀粥，还便于远行或驾小划子时携带。中世纪温暖期于公元900年左右开始时，大部分搜寻食物的群体待在其永久定居地的时间已越来越多。他们的地盘不大，许多人终其一生都只在家园方圆8公里内活动。部族地盘不大，也使各群体相互依赖。干旱降低环境生产力时，与其他群体的亲缘关系就成为取得食物的重要凭借。每个群体各自掌控自己地盘的食物来源，例如高产量橡树林、富含鱼类的深潭或固定产出可食种子的大片植物。他们大力开采这些资源，超乎自己所需，然后将多出的食物分送给其他遥远部落，借此将数十个小村串联在一块，建立复杂的关系网。

在加州这种小部落林立、生态多样的环境里，没有别人的帮助便无法存活。部落间交易的器物与商品，种类之多，叫人吃惊，包括橡实、兽肉到软体动物肉等各种食物，还有盐、药草之类的民生必需品。用来涂敷篓子使其不透水的沥青，还有制作篓子的材料和弓木也在交易之列。黑曜岩是奇货可居的火山玻璃，只见于少数地方，例如北加州的药湖高地。黑曜岩所含的微量元素因产地而异，光谱仪可鉴定出其微量元素的特性。拜此之赐，我们得以知道在药湖发现的黑曜岩来自80多公里外的产地。在中世纪温暖期期间，人口增长，各部落的地盘变小，有数百万个以鲍鱼壳和樫螺壳制成的穿孔饰珠流通于加州各地。太平洋贝壳饰珠通过莫哈韦古道流通于外，最远及于美国西南部的农业部落。其他种类串珠通过多人转手，辗转流通到"大盆地"深处。但大部分贸易都纯粹局限于地方，交易双方都处在活动范围越来越受限制的环境里，并依赖彼此取得基本民生商品。

中世纪温暖期的漫长干旱大大破坏了沿袭已久的非正式贸易协议。橡树非常容易受干旱影响，一遇到干旱，橡实产量就大减，比正常盛产后两三年间必有减产情况下的产量还少许多。长期干旱对这些橡树有何影响，我们所知不多，橡树很能适应长期的旱季，不过季节性的干燥和一连多年的干燥是两码事。例如公元1986年至1992年间，长达六年的干旱杀死了中加州沿海地带数千棵橡树，特别是较为干燥且土壤较不肥沃的面南山坡上的橡树。到了公元1992年，已有约10％的橡树死亡。若非1993年和其后几年较多雨，橡树死亡率大概会大幅攀升，远超过火灾、虫害等原因导致的正常死亡率。将这10％的数据套用在1000年前，再将漫长而一再降临的干旱考虑进去，橡实产量受到的影响，想必惨不忍睹。

令人遗憾的是，考古学是作者不详的历史记录，因此，生活在那几百年期间的人，他们的心声，我们听不到。只有些许证据流传下来，包括从圣华金河谷两处尤库特族印第安人墓地所发现的一些骨骸。这两处墓地在兴建州际五号高速公路时出土，所处年代涵盖了中世纪几次干旱发生的时期，墓中人生前吃的食物，橡实占了很大的比例。生物人类学家伊丽莎白·魏斯（Elizabeth Weiss），运用计算机断层扫描仪器测量了股骨（上腿骨）的皮质骨厚度，通过这一部位的皮质骨累积厚度，可了解人一生中日常食物和营养的变化。这两个墓地，一个存在于约2000年前，另一个则在公元1100年至1200年前，即漫长的干旱时期。她发现第一个早期墓地里埋葬的人，皮质骨较厚，病症或外伤较少；第二个后期墓地里的人皮质骨较薄，病症或外伤较多，寿命较短，有营养不良的迹象。几乎全依赖橡实填饱肚子的人，的确无法靠它挨过长期干旱，但我们需要往后二三十年的研究来理清细节。

海岛人家

在旧金山湾附近和圣巴巴拉海峡区，情势稍有不同，那些地区有丰富的海洋资源，让人得以长期定居一地。就圣巴巴拉海峡区来说，海岸附近的天然上涌流提供了丰富的鳀鱼，但偶尔降临的厄尔尼诺年除外，因为届时海面温度会上升，使渔获量下降。即使在这些得天独厚的地区，生活仍不是安稳如山，特别是干旱影响饮用水供应时。

位于康塞普申岬南方的圣巴巴拉海峡是另一个难得一见的气候研究宝地，研究人员从那里的海床钻取出一根深海沉积物样本，深达200米，精确无比，记录的气候变化涵盖过去16万年。最上方17米这一段，记录了过去1.1万年的气候变化，因为海床沉积快速，提供了精细入微的气候信息。7.5米处则记录了过去3000年的气候变化。发现这根沉积物样本的地区，盛产两种属于浮游生物的有孔虫，一种栖息于靠近海面处，另一种栖息于水下约60米处。借由分析这些生物的氧同位素成分，并以碳十四年代测定法测定20种小型贝类的壳，海洋学家詹姆斯·肯尼特（James Kennett）已经能够重建在普遍相当温暖（平均温度约12.5℃）的气候下，海面温度的变化周期。根据肯尼特的温度曲线，我们知道在距今约2900年至1500年之间，海水温度较高，接着在距今1500年至500年之间，进入较低温期，然后水温又变暖，直至今日。冰河期以来海面温度最低的时期落在距今1500年至500年期间，即涵盖中世纪温暖期的期间。

圣巴巴拉海峡的海洋生产力随着冷暖周期的交替而消长。对有孔虫的研究显示，较低温时期从水下60米到海面的温度梯度变化非常和缓，似乎该海峡的天然上涌流极强，不断有海水垂直上升混合。

在距今1000年前至500年前之间，这一过程特别强烈。在距今2900年前至1500年前这段较高温时期，上涌和海洋生产力大幅降低。此外，距今1500年前至800年前，海洋温度明显不稳定。

圣巴巴拉海峡的气候变化正好与陆地上气候变化的记录相吻合。海面温度特别低的时期，似乎正好是北美西部许多地区陷入漫长干旱的时期。东加州怀特山脉狐尾松树轮所记录，更印证了这一点。

过去有许多历史悠久的楚马什族印第安人部落居住在圣巴巴拉海峡地区。16世纪在该海岸泊靠的第一批欧洲探险家报告道：在接近外海的海峡群岛和大陆上，都有大村落和稠密人口。我们知道，过去有许多个世纪，这里的沿海地区人口一直较稀疏。然后，约3000年前开始，相邻部落之间与沿海地区、岛屿、内陆之间，贸易迅速热络。根据太平洋海岸考古遗址的数目研判，人口随着捕鱼活动日趋兴旺而增长。约1300年前开始，随着海洋生产力因上涌旺盛而增加，人口密度也更为提高。

在食物资源分布零散但富含有壳水生动物和近海渔场的海峡群岛，

这些变化特别明显。约公元450年后，海水温度约有1000年处于较低温的状态，造成上涌强劲，鱼类众多。这时期，太平洋沿岸人口剧增，沿海永久部落更为普见。海峡群岛上发展出大部落，各大部落间的距离约略相当，似乎各拥有范围明确的捕鱼范围和搜寻食物地盘。这些部落有许多在进入有史时代后仍继续为人所用，因而在传教士记录和19世纪与20世纪之交所记录的口述传说里，都出现那些部落居民的身影。我们之所以知道这点，乃因为1884年11月20日，居住在圣巴巴拉海峡最南端圣布埃纳文图拉印第安人部落的楚马什人胡安·埃斯特班·皮科（Juan Estevan Pico）编列了群岛上21座村庄的一览表。至少有11位酋长的名字出现在洗礼记录里，而那些记录大部分写于公元1814年至1822年间。欧洲疾病传入，跨海峡贸易衰微与长期干旱，使海峡群岛人口锐减。

在该群岛的最大岛圣克鲁斯岛上，大部分大部落位于有天然屏障的海湾里。在这些海湾里，居民能够一览无遗地掌握海岸线的动静，不然也可以看到位于形势险要的陆岬上充当监视哨的邻近村落。每个部落各占据附近有稳定饮用水源的有利位置。随着岁月推移，地盘的分界似乎变得更严格，往往以墓地作为界标。例如附近圣罗莎岛上的墓地多半与大村落（包括沿海与内陆）密切相关，其中有些可能充当地盘界标。

随着人口增长，海峡群岛人口更为稠密，战事也升高。暴力活动剧增的时期，正是遗骨上饮食压力痕迹更为普见之时。生物人类学家帕翠西亚·兰伯特（Patricia Lambert）和菲利普·沃克（Phillip Walker）按发生的年代先后，记录了遗骨上多道外伤痕迹，包括御敌时前臂遭受的骨折、鼻骨折、愈合的颅骨伤口、矛伤或箭伤。许多头部外伤是受到较细长的钝器攻击所致，后来愈合了。

在气候极不稳定而社会变动明显的时期，人们普遍营养不良，暴力活动盛行。当时，圣巴巴拉海峡水温普遍较低且渔产丰富，但陆地上普遍干燥，树轮和深海沉积物样本都清楚记录了公元950年至1250年间有几场严重干旱。那些干旱使小部落集结为大部落，使大陆上和海峡群岛上水源稀少的地区遭到废弃。

食物争夺加剧和暴力乃是大旱时期不知不觉间形成的恶果。在海峡群岛上，每个部落都是入赘型社会，也就是女人婚后待在娘家村子，男人则住进妻子家中。这有很大的好处，因为这使相邻村落的男性成员有了血缘关系，从而强化两村的盟友关系。根据过去族群的语言研究，我们知道在这些大旱时期，岛民和大陆居民语言不同，仿佛分属不同民族。大陆上食物短缺，地盘拥挤，群岛居民时时处在大陆居民攻击的威胁之下，或许因此发展出入赘制。

随着岛上人口增加，红鲍之类备受珍视的食物也越发短缺。这种多肉的有壳水生动物生长于浅水区，能长得相当大。女人三五成群涉水走进感潮水坑，潜入浅水，将鲍鱼自岩石上扯下，丢进浅篓子里。她们在每月最低潮时前来搜寻鲍鱼，那时海中岩石底部正好在低潮水位之下。

她们在岩石之间游动，搜寻鲍鱼。回到定居地，她们用骨质撬棒利落地撬开鲍鱼壳，然后捶打鲜嫩的鲍肉，再放在火上烤。中世纪温暖期时，鲍鱼捕获量少了许多，但摄取的食物种类变多，弥补了食物短缺。除了捕捞先前喜欢食用、栖息于近海巨海藻林里的鱼，这时他们还捕食多种先前未食用过的鱼。一如"大盆地"的采集者，楚马什人了解食物多样化的好处。公元1100年时，该族渔民已驾着用木板组合的托莫尔小划子，大胆进入较深海域，用鱼钩和鱼线钓鲨鱼及鲔鱼。他们也使用头部装有转动倒钩的先进鱼叉（即极北地区居民使用已久的技术）来捕捉海栖哺乳动物。在艰困的干旱时期，他们更卖力地捕鱼，以扩大食物来源，应对食物短缺。

海峡群岛上的可食植物相对较少，大陆居民甚为依赖的橡实在这里见不到。千百年来，岛民拿数千个由贝壳制成的穿孔饰珠换取外地的橡实。制作饰珠的精细钻子由圣克鲁斯岛产出的上等燧石制成。群岛上某些遗址里的植物残余只生长于大陆上，这清楚证明公元1200年时已有跨海峡贸易。有趣的是，在公元后第一个千年末期，即旱情和抢夺植物性食物双双加剧的时期，海贝壳饰珠贸易剧增。与此同时，居民极度依赖渔获填饱肚子，更离不开本地渔场和可以上岸、维修小划子的海滩，从而形成更长居型的村子。

那几百年干旱期间，海峡群岛上的政治、社会情势很不稳定。渔获丰富，人口增加，最佳捕鱼地和盛产最多有壳水生动物的海域引发的争夺，也更趋激烈。诚如先前所提，暴力活动发生，有人丧命，地盘界限更严格明确，人们也更积极捍卫自己的地盘。特定渔场或众所觊觎的植物生长地同样也免不了会落入某些人或某些氏族的掌控，他们的权势因而获得提升，且可能使他们在经历数代发展出来的新阶层体制里享有较高地位。地方部落变得阶级更分明，由当地首领统治，首领间彼此结盟，有时一位首领管辖数个村落。其中有些首领也是小划子船长。船长这项专业技能备受重视，因此船长后来便成为某正式兄弟会的成员。

在海峡群岛上，居民住在屋距紧密的村子里，以应对干旱。首领掌控急速发展的大陆贸易，而贸易急速增长似乎使暴力活动大减。岛民屡屡苦于营养不良，但比起大陆居民，可能还算幸运。大陆内陆地区的干旱毁了橡实收成，使野生可食植物丛骤减。面对大旱，大陆居民采取典型的应对办法，即定居于永久性水源附近，一如海峡群岛居民之所为。从今日穷人聚居工业城市边缘贫民区的现实研判，我们可以合理推断，当时随着部落人口更稠密，想必出现水质污染和卫生方面的严重问题，进而出现痢疾等较不常见于小村落的传染疫情。

最后，群岛和大陆上的首领似乎研拟出社会机构，以抑制食物短缺导致的竞争和暴力。我们发现，约公元1300年时，复杂的联盟和用以降低冲突的其他机构开始运作，这些机构的成立，与岛屿、大陆间贸易的激增有密切关系，且与生活在遥远内陆的群体乃至远至美国西南部的群体有所交流。在中世纪温暖期的大旱为人遗忘的许久以后，这些机构仍存在于这个因降雨无常和海温多变而使所有人易受气候变迁危害的地区。毕竟对当地依赖沿海渔场或橡实收成的人而言，前几代人的经验代表了可资借鉴的先例。

楚马什人不只与邻近群体，也与内陆深处的群体保持联系。他们的贸易网远及美国西南部，而在美国西南部，古普埃布洛农民则以其他办法应对这些毁灭性的旱灾。

干燥峡谷里的"巨宅"

新墨西哥州查科峡谷谷底的湿热午后，几名访客走过博尼托巨宅一个个空荡荡的房间。空气沉闷，一点风也没有，这些人大呼吃不消。一大团黑色雷雨云积聚在西方地平线上，远远嘲笑照在峡谷壁上的明亮阳光。乌云越堆越高,远处的闪电划过阴沉吓人的天空;雷声隆隆,叫人提心吊胆。

狂风扫过峡谷,巨大的雨滴啪啪打在沙质小径上。一行人赶紧跑到附近的悬岩底下避雨。一团乌云渐渐逼近,暴风雨突然转向,乌云也旋即消散,将倾盆大雨泻在下游处。天地回复清明,峡谷底部又满是明晃晃的阳光。

如果你住在半干燥的环境里,就得有心理准备面对气候突如其来的转变。美国西南部的古普埃布洛人生活在必须不断迁徙才能生存的环境里,善于随机应变和把握有利的机会。今日美国西南部泰瓦族族印第安人的口述传说说道:"移动,云、风、雨互为一体,人必须仿效它们移动。"

"大盆地"的部落靠机动生存,沿海的捕鱼群体迁进人口较稠密的村子。这些人全靠狩猎和采集野生植物为生,但其他人种植玉米和豆类,以耕种为生。在沙漠地区,农耕不可行;加州印第安人有橡实可采收,没必要种作物。但在美国西南部,农民善于管理水而作风保守,在农业收成微薄的环境中安然生活了3000年。

新墨西哥州查科峡谷位于圣胡安盆地中央。如今那是个看来杳无人烟且似乎亘古如斯的盆地。盆地里,不管哪一种水都很稀少。夏季降雨以雷暴雨的形式降临,12月至次年3月期间则以雪的形式降下零星但较温和的冬雨。然而降雨量非常少,总局限于局部地区,且完全难以捉摸。短期气候转变(例如厄尔尼诺现象)或长期干旱(例如中世纪温暖期的干旱)可能年复一年大大影响农业。查科峡谷长约30公里,宽0.5~1.5公里。暴雨过后,滚滚查科河流过查科峡谷,沿途还有支流和周边峭壁底部的天然渗水汇入。但在干旱期，这峡谷底部不见一滴水。

　　这样的环境，一般人都认为不可能发展出任何农业，但在9~12世纪之间至少有2200人住在峡谷里。碰上重大节庆时，峡谷的人口还会暴增。查科峡谷里曾有许多由石造房子组成的小村子，还有九座名为"巨宅"的大村落。查科的定居民以最原始的挖掘棒和锄，耕种肥沃的土地。相对于小村庄，大村落住了多少人，不得而知，但博尼托巨宅之类的地方能住数百人（前提是访客得自备食物）。峡谷本身根本无法供养如此庞大的村落。峡谷南侧的农民依赖降雨，北侧的农民则在紧紧相连的棋盘状农田里种植玉米和豆类。他们利用宽约1.2米的沟渠导引土坝储水穿过简单的石砌闸门，流进一畦畦棋盘状分隔的农田，农业产量因此大增。但也使他们更难抵御大旱，因为农业体系变得较不多元。只有降雨足够注满沟渠、灌溉农田，这种小规模的精细控水系统才管用。但大部分的

（单位：英寸）

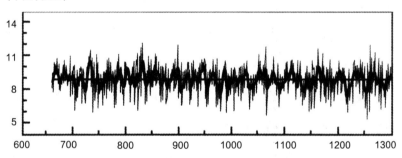

新墨西哥州查科峡谷7~8月降雨量重建图（公元600年—1300年）
　　该图运用布鲁姆费尔德（Bloomfield）用以分析时间序列的方法，依据该峡谷发现的树轮序列，重建而成。通过统计方法绘出的深色线，表示整体趋势，尖突的线条表示异常降雨年。从中可清楚看出12世纪40年代的干旱和13世纪的大旱

年份都降雨不足。解决之道就是多元化，每户人家在多种微环境上耕种，像投资共同基金一样分散风险。但他们的农业产量从不足以喂饱每个造访峡谷的人。

公元1050年至1100年间，查科峡谷大村落的扩张大多依赖非常脆弱的农业体系。在降雨丰沛期，这一体系运作良好；一旦降雨不足就惨不忍睹。尽管有着无法摆脱的干旱威胁，查科人还是一连建造了多个大村落。大村落的建筑规模宏大，以2200人的需求来说，根本不需要这么宏大的建筑。

查科峡谷的大村落多半呈半圆形，往往有数层楼和许多房间，附有大大小小的地穴，即用来举行各种仪式的地下建筑。大村落既壮观又叫人惊奇，因而有人称查科是"美洲的史前石柱遗址"。

如此宏伟的大村落为何出现在偏僻、干燥的峡谷，无人知晓，但如今普遍认为，查科于9~12世纪期间成为举行仪式的崇高圣地。据推测，在重大节庆如夏至、冬至降临时，各地居民带着谷物、木梁、装饰用的绿松石、热带鸟羽之类珍奇商品，长途跋涉来到这里。最宏伟的大村落博尼托巨宅，始建于约公元860年，此后直到约公元1115年为止迭经增修，建筑沿革复杂。约公元1150年时，查科已成为圣胡安盆地广大地区的文化、信仰重镇。一连串不规则的象征性"道路"从该峡谷辐射而出，但这些道路的功能和象征性意义仍不得而知。

关于查科所具有的意义，学界已争辩了数十年。峡谷内最有权势的人或许是宗教领袖。他们是宗教知识的守护者，在宗教与农业密切相关的社会里担任统治者。这里的人将农业、高明的水利管理和复杂的宗教信仰结合起来，安然生活于降雨相对较丰沛的时期。在此，他们深信生存不只有赖于水利管理，还有赖于一丝不苟地举行的复杂仪式和舞蹈，以及守护神圣知识者的个人本事。这就是为什么在这干燥而气势磅礴的峡谷里会出现如此突兀的巨宅。数英里以外的人受这地方的神圣性所吸引，长途跋涉赶来。

查科的降雨有很长一段时期较为丰沛（就圣胡安盆地的标准而言），查科就在这期间迅速发展。根据树轮记录，公元1100年后，美国西部地区爆发几场越来越严重的长期干旱，查科峡谷也未能幸免。

干旱降临时，正是查科对木材和建筑工人的需求最大之时。农业生产瓦解，水源慢慢蒸发。那些咬牙苦撑挨过干旱的人想必认为超自然力遗弃了他们，认为他们的领袖已丧失与神沟通的能力。半个世纪内，这些巨宅便人去楼空。查科人迁居他处。

离乡背井不归路

在降雨量起落不定、没有部落能找到完全自给自足的地方的情况下，这种迁徙模式是常用的自保办法。不管是在查科还是在美国西南部其他地方，每个人都非常清楚作物歉收和挨饿的后果。每户人家都与其他地方的部落保有亲缘关系，与其他部落通商贸易，需要不时拿出粮食周济别人。同样的，生活在水源较丰沛地区的人都知道亲戚在农业生产不理想时会前来投靠。查科影响了广大地区，特别是北部和西部，即公元1100年后查科人迁居的地方。除了博尼托，还有其他巨宅著称于世，例如俯瞰阿尼马斯河的阿兹特克巨宅，以及更北边在蒙特苏马河谷和弗德台地上繁荣一时的大部落。这些人口稠密的部落全位于附近有稳定水源的地方。然而历史一再重演，公元1276年至1299年的大旱迫使这些巨宅的居民四处迁移，以避免更多人挤进巨宅、粮食供应日益短缺所必然产生的冲突。婴儿高死亡率和健康问题导致生育率降低，可能使当地人口密度下降，但现有的社会、科技水平都不足以应付这危机。于是只得诉诸迁徙这一古老办法，迁居到东方、南方、西方降雨较丰沛的地区，迁居到有友善亲戚可投奔而足以供养大批人口的部落。

面对中世纪温暖期的干旱，迁徙是普埃布洛人唯一合理的应对办法。我们知道那时出现饥荒，出现为抢夺食物和水而大打出手的事。甚至有证据显示，还出现了吃人的行径。所幸古老传统发挥作用，他们一户户迁走，以应对旱灾。如今，在某些巨宅里还有许多陶罐、石造工具，以及沉重的磨粉石，都仍在当年主人离去时弃置它的地方。迁徙的策略很成功。数百年后，古普埃布洛人的文化遗产仍回荡在今日美国西南部生动的口述传说和仪式里，仍回荡在建筑风格和农业生产上的习惯里。尽管经历西班牙人入侵引发的种种动荡，经历工业社会带来的痛苦冲击，普埃布洛人部落如今在政治上享有自治地位，利用该族共通的古老仪式提升族人的认同与和谐。查科峡谷和其他大村落仍是现今普埃布洛社会古老记忆的一部分，普埃布洛人仍走访这些地方，以吸取古老遗址和遗址先民的力量。

总的来说，查科地区并未出现彻底的人口迁移，年纪较大的人也并未放弃在峡谷中至关重要的巨宅。可想而知，人们在地下洞穴的冬季火堆边曾有过深入的商讨；每户夫妻也在饥饿的孩子沉睡后深入讨论过。或许有几个做丈夫的徒步离开峡谷前去拜访亲戚，以寻觅愿接纳一家人且有足够食物让他们撑到下一个栽种、采收期的栖身之地。然后，两三户人家收拾细软，放弃先人世居的小小家园。离开时或许心怀遗憾，但心安理得，因为他们知道祖先若处于同样困境，也会同意迁走。

美国西部的大旱源于太平洋地区海水与大气层复杂的相互作用，至今仍神秘难解。这些作用反映在太平洋年代际涛动的低温期，反映在厄尔尼诺、反厄尔尼诺现象无休无止、不可捉摸的变化之中。这些作用大肆摧残了中美洲、安第斯山区繁荣一时的诸文明，使那些地方粮食短缺。

第八章

水山的统治者

屈辱、摧毁与破坏再度降临。
苍天要让木刻人偶遭受洪水，
木刻人偶就要丢掉性命。
大洪水出现，降临木刻人偶头上。

——玛雅文明创世史诗《波波尔·乌》（*Popol Vuh*）

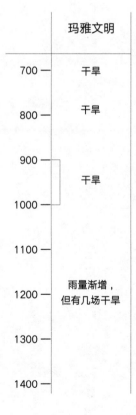

	玛雅文明
700 —	干旱
800 —	干旱
900 —	干旱
1000 —	
1100 —	
1200 —	雨量渐增，但有几场干旱
1300 —	
1400 —	

　　在北美洲的"大盆地"，狩猎为生的部落紧挨着日益减少的水源过活，且迁到较高处。古普埃布洛人面对大旱，抛弃了新墨西哥州查科峡谷中包括博尼托巨宅在内的多处巨宅，离开了千百年来他们视为世界神圣中心的查科峡谷。南加州沿海地带，水和珍贵的橡实因持续干旱大为减少，生活在当地的楚马什族印第安人群体，为争夺水和橡实大动干戈。这些民族全生活在半干旱地区，弹性变通和机动迁徙即是这种地区面对干旱时的自然反应。悠久的互助与互惠传统，乃是过去美国西部社会的基本精神。在那片广大地区，沙漠随着雨水的消失和降临持续消长，从而不断驱使居民往沙漠外迁徙。在遥远南方的中美洲，古玛雅文明正值巅峰，中世纪温暖期的干旱

降临，带来惨不忍睹的破坏，造成数千人丧命，南部玛雅低地区多处十室九空。

深海沉积物里的干旱证据

一如20世纪70年代玛雅文字的破解，使我们对古玛雅有了全新的了解，最近几十年在深海和湖泊钻取出的沉积物样本，也让我们深入了解1000年前影响玛雅人的雨林家园的气候变化。证据显示当时曾一再发生干旱，且往往是严重的干旱，而这与得自北美西部的证据相符。

在加勒比海东南部海域，委内瑞拉的外海，坐落着卡里亚科海盆。从此处钻取出的沉积物样本，乃是历来影响最大的深海沉积物样本，因为它记录了热带辐合带（见第四章专栏）南北移动所造成的气候转变。热带辐合带对玛雅低地区和大西洋彼岸非洲萨赫勒地区的降雨影响深远。大体而言，大西洋两岸的气候变化有连带关系。诚如第十一章会提到的，太平洋两岸相隔遥远的亚、美两洲，甚至也可能有连带关系。卡里亚科沉积物样本的著称之处，在于其层层累积了河川每年挟带入海的精细沉积物。那些沉积物很不寻常，因为不同年代的沉积层，区隔格外明确，约每30厘米代表1000年。这些层层堆积的沉积物，反映了雨量变动造成河川挟带泥沙量的变化。雨量变动源自热带辐合带的季节性位移，深色沉积层显示夏、秋雨季的降雨，浅色沉积层则显示冬、春旱季的降雨。

冬春时节，热带辐合带位于其移动范围的最南端，强劲信风沿着委内瑞拉海岸吹袭。沉积层里的含钛量，记录了从周遭集水区带进海盆的陆基沉积物的多寡。含钛成分越高，代表雨量越大。

过去2000年沉淀的沉积物里，钛含量最低的时期约为500年前至200年前，即小冰河期干燥的几百年期间。公元880年至1100年，即中世纪温暖期的核心时期，卡里亚科海盆的钛含量较高。但钛含量变动剧烈，约在公元200年、300年和750年时，出现显著的最低点。叫气候学家感到庆幸的是，卡里亚科海盆与玛雅低地区位于同一个气候区，而在热带辐合带位于其移动范围最北端的尤卡坦半岛上空时，该气候区的降雨大部分在夏季。热带辐合带一旦停留在其移动范围最南端，卡里亚科地区和玛雅人的家园便双双陷入干旱。

玛雅文明兴盛于约公元150年前，那时米拉多（El Mirador）诸城发展为大城市。公元1世纪初期，米拉多城迅速荒废，而根据卡里亚科深海沉积物样本的记录，当时该地区陷入干旱。但后来玛雅文明复兴，新城市兴起，开始运用新的水资源管理技术。公元550年至公元750年间，降雨相对较多，人口增加。不久，许多玛雅部落的运作，就已达到土地负荷的极限。此时，玛雅的大小型部落更难抵御多年干旱，而这类干旱会毫无预兆地降临，又不够频繁，经过几十年，就不复为人所记忆。

根据卡里亚科沉积物样本，有一段含钛量低时期，集中出现在中世纪温暖期初始的9世纪，而从尤卡坦半岛奇卡卡纳布湖（Chichancanab，音译）钻取的沉积物样本，也发现9世纪有一场严重干旱。

这两个沉积物样本记录了多场延续数年的干旱，最早的始于公元760年，然后约每隔50年，分别在公元820年、860年和910年再度爆发。第一场干旱呈现出日渐干燥的长期趋势，接着是公元810年开始、持续约三年的严重干旱，约公元910年开始为期约六年的另一场干旱。尤卡坦半岛南部与中部低地区的玛雅文明，就在这一时期瓦解。

奇卡卡纳布湖的沉积物样本，不只印证了卡里亚科海盆的沉积物样本（但稍不精准，误差达20年），还详细记录持续至公元1075年的干旱情况。这份气候记录，如今已不证自明。中世纪温暖期初期的干旱，大约每隔50年陆续降临玛雅低地区，与此同时，北美洲西部也陷入严重干旱。

只有旱雨两季，"水"是同一问题

玛雅人把水看成头等大事，自然有其道理，因为他们生活的环境降雨不稳定。他们认为文明起源于另一世界"西巴尔巴"（Xibalba）黑暗原始的水域。那时水平静而黑暗，世上只有水，别无他物。"人、动物、鸟、鱼、蟹、树、石、深谷、草地和森林，都还没有出现。只有孤零零的天空，地面还不清楚。天空下只有汪洋一片，没有东西聚集在一块，全都在休息"。西巴尔巴是个平静、阴暗的水池，但水里有移动的迹象，"在漆黑的夜里，有低语，有波纹"。创造者在水里，"一道闪烁的光。创造者在那里，全身裹着大咬鹃的羽毛，浑身蓝绿"。诸神在这里造人。一造了人，它们即令水从入口涌出，进入下方地区（玛雅土地上最神圣的地方），以滋养作物、哺育人类。水以微妙的方式界定了美洲本土最辉煌文明的特色，成为政治权力和社会控制的工具。大王殒身于西巴尔巴黑压压的水里，就是玛雅文明死亡之时。上天不再降雨，干旱降临玛雅世界，文明的基础随之动摇。

玛雅人，一如古埃及人，曾有多个世纪村落林立，务农为生，后来才出现一座座大城，每座大城都由强大君主统治。但相似之处仅止于此。玛雅文明没有一年一度的泛滥或肥沃的洪泛平原提供安全保障，也没有大河将城、镇、村联结成如法老统治的大一统国度。玛雅人在伸入墨西哥湾的佩滕—尤卡坦（Petén-Yucatán）半岛上农耕。那座半岛原是辽阔的石灰岩大陆架，经过久远的岁月，从海洋深处露出水面。他们住在浓密的森林里，那里的参天红木高可达45米，人心果和面包果到处可见。森林外是开阔的稀树草原，上面长满粗茅草和生长不良的矮树。玛雅低地区炎热、潮湿、普遍排水不良，即使在最好的时期，环境依旧脆弱、供水吃紧。多孔的石灰基岩吸水性佳，以致地下水位变化莫测。很难想象就在这么恶劣的环境中，诞生了一个伟大文明。

乘坐飞机掠过下尤卡坦半岛古典时期（公元250年至900年）玛雅文明的所在，只见下方是一片无边无际的绿色森林。但这看似清一色的绿，其实是假象。在浓密的森林下，隐藏着种类多得惊人的栖息地，对古玛雅农民来说，每一种都是独特的挑战。该地区年降雨量达到1350至2000毫米，但降雨实际上不如一般人想的那么丰沛和稳定。大部分雨水于5至10月间降下，在这之前是长达四至六个月的旱季。湖泊、泉水与长年流动的河水，非常罕见。即使是小型农村都得发挥创意，想出收集、储存和管理水的特别办法，以应对漫长旱季所需。

欲了解为何如此，就得回溯至玛雅文明发祥之时。约公元前1000年，只有沿海平原和一些面积不大而长年有水的流域，能长期支持永久性的农耕部落，其中许多部落除了务农还捕鱼。随着人口增长，一个个小群体迁徙到内陆的河川沿岸和一旁的沼泽地。不到600年，四处林立的小村落已演化成快速成长的文明地区。

公元前3世纪时，数千人生活在散居低地区各处的部落里。他们精于农耕又有耐心，发明出许多管理水和改造环境的方法，以获取最大的生产力。经过一代代摸索、挨饿与富足的历练，玛雅人在有利的位置定居下来，例如定居在低浅天然洼地的底部附近，雨季时自然有地表径流流入洼地底部。他们在那里建造蓄水池储存雨水，最早的大型庆典中心随之于附近迅速兴起。从任何标准来看，那些城市的规模都很惊人。例如光是从公元前150年到公元50年这200年间，危地马拉佩滕省的米拉多，就成长为占地16平方公里的城市，丹塔金字塔建造在高逾70米的天然山丘上，是城中最壮观、最抢眼的建筑。米拉多城坐落在地形起伏的环境里，雨季时雨水收集在天然形成的一处大集水区，堤道横越地势低洼的沼泽或中央区附近的浅湖。米拉多城靠简单的水资源管理而繁荣，这种管理方式用既有的天然大洼地改造为水库，充当储水设施。这种储水体系也是粗放农业不可或缺的一环。

有些储水体系的规模相当可观。公元前400年至公元150年居住在墨西哥坎佩切州埃斯纳的居民，开凿了数条巨大河道，挖了将近175万立方米的泥土，比遥远墨西哥高原上建造特奥蒂华坎巨大"太阳金字塔"时还多。公元1世纪至2世纪期间，米拉多和其他日渐壮大的城市突然瓦解，金字塔和神殿被弃置，为森林所埋没，居民四散，迁居散落各地的小村落。许多专家认为发生了严重干旱，使他们的水库和简单的水资源管理体系几乎停摆。

公元250年后，玛雅文明进入鼎盛时期，水资源管理方法有所改变。玛雅君王首度在高耸的山脊和小丘上建造宫殿、金字塔与神殿。他们将城市迁离天然水源处，选择在庆典区附近建造大水库。卡拉克穆尔、科潘与蒂卡尔等大城市，发展出复杂的水资源管理体系。他们通过建造广场和金字塔，象征性地重现玛雅人的世界，并把水管理体系的建造纳入工程的一环。

这些金字塔成为"水山"。数千名村民为了建造这些大城市中心付出劳力。首要任务是开挖石头，好凿出天然洼地，作为水库和蓄水池之用。没有稳定的供水系统，建造者就无法提供工人饮用水，也无法调制建造地板和墙壁要用的灰浆。投入的人力相当庞大，但若没建造出比小农村所需大得多的供水系统，任何城市都不可能继续运作。

每个玛雅君主都将最大的水库和蓄水池，建在最宏伟的城市建筑旁边。在复杂的公开庆典时，君主即在此建筑现身，接受万民瞻仰。届时会有舞者在这里的广场上表演，旁边立着宏伟高耸的神殿。金字塔石阶上会传来吟唱声，火把随着夜里的微风摇曳，香气飘荡于人群之间。统治者从神殿一处漆黑的开口（象征进入西巴尔巴），出现在众人面前，而众人因为迷幻药的作用，已陷入恍惚失神的状态。君主在自己身上执行放血仪式，然后突然消失，踏上超自然界的旅程。重要仪式全围绕着生者、神祇、先民之间和统治者、被统治者间的复杂关系而展开。这些庆典确认了水在玛雅人生活中、在复杂的政治权力平衡上，所扮演的中心角色。从远古开始，玛雅人就通过亲缘关系联结不同的部落，借此促进社会成长。亲缘关系具体落实于亲人间的互惠，即每个人都有义务在亲戚危难时伸出援手，给予粮食或劳力的援助。玛雅文明从村落社会里诞生，新领袖拥有显赫权势后，古老的亲缘关系至少在理论上仍将君王与平民联结在一起，但君王与平民关系的本质，从单纯的互惠转变为较复杂的社会契约。玛雅统治者自称是神授的君王，拥有非凡的超自然力。

他们变成类似萨满巫医的人物，能够随心所欲进入超自然世界，在那个世界担任活着的玛雅人、他们的先祖与超自然力量的中间人。君王以超自然力提供保护、祈雨及促成作物丰收，人民则以粮食及劳力缴纳税赋，作为回报。根据未形诸文字的盟约，人民有义务受召为贵族服务、为公益服务，这盟约将社会的不平等合理化。只要雨量丰沛，这未言明的盟约就有效。然而，一旦君王永不会犯错的形象破灭，社会便随之失序。

水山计划

蒂卡尔是玛雅最大的城市，城内创建于公元1世纪的水山俯视全城，是玛雅文明里最宏伟的水山。前后31位君王，第一位君王于公元292年登基，末代君王于公元869年登基，为此城留下将近600年的文字历史。蒂卡尔君主通过明智的政治联姻和讨伐，将势力扩及邻近城市，统治人口一度高达20万至30万人。这城市的周围有村庄和较大的部落，但城里住了多少人，不得而知。

但我们知道这城市的供水完全依赖季节性降雨。

蒂卡尔一地所收集的水，多得吓人。该城所在的主丘周围有六个蓄水区，光是某个中央蓄水区就占地63公顷，年降雨量达到1500毫米时（非干旱期时典型的降雨量），一年可蓄水超过90万立方米。微斜的铺砌路面和巧妙改变水流方向的围堰，将雨水导入以石头和黏土封住的数个中央区水库。所有水库总共可蓄10万至20万立方米的水，利用该城堤道下方精心设置的水闸控制水的释出，足可供应旱季需求。从主丘最高点往下，紧接着出现的建筑是住宅，供应住宅所需的家用小蓄水池，大概是利用中央供水系统的水填满的。中央小丘基部附近和蒂卡尔沼泽的边缘有四座大水库，用以回收上坡居住区用过的浊水。5万至17.5万立方米的径流，为城市周边约85公顷的沼泽边缘农地提供灌溉用水。由于全年有水，当地农民有能力可在一年内种植两季作物。

蒂卡尔的供水系统庞大而复杂，支持小部落运作的供水系统则简单得多，两者差别之大令人吃惊。大部分村落利用紧临部落的浅蓄水池挨过旱季，浅蓄水池所蓄的水，足够一个旱季所需，甚至还能多用数个月。但蒂卡尔的大水库蓄水极丰，能大大降低该城居民缺水的风险。两三年不下雨，不会让蒂卡尔的水资源管理者头痛，但小村落大概会灾情惨重，而散居各地的玛雅人多半住在小村落里。但即使是蒂卡尔的供水系统，都不足以应付持续多年的干旱。

统治者掌控"水"的神力权威

广场上群众鸦雀无声，定睛瞧着金字塔顶端的神殿。摇曳的火把在黎明前的幽暗中，投射出漆黑的影子。香气伴着烟雾，缭绕在圣山山坡上。在高踞于群众上方的高处，数排白衣贵族围在神殿的漆黑入口前。突然间，君王现身，长长的头发盘在头顶，色彩艳丽的鸟羽垂在背后。他赤裸胸膛，腰间系着亮白的缠腰布，大腿与手腕套着深蓝绿色的玉珠串。一名披着白斗篷的贵族，将一只盛着一根黄貂鱼刺和一张白纸的宽口陶碗摆在君主面前。君主蹲下，用刺在阴茎肌肉松弛的部位刺了三次，然后将纸条盖在上面。君主神情恍惚，狂乱而舞，手上拿着象征与神沟通的双头蛇象征物，纸条随着身体舞动转为鲜红。海螺声呜呜大作，表示已有一名神祇受到召唤，从另一世界来到这里。鼓声隆隆，广场上漫无目的走动的群众，陷入狂喜状态，边走边摇晃。衣着亮眼的贵族，在君主下方的平台上婆娑而舞。虔诚的信徒在自己身上划开口子，使鲜血喷溅在双臂、双腿的布条上。

玛雅君主自称是神授的统治者，通过精心设计的宗谱，将自己打造成显赫先民和神祇的一脉相承者。但王权和玛雅的文明世界，其实与寻常百姓的处境紧密相连。统治者根据森林里的动植物，根据自古以来栽种、收割的节奏，以及旱、雨季的循环交替，打造权力和权力象征。他们一如其子民，从灵界与人界、祖宗与当前的角度看待世上的事物，并区分其属于统治者领域，还是平民的领域。玛雅社会赋予统治者权力，掌控来自上天的水资源，而放血、狂喜，以及所举行的以国王登基与驾崩为核心的复杂典礼，都是这个社会不可或缺的一环。水山乃是将水从灵界传送到世间的管道。

拥有水库和蓄水池的蒂卡尔水山，让蒂卡尔统治者得以掌控居住在较低处广大民众的水资源供应。玛雅君主标榜自己是具有强大超自然力的神授统治者，但他们真正的权力，来自他们掌控了水之类的关键资源，来自许多子民生活在人工打造的环境这个事实。玛雅人的生活作息依据作物的栽种季、成长季与收割季而运转，每个季节各有相关的庆典，因此水仪式是玛雅人日常生活的基本环节之一。在蒂卡尔等城市，统治者并非通过集权统治操控水，而是利用仪式指挥、征用挖掘和操作供水系统所需的人力，借此达成目标。他们复杂的公共庆典选在水山举行，绝非出于偶然。

那些仪式，我们所知甚少，但可以确定的是，在玛雅贵族眼中，有两个隐喻界定了死亡：一是落入满是水的冥界，往往是落入地兽的血盆大口，亦即地球表面的裂缝；另外是搭乘小划子，进入地下无边无际的水世界。两个隐喻都将统治者与水、与他们金字塔墓地旁丰盈水库如镜的水面，联系在一块。不管是住在大城市附近，还是住在有自用小型蓄水池的偏远村落里，生存与否都取决于大城市（即水山）能否运作不辍。在漫长干旱时期，偏远地区的农民会迁居到大城市边缘，迁居到人造水山的山脚下，水山是玛雅人水资源供应的象征性靠山。

容易被水动摇的文明基础

玛雅统治者发展出庞大的水库，水的供应随之较为稳定，但依然未到高枕无忧的地步，因为他们的水全依赖降雨。玛雅人虽具有工程长才，但他们不像那些以河水或地下水为水源、供水相对稳定的社会。因此气候稍有短期变动，玛雅人就难以招架。

玛雅人所处的环境，不断遭受大自然力量的破坏，比如几年的干旱和歉收、暴雨和土壤流失、突如其来的暴风雨淹没作物。他们以最简陋的工具耕种，却对森林了解透彻。他们一如其他热带地区农民，采取刀耕火种的方式，即砍掉一片树林，烧掉林木，以灰烬和木炭为天然肥料，替土壤施肥。下过头几场雨后，他们栽种作物，耕种两年后废弃田地，因为地力迅速流失。这些小块耕地都是新开垦的再生土地，位于浓密丛林之中。随着数百年来人口不断增长，丛林因开垦而不断缩小。耕种这些土地需要丰富的经验和无穷的耐心，因为滂沱大雨和热带骄阳很快就会让土壤硬化。但低地区的环境绝非一成不变。所幸，玛雅人生活在多样化的环境里，使他们也能使用其他的耕种方式。

在多沼泽地区，他们建造人为堆起的田地，即在沼泽或河边季节性淹没的土地上，建造隆起的矩形狭长田地。这些具生产力的土地，一年可以采收几次豆类和玉米。农民也在陡峭山坡上开辟梯田，梯田垒石筑埂，有助于下大雨时拦住冲泻而下的泥土。

不管使用哪种农耕方法，玛雅人都是一流的农民。他们竭尽所能开发各种想得到的微环境，栽种多种作物，以最挑剔的标准挑选可耕地。各地的农业都由三种农田组成，即位于沼泽地中而生产力高的隆起田地、丛林中的小块耕地与山坡梯田。玛雅人管理、操控环境千百年，始终生活在分散的部落里，甚至在紧邻大城市的部落里，因为环境的客观条件不容大量人口聚居于一地，但人口密度比表面看起来还要高。在南部低地区的某些地方，人口密度高达每平方公里235人，且聚居地面积辽阔，因而一旦发生旱灾或其他灾难，居民无法迁离其所在环境。土地利用已达饱和。随着城居人口增加，玛雅人耗尽土地资源，农民要供应越来越多的贵族和非务农者。

玛雅文明从未像埃及法老或巴比伦人那样建立中央集权国家。20世纪70年代玛雅文字的破解（20世纪的伟大科学成就之一），让我们知道玛雅文明是由多个竞争激烈的城邦所构成，各城邦的君主野心勃勃且贪婪成性，满脑子只想着自己的家族世系、战争与个人功绩。例如蒂卡尔于公元前1世纪崭露头角，公元219年，统治者萨克·莫奇·索克（Xac-Moch-Xoc）已建立一个辉煌的统治王朝，征服了最近的邻邦瓦萨克吞。300年后，该王朝的版图达到2500平方公里。在这个变动不居的世界里，蒂卡尔只是诸多争逐霸权的城市之一。城邦与城邦结盟，但一方的君主去世，盟约即瓦解。诸城邦间相互杀伐，征服后以对方统治者献祭，以适时祭出的外交联姻巩固双方新关系。但上演这种种政治运作和交易的大地，上演战争、复杂仪式与显赫王权的大地，最终全依赖上天降下的水。当现今已得到充分佐证的中世纪温暖期干旱降临这些低地区，玛雅文明的基础随之动摇。

干旱带来隐形的致命影响

那些干旱足以造成玛雅文明毁灭吗？每逢栽种季，农民都是在赌运气，作物则是赌注。下了几场雨后播种，然后等待暴雨降临，滋润日益干涸的土壤。有些年会降下及时雨，但有时几星期过去，都只见积云在远方地平线上，除了零星的雨滴，盼不到阵雨。在数百个小村落和小农耕部落里，居民靠着一次次的收成过活，一歉收就要挨饿，如同遥远中世纪欧洲的村民。每个人一生中都会遇到几次饥荒。统治者发送粮食赈济饥荒村落到何种程度，不得而知。

玛雅文明的头几百年期间，有野生食物可应急，助玛雅人挨过干旱年份。但乡村人口不断增加，许多地方的开发超乎森林的负荷，越来越多灌木和树木被砍伐，脆弱的土壤裸露于炙热阳光下，地力消耗殆尽。

原始森林消失，换上新生的植物。碰上干旱年，可供饥荒时填饱肚子的野生资源越来越少。7世纪至9世纪时，富足与饥荒、丰收与歉收之间的差距，大幅缩小。

人口增加那几代期间，非务农为生者增加，越来越多人渴望跻身贵族阶层。越来越多高官、商人、祭司自称是名门贵族之后。人们崇尚富贵、生产非实物产品、敏锐地意识到等级带来的特权，使得玛雅社会变得头重脚轻。平民与乡村农民在粮食供应和税赋上的负担，一代比一代重。随着乡村人口耗尽地力，森林砍伐速度随之加快，农业产量达到极限。与此同时，上层阶级自顾自过着安乐生活，浑然不察多年干旱降临家园时，干旱和饥荒将带来何等悲惨的后果。

即使事隔1000多年，我们仍能看出位于低地区的玛雅文明，如何像古希腊悲剧般逐步走向灭亡。干旱始于9世纪初，即中世纪温暖期开始时。干旱一两年后，村民填不饱肚子，但纳粮上贡的要求仍旧需索无度。蒂卡尔之类的水山与邻近有河的另一座大城科潘储水仍充足，但水库水位已开始下降。将伟大统治者与太初水域波平如镜的水面联结在一起的公开典礼照常举行。从这个角度来看，统治者积极参与了历史的塑造，因为他们运用自己的历史意识，一如以往，借由发送食物和安抚邪灵，借由与过去的敌人结成仪式性、战略性的盟友，借由战争来应对干旱。但旱情并未稍减，水库渐渐干涸。

玛雅人世世代代都把统治者与神授先祖的后代，看作是绝不会犯错的丰收守护神和玛雅生活的守护神。

但这时候，统治者露出了马脚，面对万里无云、嘲弄人间的天空，面对无情的酷热，他们束手无策。蒂卡尔、科潘等大城市瓦解。饥荒和水荒持续无休，社会动荡不安。平民起事反抗骄傲自大的贵族，抛下统治者，逃到乡下，最后只剩下少数幸存者蹲在废墟中，其中有些人是统治者后裔。

或许这就是世界末日的景象，但绝对是可能发生的情景，因为玛雅文明的致命弱点，就是持续多年的干旱。通过气候学记录，我们已经知道那是什么样的干旱。那些干旱并未摧毁玛雅文明而是多年干旱导致的经济、政治与社会动乱摧毁了它。到了10世纪末期，佩滕省和尤卡坦半岛南部的诸多大城，已因居民不堪饥荒和长期水荒呈鸟兽散而毁灭。一如数千年前在美索不达米亚和尼罗河沿岸上演过的情节，干旱和饥荒导致社会动荡、叛乱，以统治者永不犯错的教条为基础的严谨社会秩序就此瓦解。

当然，玛雅文明的崩溃并不这么单纯，其中有复杂的政治与社会因素。在某些地方，上层阶级一如既往地对外征战，即使周边文明瓦解亦然。考古学家亚瑟·德马瑞斯特（Arthur Demarest）花了5年时间挖掘6处玛雅遗址，包括位于危地马拉北部佩特斯巴吞地区、拥有坚固防御工事的大城多斯皮拉斯。他认为，更早之前玛雅统治者所偏爱的劫掠式战争，到了8世纪时，在这一地区已全面被内战所取代。该城统治者的侵略之心日炽，发兵征服邻邦。最后，该王国扩张过大而分裂成数个较小的国家，各小国分别有筑了防御工事的中心城市，彼此杀伐。杀伐不断，不可避免伤害到脆弱的丛林生态。多斯皮拉斯有数里长的壕沟和护城河。德马瑞斯特的挖掘人员已在城墙底部发现许多矛尖，发现存放敌人首级的秘窖，以及多个显示原来立有木栅和高塔的埋桩洞。

他认为全面战争带来毁灭性的灾难，因为武力活动迫使农耕方法改变，使地力耗竭，进而导致作物全面歉收。将农业集中于有利地点，在玛雅的环境里根本不管用，特别是在多年干旱使已经不堪负荷的供水系统越来越捉襟见肘的时期。最后，一心想着杀伐兼并的贵族，让这原本极富活力与创意的美洲文明加速灭亡。

约公元1100年后，气候变得较潮湿，但南方低地区的玛雅文明未能东山再起。在尤卡坦半岛北部，大城市和中心城市持续繁荣，而这大体上要归功于石灰岩地下溶洞，让人得以取用地下水。玛雅文明气势大不如前，但并未就此断绝，直到公元1519年西班牙人埃尔南·科尔特斯（Hernan Cortés）自东方率兵而来才覆灭。但若公元1100年后，仍有周期性的多年干旱冲击玛雅低地区，情形会如何？若暖化持续不衰，地下水位下降到使地下溶洞枯竭，历史会如何发展？若果真如此，必然会带来另一次突然瓦解，而这一次瓦解的，将是玛雅王国北部地区的城市和王国，那些地区的人民大概会采取唯一可行的自保之道，即四散迁徙到自给自足的小部落。那么，科尔特斯和其由冒险家组成的杂牌部队，还会挺进到位于高原上的阿兹特克文明中心地带吗？在半干旱的环境下，还会有阿兹特克文明诞生吗？因为历史上的阿兹特克文明，乃是建立在征服、纳贡，和以墨西哥盆地沼泽区的沼泽农田为基础的农业之上的。历史的可能发展着实耐人寻味。

低地区玛雅文明突然崩解，犹如一记当头棒喝，让人不由得思索，靠着不稳定水源勉强维持运作，且以人力强取豪夺水资源的人类社会，会有什么样的遭遇。人可以造水山或数百公顷的灌溉沟渠，但面对干旱、洪水、厄尔尼诺现象的自然威力，终究还是束手无策，特别是统治者对供养其民生需求的民众所受的苦难视而不见或毫不关心。我不禁担心起今日的加州或亚利桑那州图森之类的城市，会不会成为玛雅的翻版。加州以高架渠自山区引水，供给用水量庞大的洛杉矶，而图森的地下蓄水层正逐渐枯竭，地下水位正逐渐下降。

此外，在赤道以南，中世纪温暖期和该期间前所未见的大旱，也给南美洲的气候带来强大的冲击。

| 第九章 |

奇穆王国君主

国王与君主的遗体，受到所有人的崇敬，

且不只受到其后裔的崇敬，

因为人民深信……他们的灵魂，

在天上大力帮助人民，满足人民的需求。

——贝尔纳贝·科博神父[1],《印加宗教与习俗》(*Inca Religion and Customs*)

---

1. 贝尔纳贝·科博(Bernabé Cobo，1580—1657)神父、耶稣会传教士和学者，在秘鲁待了61年。他的主要著作是《印第安人历史概观》(*Historia general de las Indias*)，完成于公元1653年，但只剩前半部传世。科博观察敏锐，其著作是了解秘鲁早期和当时秘鲁人的主要史料。

安地斯地区

700 —

800 —

900 —

1000 —　漫长的低温、
　　　　　干燥气候

1100 —

1200 —

　　　　　克尔卡雅
1300 —　　干旱

1400 —　气温渐高，
　　　　　雨量渐增

公元1200年，秘鲁沿海地带的莫切河谷。昏暗的天色低低笼罩着峭壁，大清早的太平洋波平如镜。浓雾已徘徊数星期，阳光露脸，雾即散去；太阳落下，雾又笼上。

只有规律的浪潮声，回荡于低伏的海岸上，一座座芦苇铺顶的渔民房舍，紧挨着沙滩。营火在昏暗里摇曳，披着斗篷的人影进进出出。使用过数日的芦苇小划子层层叠起，远离高潮线，在沙滩上晾干。在浪花四溅的海岸边，几名年轻男子推着一艘小划子下海，弓起的船首迎着大浪翘着，他们利落地跳上划子。他们将小划子划到接近外海处，边划边笑，看着海鸟飞高，在头顶上飞绕。不久他们划向左边，朝着聚集数百条小鱼的海面划去。一只海鸥潜入海面。他们将轻质纤维网和篓子投进密密麻麻的鳀鱼群中，海鸥吓得尖叫飞走。他们迅速将鳀鱼捞上划子，直到划子吃水已深，随即返航。他们飞快地划着桨，一派轻松得意，利落地登上沙滩。在岸上等待的男女，将芦苇划子抬起，抬到高潮线上方的位置，迅速卸下银晃晃的渔获。年轻的船长立即将划子再推入水中，划向大海，赶着再去捕鱼，岸上的人则开始将鳀鱼烘干、碾成鱼肉粉。

在海边制成的鱼粉装袋，由骆马队驮着，运到内陆100公里处。骆马队沿着维护良好的道路，走过肥沃的河谷。河谷里一块块细心照料的青绿玉米田，对照远处的暗黄色沙漠，格外抢眼。这些骆马先前从安第斯山区高处，带着圆齿酢浆草块茎、马铃薯、块根落葵[1]等富含淀粉的山区食物，跋涉数日，来到海边。然后骆马队再带着鱼粉和干海带回去。高地农民苦于甲状腺肿大，干海带便可用来治疗这种地方性疾病。山区与沿海的贸易热络已久，而鱼粉、棉花与海带是主要的贸易商品。

安第斯地区由关系密切的高地和低地构成，干燥的秘鲁北部海岸属于低地的一端。该地区的文明时时受到长期干旱与厄尔尼诺现象的威胁。

---

1. 圆齿酢浆草（Oxalis tuberosa）属根茎类蔬菜，具有富含淀粉的可食块茎，在安第斯地区普遍种植，颜色繁多。块根落葵（Ullucus tuberosus）的生长环境和圆齿酢浆草一样，属于凉爽气候里的块茎植物。两者在过去都冷藏或晒干，在广大地区进行买卖。

世界上最干燥的地方

找出世界各地同一时期气候活动间的连带关系，乃是了解中世纪温暖期的基本法门。气候学家利用冰芯、树轮、深海沉积物样本和其他经确切断定年代的替代性资料，将干旱或重大厄尔尼诺现象之类的气候活动联结在一起。但即使是证据充分的联结关系，都仍不是定论。尽管如此，对于中世纪温暖期时干旱分布有多广，我们已渐渐有所了解。某组树轮序列显示，10世纪至13世纪时北美西部、西南部的数次漫长干燥期，似乎与太平洋年代际涛动现象和东太平洋的低温气候有关。从加勒比海的卡里亚科海盆和尤卡坦半岛上的湖泊钻取出的沉积物样本，显示8世纪到11世纪间，中美洲的玛雅低地曾发生数次严重大旱，而那些大旱与徘徊于更南方的热带辐合带之间，可以找出连带关系。那么，我们能否将安第斯地区的干旱，加入这渐趋成形的干燥期模式中？如果可以，我们能否重现秘鲁沿海沙漠的富裕文明应对这些漫长干旱的经过？

18世纪的德国自然学家亚历山大·冯·洪堡（Alexander von Humboldt），是第一位探究安第斯地区的欧洲科学家。在这严酷而多样的高山峻岭环境中，竟有多种动植物在其中繁衍生息，令他大为吃惊。洪堡注意到山地农民在深邃河谷的两侧山坡上开辟梯田，从而使高海拔处的山地不断受到破坏。高山往下陡降，经过陡峻的山麓丘陵，直到秘鲁的沿海低地。秘鲁沿海低地是安第斯山山脚的陆架，有数条河流从高山奔流而下，注入太平洋。荒凉的沿海平原，可说是毫无雨量。约40条由山区径流灌注而成的大小河流，切割沿海平原，但这片低地有许多地方起伏太大，无法施行灌溉。秘鲁北部海岸有两大地区，其地形让农民得以开凿沟渠连接农田，分别是齐卡玛—莫切河谷和莫图佩—兰巴耶克—赫克特佩克地区。

地球上少有人类部落，更别提文明，面对过如此艰巨的环境。这里不只是地球上最干燥的地方之一，且是短期、长期气候活动几乎在一夜之间就能剧烈改变环境的地方。好年时，只要能妥善利用径流灌溉农田，农民便有足够的水种植玉米、豆类与棉花等主要作物。农业上，处处得依赖沟渠、水库和高明的储水办法，才能有收成。对农民而言，值得庆幸的是沿海地区居民并不全靠农产品过活。太平洋有丰富的有壳水生动物，特别是还有大量的鳀鱼。近海处往北流动的寒流（如今就叫洪堡寒流），促成海底养分自然上涌，吸引了数百万鳀鱼聚集于近海。在产业化大量捕捞使这一渔场耗竭之前，这里聚集的鳀鱼数量之多，令人咋舌。公元1865年，美国考古学家暨外交官埃夫伦·史奎尔（Ephraim Squier）写道，有次他在海浪平缓的海域划着小船，船只穿过"一大群密密麻麻、几无空隙的小鱼，好似海中有贪婪的大型掠食者把它们赶向岸边"。绵延达两公里长的鱼群，就聚集在极靠近海岸处，女人和小孩"用帽子、盆子、篓子、裙摆"下海捕捞。

就在怎么看都不可能诞生文明的秘鲁北部海岸，千百年间，接连有数个富裕国度兴起。农耕、捕鱼与长距离贸易，让他们至少在某种程度上，化解了干旱与艰困环境带来的冲击。

干旱时期的证据

在降雨充沛的年份，只要周全管理水资源，沿海河谷的农业便能大丰收。即使在雨量充足的时期，每个村镇仍竭尽所能储水，因为他们深知只要碰上一两年的干旱，就可能要挨饿。但冰芯记录显示，安第斯地区的干燥期远不只一二年。俄亥俄州立大学的隆尼·汤普森（Lonnie Thompson），研究从秘鲁南部安第斯地区克尔卡雅冰帽钻取出的冰芯已有很长时日。他研究出的序列显示，6世纪到14世纪初期有四次范围甚广的地区性干旱，其中最晚的一次是公元1245年至1310年间的大旱。这场13世纪的毁灭性大旱，严重冲击高地社会，特别是以的的喀喀湖南岸为中心的提瓦纳库国（Tiwanaku，印加帝国之前的国度）。从的的喀喀湖钻取出的沉积物样本显示，那次大旱在约公元1150年爆发，比其他地方稍早。之后50年间，该湖水位下降12米至17米，显示降雨量据估计比现今平均值低了10%至12%。诚如之前提过的，像提瓦纳库这类极度依赖以河流和高处地下水为灌溉水源的填高式农田，碰上长期干旱，农业机制便会瓦解，城市遭遗弃，城中居民四散到规模小许多的部落，转以放牧土生土长且耐旱的骆马和投机式干旱农业为生。

这几次干旱期，影响范围远不只限于提瓦纳库。巴塔哥尼亚高原极南端的阿根廷湖坐落在南半球的西风带上，西风带替该地区带来降雨。一如北美内华达山脉的湖泊，阿根廷湖的水位随着降雨多寡而升降。水位上涨时，湖水淹没原本生长在裸露湖盆的南方桦树。那些桦树生长了

50年到100年，然后于约公元1051年死亡。北边200公里处的卡迭尔湖，则在这时期前后，从极低水位回升，淹没岸边的灌木。根据碳十四测出的年代，这些灌木死于公元1021年至1228年，相当接近加州接连几场干旱的结束年代。诚如第七章提过的，北半球中纬度的暴风路径，在这200多年期间一直停留在加州北方，这若不是因为绕极涡旋（circumpolar vortex，高对流层环流中的急流）缩小，使南北美洲气温升高，就是因为有一道持续不坠的高压脊。这两种情况已双双在现今发生。绕极涡旋也可以导致巴塔哥尼亚南部发生干旱，但发生的季节不一样。巴塔哥尼亚的湖泊位于安第斯山脉的背风处，且位于西风最强的地区内。这很可能会使安第斯山的雨影效应加强，带来干旱。中世纪的大气环流偏离正轨，造成的雨量变化比温度变化要大得多。安第斯地区无疑就是如此。该地区的冰芯，提供了不只影响提瓦纳库、也影响奇穆（Chimor，奇穆人在干燥的秘鲁北部海岸所建立的国度）的降雨量变化等特别完整的替代性记录。但与提瓦纳库不同的是，奇穆还得再加上另一个大展威力的气候杀手——厄尔尼诺现象。因此奇穆能有本事挨过这次干旱期，甚至还兴盛一时，着实令人惊讶。

祸不单行：干旱与厄尔尼诺带来的大洪水

在前面部分章节里，厄尔尼诺现象在气候上都扮演跑龙套的角色，但在安第斯的历史舞台上，则是主角之一。与干旱不同，厄尔尼诺现象是短期的气候活动，为平日干燥的秘鲁沿海带来滂沱大雨。一次厄尔尼诺现象，就能在几小时内毁掉数年建成的灌溉设施，使作物收成骤减数个月，甚至数年。厄尔尼诺现象还带来热带洋流，取代朝北流的洪堡寒流。近海的涌升活动减缓，鳀鱼迁移到较冷的水域。在短短几个月内，沿海地区的两大为生支柱无预兆地垮掉，使数千人挨饿。

公元1892年，一位名叫卡米洛·卡里略（Camilo Carrillo）的秘鲁船长，在利马地理学会的会刊上刊出一篇文章，讲解当地渔民称为"厄尔尼诺"的热带逆流。

"当地渔民注意到，该逆流总在圣诞节过后立即出现"，因此称之为厄尔尼诺。后来又有许多科学论文着墨于此现象，而当时学界觉得那只是短期间毁掉鳀鱼场，使山区和海岸降下大雨的局部地方现象。厄尔尼诺成为地方气象学上引人一探究竟的课题。但1969年，加州大学洛杉矶分校海洋学家雅各·皮叶克尼斯（Jacob Bjerknes），断定太平洋大气环流与热带海洋海水温度的变化有连带关系，局面从此改观。他认为厄尔尼诺与南方涛动（热带太平洋东西两侧气压如跷跷板般此起彼落的现象）的变化有关，认为这两者不只是地方现象，还是影响全球气候的力量。如今两者构成的ENSO现象（鉴于厄尔尼诺与南方涛动之间的密切关系，气象上把两者合称为ENSO现象，又称恩索现象）已被认定是影响全球气候的第二大因素，影响力仅次于季节变化（见本章专栏）。

专栏 —————————————————————

厄尔尼诺、反厄尔尼诺与南方涛动

南方涛动，是东、西部热带太平洋两地的海面气压，如跷跷板般此起彼落而没有规律的变化现象。东太平洋海面气压高时，西太平洋气压低，反之亦然。海洋升温与东西气压逆转，通常同时发生。英国气象学家吉尔伯特·沃克（Gilbert Walker）于20世纪20年代发现南方涛动现象。他发现太平洋气压高时，印度洋气压往往低。南方涛动的不规律变动，改变了两地区的降雨模式和风向。20世纪60年代末期，另一位气象学家雅各·皮叶克尼斯将南方涛动与厄尔尼诺现象连上关系，自此有了"ENSO现象"这个名词，且普遍出现于科学文献。

东太平洋升温时，东、西方海面气压的梯度变得较缓，信风风力变弱。但东西气压梯度趋缓时，必然伴随信风减弱。这类改变得在东、西部热带太平洋海域的气压有所改变时，即南方震荡跷跷板效应发生时，才会发生。

厄尔尼诺现象：每隔几年，太平洋东北信风即变弱，不可抵挡的重力开始发挥作用。新几内亚东方太平洋海域上方的西风增强，产生海面下的凯文波，将表面海水往东推送。这时东北信风已在西部积聚大量温暖海水。东北信风一减弱，这些海水开始往东流动。太平洋海面下超过200米深处的海水，水温降低许多。在东太平洋海域，此一温跃层（thermocline，海水温度突变层）较靠近海面。凯文波往东推送时，东太平洋温跃层下沉，温暖海水往美洲海岸推进，盖住温跃层。南方震荡改向，厄尔尼诺现象出现。这时，西太平洋的海水温度较低。澳洲、印尼遭受大旱侵袭，原本干旱的加拉巴哥群岛和秘鲁沿海上空则形成雨云。笼罩南美的暖湿空气使气流突然往北移，为墨西哥湾带来风暴，为加州带来暴雨。重大的厄尔尼诺现象足以严重影响全球气候。

反厄尔尼诺现象（La Niña，意为"小女孩"）：较温暖的海水推进到中太平洋、东太平洋后，有些凯文波碰撞南美沿岸而弹回。反射波最后撞击到亚洲，再反弹回去。这时候，西太平洋的温跃层位置变深，东太平洋的则变浅。东信风变强，西太平洋的温暖水域变厚。上涌再度启动，使东太平洋海面温度降低。厄尔尼诺退场，换上较低温的环境，而较低温的状况若趋于极端，就产生以较低温和干燥为特色的反厄尔尼诺现象。反厄尔尼诺现象仍有许多方面有待厘清，但它似乎持续较久，且对人类社会的冲击和厄尔尼诺一样严重，特别是那些因东太平洋海水温度降低导致干旱而受害的人。

ENSO现象的周期，自古至今都是促成气候改变的巨大力量，它在不断变动，完全不可捉摸，对全球的冲击几乎和四季推移不相上下。

尽管计算机模拟技术日益精进，几十年来气候学家仍无法找出可预测ENSO现象的模式。从公元1690年到1987年这近300年间的历史记录，记载了这类活动在秘鲁出现了87次，前后活动相隔2~10年，但更早之前的气候记录仍然模糊不清，有部分是因为厄尔尼诺现象很少超过2年，在地质记录上留下的痕迹（通常是考古遗址上的洪水沉积物）不明显。

根据各种说法，奇穆曾受厄尔尼诺现象多次侵扰。莫切、赫克特佩克两处河谷的奇穆人遗址，留有大洪水肆虐的痕迹。赫克特佩克河谷数十处挖掘地，说明了公元前2150年至公元1770年间，曾经历四次大洪水和随后的大规模重建。研究人员从利马西边80公里处，太平洋大陆架上某个有天然屏障的海盆，钻取海床沉积物样本，从而探明公元800年至1250年间厄尔尼诺出现的频率相当低，但还是出现了一些，并在厄瓜多尔高原的某湖泊里留下证据。我们认为，其中有次重大的厄尔尼诺现象发生于公元1230年，那一年，强烈的厄尔尼诺现象降临沿海地区，使大片地区遭洪水淹没、受损。

千百年来，ENSO现象多次影响秘鲁沿海地区，而上述重大活动只是其中一部分，但每次的ENSO现象都形成厚厚的洪泛沉积物，留下其活动痕迹。这些沉积物是由倾泻而下的水所挟带的岩石和沙砾堆积而成，保留在河谷谷壁里。干燥期时，沙丘活动的证据也留下不少。在那期间，细沙随风飘送，覆盖人类部落，而将部落保存在同一沉积物的厚厚风积层里。干旱和厄尔尼诺现象涵盖范围甚广，但其所带来的冲击却因地而异，因地形等因素的不同，不同地方受害程度亦有不同。

干旱和厄尔尼诺现象是沿海每个农民、渔民人家永难忘怀的生活现实。两者的降临，事前都无迹象，且不定期。地震等地壳活动亦然。地壳活动突然间就使海岸上升，造成严重山崩，有几次还一并吞没了河谷里的农田。强风造成沙漠化，使沙丘移位，掩盖良田。潜在危险多得吓人，奇穆如何应对这些潜在的灾难？

奇穆人务实的生存策略

公元400年的某个傍晚，在莫切河谷今日特鲁希略城附近的塞罗布兰科，长长的影子斜斜盖过诸座广场和金字塔。大群工匠、农民与小官，聚集在庞大太阳金字塔的阴影所笼罩的大广场上。在他们前方的高处，有座茅草屋顶的小神殿，高高矗立在广场上方，敞开的殿门，位于背光处，一片漆黑。鼓声响起，圣火的烟雾，盘旋而上，飘荡在这座人造山的山坡上。突然间，广场上鸦雀无声，众人抬头朝金字塔顶端仰望。一名穿金戴银的男子从神殿现身，夕阳余晖照在他身上，闪闪发亮。那人直挺挺站着，手里拿着节杖，一动不动望着夕阳。擦亮的金属，映着夕阳余晖，闪着火红光芒：人间太阳神已出现在其子民面前。[1]

欲了解奇穆人，就得追溯至遥远的过去，因为他们的体制源自莫切人。莫切人于公元1世纪初统治秘鲁海岸许多地方，莫切王国的疆域涵盖兰巴耶克等河谷，王国很可能由多个封地组成，这些封地则由彼此有密切亲缘关系的少数一群人所统治。政治、经济权力掌握在少数人手里，那些人似乎都是公认拥有超自然力的男人。公元1100年后，奇穆人称霸秘鲁沿海时，莫切人已是遥远的记忆。那时，莫切人神秘君王的事迹，想必已在口述传说里加油添醋地渲染了。

莫切王国瓦解于公元650年左右，原因除了政局变动和野心邻邦的竞争，还因为一连串大旱和大规模厄尔尼诺效应的影响。但他们的政治体制和宗教信仰似乎流传了下来，只是稍有变异。公元900年后，另一个王朝西坎王朝称霸。相传西坎王朝的末代君主费姆佩列克（Fempellec），将王室先祖奈姆拉普（Naymlap）购自远处的一尊古石像，从兰巴耶克河谷移到位于列切河谷巴坦格兰德地区的首都，不久后就出现降雨、洪水及疾病。愤怒的子民将费姆佩列克丢进太平洋，这王国为附近莫切河谷的奇穆军队所征服。

公元800年后，奇穆人已是莫切河谷的政治强权。他们的文明源自数个古老民族，包括当时已几乎为人所遗忘的莫切人。或许早期的奇穆

---

1. 以上是假设的情景，但细节反映了两位莫切君王的盛装威仪。那两位君王约在公元400年时埋葬于兰巴耶克河谷下游的锡潘。

人统治者就是曾权倾一时的莫切贵族后裔，沿海平原上就散落着曾为那些贵族所统治而后来已被遗弃的城市。接下来的400年，奇穆的君主逐渐扩张版图，到了公元1200年，他们已掌控涵盖秘鲁沿海北部、中北部的广阔地区。奇穆人和其强有力的统治者所创造的文化体制和政治体制，有许多成为后来西班牙人统治安第斯地区印加文明的一环，例如强制人民付出劳力的徭役制度和复杂的道路网。

莫切君主和继之而起的西坎君主，大兴土木建造精致的仪式中心，以土砖打造的人造山则是这类仪式中心里最宏伟的建筑。在这类金字塔城市里，巴坦格兰德是最后建造的一处；后来，在西坎王朝遭奇穆人征服时，巴塔格兰德不敌大规模厄尔尼诺效应而崩毁。奇穆王国的君主似乎记取了前朝教训，建造完全不同的都城。他们未将心力用于建造金字塔，反倒致力于确保食物来源安稳无虞。他们未建造土砖丘，而是在都城——莫切河谷出口附近的昌昌城里——建造有城墙环绕的广阔宫院作为住所，将自己与人民隔开。

昌昌城占地辽阔，在鼎盛时期是全球最大的城市之一，规模和伦敦、巴黎及数世纪前墨西哥高原上的特奥蒂瓦坎不相上下。到了公元1200年，昌昌城区已广达20平方公里，城中心只有贵族、工匠和其他专技工人居住。昌昌城的人口有多少，不得而知，但在城中央区的南缘和西缘，有多达约2.6万名工匠住在以泥土、芦秆建造的简陋房子里，包括金属加工技工、编织工等专业工人。另有3000人住在紧邻王室宫院的地方，约6000名贵族和官员住在附近的独栋土砖宅院里。昌昌城似乎打算进一步扩大城区，因为该城与太平洋之间的土地有许多尚未开发。奇穆王国有多少人口不得而知，但25万人大概是合理的推测。

奇穆君主住在城中央与外界隔绝的宫墙里,统治一个版图日益扩大而高度组织化的国家。埃及学家有时称尼罗河谷是个"组织化的绿洲",用来形容奇穆王国也堪称贴切,因为该王国以沿海的几条河谷为中心。关于奇穆人的统治者和政治体制,今人所知甚少,但据西班牙人的记述,他们赋予地方贵族相当大但受明确监督的权限,借此治理国家。如果以印加人为参考指标,我们研判奇穆君主很可能曾派官员分赴国内各地,清查、监督每户人家的活动,特别是农业、渔业生产。他们以武力和纳贡制度维持日益壮大的国家,而便利的交通体系有助于军队调度和贡赋上缴。所有物资都流向昌昌城之类中心大城,这些城里则有工匠辛苦制造精美的金银饰品、羽毛头饰和其他代表威望与权势的手工艺品。一如所有前工业化文明,奇穆君主以赠勋和崇高的赏赐,奖赏忠贞与英勇杀敌的行径。他们也深知整个国家的存续有赖于粮食供应无虞,而粮食无法靠武力或纳贡取得。没有稳固的农业基础,奇穆其实很脆弱。

奇穆人都城一直未能摆脱厄尔尼诺效应引发的洪水威胁,特别是未能摆脱长期干旱的威胁;城内住着大量非农民,使情势更为险峻。在这个大部分由中央一手掌权的社会,除了为数不多的贵族和众多工匠,昌昌城欲顺利治理人民、管理市场、保障粮食供应,大概还需要许多官员。所幸有前人千百年来在灌溉、土壤保育与水资源管理上的经验,可供统治者借鉴。事实证明,他们务实的生存策略相当有效。

不二法门——多元食物与善用每一滴水

公元1200年，赫克特佩克河谷，大片干河床上一块块绿油油的农田。数代以来，农民的作息都没有改变。大约每隔10天，农民就聚集在河谷一侧控制沟渠流入农田的水闸旁。在村中官员的监督下，石闸门开启，珍贵的水从沟渠涌出，流过狭窄的水沟，注入农田。程序严谨的灌溉作业要花上一整天，直到每处作物都得到均等而充分的灌溉，每个农民分到同样多的灌溉水，闸门才关闭。在这期间，他们少有争执，因为每个人都熟知这项例行作业。他们知道即使几个月不下雨，也不愁没水。

公元1245年至1310年间，厄尔尼诺效应一波波突然降临时，奇穆如何挨过那些叫人猝不及防的干旱？巴坦格兰德的下场想必让奇穆的统治者有了深刻警惕，深知必须预先规划日益扩大的昌昌城粮食供应。在这之前的千百年间，秘鲁沿海地区的农民，例如莫切村民，已运用了极能应对环境变化的农业体系。他们在沿海山丘旁边以小面积为单位开垦肥沃土地，农田位于山丘旁，能够尽可能利用来自泉水和偶尔降临的暴雨的径流。小面积农业体系让他们能在既有的供水量下，开垦最多土地，而在人口密度不高时，这套办法很管用。莫切人这套办法优点在于需要动用的人力较少，又不需复杂的灌溉技术。但就奇穆人来说，他们人口太多，尤其是非农民比较多，这种小规模农业无法支应需求。鉴于情势迥异，且城市扩张快速，人口急速增加，奇穆统治者大手笔打造组织细密而高度分工化的农业。为此，他们依赖古老的徭役制度，即规定每人每年要付出劳力兴建大型建筑和其他公共设施。

昌昌城的用水依赖几座水量渐少的大水井。最早的公共设施建在靠近海洋处，取该处地下水较接近地面之利。该城东边地势低，地下水位高，让他们得以开辟出精细复杂的低地田园，使利用的土地从太平洋岸边往上游延伸五公里远。到了公元1100年，奇穆的徭役工还开凿出庞大的沟渠网，灌溉昌昌城北方和西方的平地。在此，灌溉水也填补了城市的地下蓄水层。那一年，大规模厄尔尼诺效应摧毁了昌昌城上游的灌溉体系，导致莫切河改道时，统治者发挥一贯的不屈不挠精神，命人开凿一条70公里长的沟渠连接相邻河谷，以利用北方齐卡玛河的河水灌溉该城上游的土地。此一所费不赀的工程未能完成，随着城区往上游扩张，来到井得挖更深才取得到水的地区，供水所需动用的人力也越来越多。最终昌昌城不再扩张，往地下水位较低的太平洋岸边后退。

奇穆人在国内各地建造了复杂而过多的灌溉沟渠，以供多条河谷里的不同地区用水。这些沟渠有些长达30~40公里。光是赫克特佩克河谷北侧，如今仍存有多条数百年前兴建的这类沟渠，总长至少有400公里。这庞大的沟渠网从未同时使用，因为没有那么多水可注满所有的沟渠。依赖沟渠网的各部落，想必研拟出周密的时程表，排定每个人的不同供水时间。如今，当地农民大约每隔10天灌溉作物一次，奇穆人时代大概也是如此。如果某些区段的沟渠遭洪水冲毁，或干旱期时泉水枯竭，农民可取用其他沟渠的水。面对极端不稳定的气候，奇穆人的沟渠系统的确是减轻其所受冲击的实用办法。

奇穆人还发展出应对极端降雨的技术。南法尔凡、卡尼翁席略等大城市的统治者，建造复杂的溢流堰作为其灌溉沟渠的一部分，特别是针对横跨大峡谷的高架渠建造溢流堰。爆发大洪水时，这类溢流堰可减缓滚滚河水的流速，防止土壤流失。高架渠的渠道内壁以石头砌成，水流经渠道底部时不致危害结构体。这些措施并不尽然万无一失，因为有许多重建迹象，但无疑在某种程度上化解了大洪水的危害。

奇穆农民还在靠近海岸的地区，建造月牙状石质拦沙墙，减缓沙丘沙流入灌溉沟渠和田地的速度。从废弃的拦沙墙来看，此一防御策略似乎不如他们的防洪措施来得有效。

早在几百年前，莫切人的防旱、防洪之道，是发展用较少人力维持且利用到几种不同环境的粗放农田体系。一旦厄尔尼诺效应带来洪水或碰上干燥期，整个社群即迁居他处，然后再在每个村子重建农田体系。在每条河谷里，居民激烈争夺沃土，从未想过将农业纳入统一管理。奇穆人的应对之道大不相同，因为他们的人口较为稠密。先前的住民散居于河谷里的多处小部落，奇穆人则发展出大城镇，且从事地区规模的农业。他们未曾像莫切人那样发展较不耗人力而可灵活应变的农业，而是投入庞大人力，打造一体化的大规模农业。例如奇穆君主建造了大蓄水池，在陡峭山坡上开辟梯田，以防止水顺着陡坡冲泻而下。即使在极严重的干旱时，他们的沟渠都能将水从深在谷底的河床输送到远处的梯田。借此，奇穆人创造出数千亩新田地，而汲取远处的水灌溉，使原本依赖一年一度的泛洪而一年只能一熟的地方，变为一年两到三熟。

开拓田地不合经济效益时，奇穆君主转而以征服取得新土地。一如历来统治者惯有的作为，他们合理化自己的征服作为，奇穆君主发展出人类学家所谓的分割继承。国君死后埋在自己的宫院里，经防腐处理的遗体，仍如生前主持朝政。朝臣得随侍在侧，要当他活着般跟他讲话，国家庆典时要抬着他的遗体游行。与此同时，继任者登基，却一无所有，也没有徭役权来支持其政权。他唯一的选择就是派兵开疆拓土，收服他族。因此征讨行动连年不断，奇穆王国的版图也由圣塔河扩张到赫克特佩克河，再到兰巴耶克河和该河以外的地区，最后统有各河谷沿岸长达1100公里的土地。从农业角度来看，这办法很有效。在国力鼎盛时期，奇穆人掌控了超过12条河谷，至少5.6万公顷的可耕地，而这些耕地全以锄或挖掘棒为耕种工具。

奇穆社会以坐落在冲积扇的大城市为基础，以先进的道路网连接帝国境内各城市和邻近山坡上的居民。奇穆统治者的治理手段残酷无情，但不得不如此，因为管理水资源需动用庞大人力及物力。他们强迫子民迁入大城，严加限制个人的迁徙自由。借由中央集权的掌控，统治者得以统筹整个地区，应对多变的环境和厄尔尼诺现象之类活动，得以将作物栽种由一区移到另一区，将未受损的灌溉沟渠供受损区的农业使用，动用大批徭役工修复高架渠和沟渠。

沿海沙漠只有不到10% 土地可以耕种，因此奇穆王国也非常依赖捕鱼。根据历史记录，奇穆王国的渔民讲方言，只嫁娶自己族里的人，居住在由自己人领导的独立部落里。他们有专门技能，一如内陆的农民。他们大体上自给自足，甚至在靠近海滩的低地园圃里种植建造小划子所需的芦苇，还有制造渔网、鱼线所需的棉树，以及制造浮筒所需的葫芦。渔民以捕获的渔产跟农民交易，换取农产品。由于渔场就在门前，且一年里至少有280天可下海捕鱼，奇穆王国的渔民几乎不受干旱之苦。厄尔尼诺现象期间，他们可捕到足供自家食用的渔获。但在这期间，海水涌升减缓，甚至停止，鳀鱼捕获量因而大减。在这类时期，鱼粉买卖大概会大幅萎缩。在专技人士构成的社会里，每个社群各有自己的风险，发展出各自应对风险的办法。

玛雅文明碰上漫长的干燥期就局部瓦解，相对地，以严酷组织管理河谷的奇穆，似乎连漫长干旱和格外强烈的厄尔尼诺效应都挨了过去。鉴于城镇人口日增，必须生产大量的剩余粮食，奇穆人除了采取集权体制，别无其他选择。玛雅君主使平民陷入环境困境，最后，人口日增、粮食增产压力不断升高、雨林环境不胜开发负荷，造成玛雅政治、社会的大崩溃。奇穆王国的城市挨过了中世纪温暖期，因为其统治者竭尽心力打造自给自足的文化，将防旱、防洪、免于匮乏视为第一要务。

为此，他们创造出以大规模人力和严酷管控为基础，复杂而组织化的绿洲。他们耕种多种微环境，一如玛雅人之所为。奇穆人和玛雅人基本上都以简陋的技术却大量动用人力的方式，来管理稀少的水资源。这两个民族都依赖严谨的社会秩序，依赖和人界、超自然界之间的斡旋有关的仪式。就玛雅人而言，无法变通的意识形态和贵族的需索，还有贵族不断执迷于征战，是让复杂城市和整个社会在遭受长期干旱时加速崩解的因素。奇穆人遭遇的干旱比玛雅人遭遇的更久，但奇穆人的结局却与玛雅人大不相同。奇穆王国的君主，一如玛雅君主，统治一个阶层分明而严苛的社会，但奇穆人生活的环境是地球上最干燥的环境之一，降雨稀少，水源来自远处。现实环境使农民和统治者都把漫长干旱期当作是每个人一生必须经历的事来防范，因而除了将食物来源多元化，还须极尽所能善用每一滴水，因为他们别无选择。与玛雅人不同的是，在距奇穆人家园近在咫尺之处，就坐落着世上最富庶的沿海渔场，使他们能通过复杂的灌溉设施和鳀鱼场，多元化地取得食物。他们善用上天赋予的各种机会，成功地办到了这一点。奇穆人能在玛雅人失败的地方成功，完全是因为他们每天都和干旱为伍，且有遥远先祖辛苦得来的经验可资借鉴。

奇穆在变动不居的安第斯政治舞台上成为强权，但不可避免的是，难缠的强敌在高地出现，觊觎这富裕的沿海王国。奇穆的君主掌控了王国的每个角落，唯独漏掉了王国各河谷提供山区径流的森林集水区。约公元1470年，来自高地的征服者，野心勃勃的印加人，控制了这些攸关王国命脉的水源，征服了奇穆。奇穆王国成为"四方之地"（印加人语，意指印加帝国的领土）之一，其工匠则被大量遣送到印加帝国首都库斯科。

那几场让从北美"大盆地"到南美之间诸多人类社会饱受摧残的大干旱，是由于热带太平洋地区的大气与海域间的相互作用——至今我们仍所知甚少。接下来，我们必须前往热带太平洋，探索在中世纪温暖期那几百年里，那些受 ENSO 现象恣意摆布气候的水域，曾发生哪些鲜为人知的变化。

第十章

迎风航行的波利尼西亚人

我听很多人说过，
世上最敏感的天平是男人的睾丸。
在夜里、在地平线模糊不清时，
或在船舱的时候，
就用这办法找出岛屿外长浪的中心点。

————托玛斯·格拉德温（Thomas Gladwin）
《东方是只大鸟》（*East Is a Big Bird*，1970）

太平洋

700

800

900

1000

漫长的干燥、
非常低温气候
（南加州、巴尔
米拉岛、公元
992—1091年
间的新西兰）

1100

1200

新西兰
气温较高

1300

气温渐高，
雨量渐增

1400

公元1200年，南太平洋黎明时分。两艘双层船壳的大型尖头长身划艇上，船员个个一脸倦容。他们已顺着阵阵西风航行了17天，船帆在波浪起伏的海上来回拍打。黑暗渐退，黎明曙光逐渐降临，星星隐没于苍穹。经验老到的领航员扫视远方地平线，什么都没见到，抬头望着盘旋于上方的成群海鸟。他一动不动地站着，双腿分开，双眼闭着，通过双脚感受海浪撞击隐身地平线外的岛屿的微微波动。几分钟过去，他仍旧一动不动地思索。接着，领航员望向地平线，伸手指着船首稍稍偏右的方向。舵手改变航向，风从稍稍偏离他右肩的方向吹来，另一艘划艇跟进。

太阳升起，甲板上的影子缩短。正午时，

风力稍稍增强。两艘尖头划艇速度加快，但舵手保持与长浪的原有角度。这时候，领航员已经吃了一些鱼干，很节制地喝了点水。他站在船首，盯着远方。几小时过去，毫无动静；太阳落向西方，领航员长长的影子落在船首的波浪上。当太阳快落到地平线下时，他悄悄举起一只手，指着正前方。两艘划艇在颠簸的海上前进，船身起落间，隐约见到远方一丛树木突现于鲜明的地平线上。

夜里，两艘划艇朝着那岛屿西端悄悄航行，一旦离陆地太近，船员便即刻停航。破晓时，巨大棕榈树高高耸立在岛上的低矮山丘上。他们环视岛上各处，以确认有无人类活动的迹象、村落的炊烟或敌人的踪迹。但岛上似乎无人居住。领航员命船往东航行，与陆地保持安全距离，寻找靠岸地点。连绵的峭壁终于中断，出现一片沙滩。船帆降下，两艘划艇划向安全的泊岸处，高大的树木在上岸处丛生。

两艘划艇的船员，不知自己已完成了人类史上最大胆的探险航行之一。他们从东波利尼西亚群岛的曼迦雷瓦岛放手一搏，往东航行，最后登陆大拉帕岛（Rapa Nui，即复活节岛）。由于先前盛行东北风，该地区岛民一般未想到往东航行。但几星期前，东北信风渐渐平息，接着出现风平浪静的潮湿天气，之后吹起微微西风，而且不像以往吹个几天就结束。因此，这位领航员决定冒个险，航向他们所不知的地平线另一头。登上新家园后几天，东北信风再度吹起。

波利尼西亚群岛呈三角形分布在太平洋中部、南部的辽阔海域，分别以夏威夷、新西兰、大拉帕岛为三角形的三个顶点。一般人总认为波利尼西亚是人间天堂，冲击世上许多地方的极端气候和干旱、洪水期，几乎不影响该群岛。事实上，南太平洋的气候，变幻莫测一如地球其他地方，甚至更有过之。对此，尖头长身划艇的领航员和偏远岛屿的居民感受尤深。

太平洋上所有有人居住的岛屿里，大拉帕岛地处最偏远。因此，不管是要了解航海，还是航海史，它都是特别值得探讨的例子。欲抵达该岛，需要极特殊的气候条件，因为该岛位于盛行信风的逆风处。根据大拉帕岛的口述传说，有位名叫霍图·马图阿（Hotu Matu'a，意为"大家长"）的领袖，率领其家族殖民该岛。他登岸时未带猪或狗之类主食（波利尼西亚人的食物来源），即使带了，大概也在上岸后死去了。至于后来是否还有人远航至该岛，不得而知。我们研判是没有，部分原因在于长期吹西风相当罕见。且就我们所知，那批人抵达该岛后，未有人从该岛驾船返回曼迦雷瓦岛或其他地方，而这可能是因为殖民者很快就将新家园的森林砍光，致使其没有材料建造新的远洋划艇。

他们面临了一大难题。大拉帕岛位于亚热带，意味着周遭水域没有珊瑚生长、鱼比波利尼西亚其他地方少很多，雨量较少，且落地后很快便被多孔的火成土壤吸收。淡水难寻，但他们种植甘薯、芋、山药及甘蔗，勉强生存下来。他们带了鸡上岸，养在大型石造鸡屋里，但是淀粉类占了日常食物的绝大比例。在这与世隔绝的环境里，生存不易，但在约公元1600年时，大拉帕岛上可能住有多达1.5万人，依赖集约农业、周全的水资源管理而生存。

一如波利尼西亚的所有社会，岛上有贵族和平民。根据口述传说，他们将岛上分成约12个以亲缘关系为基础的地盘，每个地盘各有一段海岸。这些氏族争相建造平台，在其上为自己的崇高祖先建造面海的巨大摩艾石像。考古学家乔·安妮·范提尔堡（Jo Anne Van Tilburg）算出岛上至少有887尊摩艾石像，其中有些仍在采石场。前后400年间，岛民树立摩艾石像，为石像建造平台。因为这一任务，岛民的粮食需求可能增加了约25%，岛上生态则遭到毁坏。从开始拓殖到约公元1600年间，第一批殖民者的后代砍光了岛上庞大的原生棕榈树，18世纪期间，岛上人口减少多达70%。

人类驾着尖头长身的划艇横越整个波利尼西亚群岛，前后花了数百年，而以殖民大拉帕岛为终结。千百年来，古代航海者以逐岛前进的方式，由西往东横越太平洋。其中许多趟航行，距离只有将近500公里，但从曼迦雷瓦岛到大拉帕岛，航行距离约2500公里，而且在茫茫大海上，大拉帕岛如此渺小，航行时根本不知道有这岛屿，欲登上该岛更艰巨得多。只要航向稍稍偏差几英里，他们大概就会错过该岛，航入渺无人烟的大海。波利尼西亚人驾着顶风航行能力有限的尖头长身划艇，逆着盛行信风往东航行。他们以贝壳做的扁斧打造尖头长身划艇，在不见陆地的外海靠星星、风力与长浪航行。在西班牙探险家麦哲伦和追随其脚步的诸多探险家眼中，太平洋是空荡荡的可怕地方，得花数月才能横越，光是从麦哲伦海峡到新几内亚就将近有1.3万公里。看似无边无际的海洋，"辽阔得非人类心智所能掌控"，但在波利尼西亚人眼中，这片大海是赋予生命的世界，有丰富的渔产，还有可供他们上岸、种植作物和养家糊口的大小岛屿。他们紧靠着海洋生活，熟悉海洋的脾性，以耐心和高超技巧横越海上航道。但一如我们，他们的生活和航行都脱离不了强大气候的摆布。

大拉帕岛、夏威夷群岛、新西兰都在中世纪温暖期那几百年里，开始有人定居，比几年前学界一直认定的年代要晚了一些。这个变动带来一个有趣的问题。中世纪温暖期时，太平洋东部沿岸有许多地区气温升高，陷入干旱，而同一期间，中世纪温暖期的气候对波利尼西亚有何影响？太平洋上是否曾有如此的气候变化？波利尼西亚群岛里最孤立的一些陆块，在这几百年间明显开始有人定居一事，背后是否有什么重要意义？特别是公元1500年后，驾划艇的远航活动少了大半，更叫人不得不思索那几百年间的航海殖民活动是否与气候变化有关。

热带珊瑚的日记本

太平洋地区的中世纪温暖期记录非常少，我们无法确切地说中世纪温暖期是全球现象。涵盖过去千年的替代性记录不多，且大部分来自树轮或热带珊瑚的年轮。到公元2002年为止，南半球千年气温的重建只完成三处，分别来自阿根廷、智利与新西兰。此三处足以显示，南半球的气温和气候因地区不同而有相当大的差异。即使气候是由规模更大的大气与全球相互作用所推动的，仍然是有地域性的。

新西兰序列来自南岛西海岸的奥罗科沼泽，那里茂盛生长着银松等高龄树种。银松木几乎不会腐烂，意味着那里存有许多半化石原木可供树轮分析。爱德温·库克（Edwin Cook）和其研究小组拟出从公元700年至1999年的树轮序列，其中公元900年后的序列可靠度甚高。这份经严谨查核以求精确的记录，说明了曾有两个时期气温大致高于平均温度，一是公元1137年至1177年，一是公元1210年至1260年。公元993年至1091年为持续严寒期；公元1500年后气温骤降，之后的近代持续升温。

　　根据奥罗科树轮序列，该地区曾出现几次比20世纪该区平均温度还高0.3℃至0.5℃的气温，公元1210年至1260年间则出现可与公元1950年后全球升温程度相类似的升温现象。

　　今日的新西兰属温带气候，与波利尼西亚的气候大不相同。地理学家派帕特里克·纳恩（Patrick Nunn）根据多种替代性气候记录（包括对新西兰某石笋的氧同位素分析结果），以及太平洋多个岛屿的海平面调查结果，判定中世纪温暖期温暖干燥，吹着久久不停的信风。但他以地球另一端尼罗河的流量资料，作为厄尔尼诺活动频率变化的指标，借此主张公元1300年左右，厄尔尼诺活动变得频繁许多。纳恩认为公元1250年后，气候陡然转为较低温而干燥，小冰河期（1350—1850）期间暴风雨变多。纳恩称这个突然的大逆转为"1300年事件"，这个陡然降临的事件，导致一连串文化与环境的浩劫。根据纳恩的说法，"1300年事件"中断了整个太平洋地区的人类拓殖活动，生存大受威胁，航海活动变少，竞争更趋激烈，甚至出现地方性战争。

　　纳恩的气候证据，大多是对海平面的升降变化与记录了侵蚀、泛滥的地质沉积物的观察结果。

　　这类替代性气候记录，远不及树轮或高分辨率的珊瑚生长轮准确。尤其珊瑚一直是近几年密集研究的对象，让人们对中世纪温暖期的看法大幅改观。然而对于公元1300年这个地区遭逢毁灭性气候活动的看法，从珊瑚生长轮几乎得不到证据支持。

　　古气候学家金姆·柯布（Kim Cobb）于公元1998年首次登上巴尔米拉，在该岛西侧发现数十个未受侵蚀的古珊瑚丘，大为兴奋。此后至今，柯布和其研究团队从80多个珊瑚丘里钻取了样本，揭示1000多年来海水温度和ENSO现象的模式。如今，她所钻取的样本，年代涵盖中世纪温暖期里的公元928年至961年、1149年至1220年、1317年至1464年，以及欧洲小冰河期高峰时期的公元1635年至1703年，还有从公元1886年至1998年这个近代序列。除了10世纪和12世纪中叶这两个时期，其他时期的氧十八同位素比例，变化相对较小。10世纪的寒冷期是重要时期，出现得较为突然，是过去1100年里气温最低，也可能是最干燥的时期；12世纪中叶至末期这段时间，则是过去1000年最温暖、最多雨的时期。如果巴尔米拉珊瑚是可靠的指标，那就表示中世纪温暖期时，低温而干燥的反厄尔尼诺气候有很长一段时期盛行于东太平洋许多地方。

除了少数几个晚近的珊瑚记录，巴尔米拉岛的珊瑚序列在现今是独一无二的。从澳洲大堡礁钻取而出、涵盖公元1565年至1985年的珊瑚样本，就是较晚近的珊瑚记录之一。该样本证实在欧洲处于小冰河期的公元1675年至1703年间，巴尔米拉的气温稍高。这个得自大堡礁的序列也显示，19世纪末期北半球升温时，热带太平洋处于降温状态。因此我们有充分理由相信，中世纪温暖期时，太平洋许多地区为低温而较干燥的气候。

巴尔米拉只是广大太平洋上的一个小点，比起在新西兰等地方观察到的气温变化程度，该岛的气温较稳定。但该岛气候史的重要性却可能远超过其他地方。柯布和其同僚深信，太平洋海面温度从东往西递降的梯度现象，对全球气温模式影响甚大。在此情况下，10世纪至12世纪期间太平洋温度的梯度可能更陡，使太平洋这部分地区在中世纪温暖期时，处于较低温而干燥的气候。热带中太平洋出现这类气候，大部分是由于反厄尔尼诺现象，而这些因素同样也促成美国西部、中美洲，乃至地球另一头的西非萨赫勒地区出现大旱与湖水下降等现象。此外，最近根据数值实验和公认的海洋—大气互动模式所设计的计算机模型，已显示东太平洋在小冰河期时气温较高，其中有段期间 ENSO 现象较为频繁，而在中世纪温暖期时，该广阔地区的厄尔尼诺活动减弱，气温较低。

从数千公里外利马近海的太平洋大陆棚所钻取的沉积物样本，显示公元800年至1250年间，ENSO 现象减弱，而在厄瓜多安第斯山区，帕尔卡科查湖的一处高海拔地点，研究人员钻取出记录了1.2万年气候变化的湖泊沉积物样本。此地虽远在太平洋之外，影响该地区的诸多气候状况却与影响太平洋者相差无几。从该处所钻取的样本，带有大雨造成的显著岩屑沉积层，证明该处曾受厄尔尼诺效应影响，因此厄尔尼诺活动实际上可能更为频繁。现今检测出最早的厄尔尼诺现象发生于7000年前，但厄尔尼诺活动最频繁的时期约在公元1200年至1400年间，差不多就是东波利尼西亚人最后一波远航的时期。

专栏

珊瑚与气候变化

从太平洋中部热带地区采集的珊瑚样本年轮，已有数百年历史，且我们知道如何精确解读这些替代性记录，因而其价值丝毫不逊于近代以仪器取得的记录。它们提供了无比珍贵的资料，让今人得以了解过去的厄尔尼诺现象，因而气候学家已将焦点转向更古老的化石珊瑚，借以了解更久远的过去。令人遗憾的是，这类珊瑚极为罕见，因为大部分样本都是暴风雨时被冲上岸的，成了被强风摧毁的碎片。以它们死后仍动荡不安的遭遇来看，能幸存下来都是万幸，但幸存者大多只有几十年历史。它们的功用和树轮一样，而且也要将数十个短期样本凑在一块，以拟出更长期的主序列。

珊瑚为何如此有助于我们了解过去的气候呢？珊瑚是由名叫珊瑚虫的海中小型无脊椎动物聚居形成，珊瑚虫分泌碳酸钙为坚硬外壳保护自己。数百万只珊瑚虫聚居，形成复杂结构体，往往分出许多状如树枝的分支。结构体里栖息着海藻，珊瑚虫就从这些海藻吸收养分。阳光穿透浅水区，照在海藻上，海藻进行光合作用，制造养分。珊瑚在阴暗、较深的水里无法生长，适合生长的水温只限于25℃至28.8℃。此外，珊瑚也很脆弱，通常只存世数十载就遭暴风雨摧毁，冲上岸，最后变成粉末。完好无缺而有几百年历史的老珊瑚，只见于较少有暴风雨肆虐的东太平洋，且符合下列条件的岛屿：水温高，珊瑚生长茂盛，强风威力足以将珊瑚头吹断、冲上岸，但又不会太频繁，能让珊瑚头不受后来恶劣气候伤害而得以保持完好。到目前为止，只在少数岛屿（包括偏远而人迹罕至的巴尔米拉岛）才能采集到理想的古老珊瑚样本。

从巴尔米拉珊瑚头钻取的样本，记录了珊瑚的年轮，通过研究其同位素成分，可了解在珊瑚缓慢生长期间海面温度的变化。在温度较低的水域，珊瑚含有较高比例的O18（较重的氧同位素），而在温度较高的水域，珊瑚则含有较高比例的O16（较轻的氧同位素）。柯布运用高精准度的质谱分析法，能准确地测出两种同位素相对比例的微小差距。两种同位素相对比例出现0.02%的差距，就代表温度改变了约0.6℃。

取自巴尔米拉岛、年代有局部重叠的数十个短珊瑚序列，通过铀／钍年代测定法，确认了年龄。铀／钍年代测定法，又称钍230年代测定法，是以现代放射性核素计时来测定年代的方法，用来测量珊瑚之类碳酸物的年龄。铀在所有天然水域里都可溶解到某种程度，因此从任何珊瑚中都可淀析出微量的铀。相对地，钍不溶于水，要到珊瑚里的铀234开始衰退为钍230时，才会出现于珊瑚里。铀／钍年代测定法测量放射性同位素钍230与其放射性母体铀234之间的平衡已恢复到何种程度，借此测定珊瑚样本的年龄。拜铀／钍年代测定法之赐，柯布得以替这一重要的气候数据库打下基础。

巴尔米拉珊瑚样本显示了厄尔尼诺效应如何强烈影响巴尔米拉的气候，厄尔尼诺期间的气温较高、较多雨，反厄尔尼诺期间则较低、较干燥。厄尔尼诺期间，珊瑚里的 O_{18} 同位素比例下降，反厄尔尼诺期间则升高。因此，珊瑚为过去的气候变化提供了惊人可靠的指标，再根据铀/钍年代测定法替数十个彼此局部重叠的短序列测出的年代，可精确算出那些气候变化发生的时期。例如12世纪至14世纪期间，ENSO现象比今日要弱。

★巴尔米拉岛（Palmyra Island）是太平洋上的小环礁，位于夏威夷岛西南方1500多公里处。50座小岛呈马蹄形分布，中间围住3个潟湖，总面积约100公顷，只高于海平面约2米；在晴朗的日子里，从24公里外就可望见小岛上的高大树木。1802年11月7日，美国船巴尔米拉号到此处避难，因此得名，环礁四周环绕着珊瑚与沙构成的台地。2000年，美国自然保育组织（Nature Conservacy）买下这座几乎完全未遭污染的岛屿。

　　长期以来，学界认定热带太平洋的气候变化和其他地方并没有两样，亦即在范围明确的中世纪温暖期后，换上气温较低的小冰河期。然而，巴尔米拉研究结果推翻了此一认定，证明了在许多地区情形可能正好相反。几可确定的是，太平洋不同地区间，或说不同纬度间，差异颇大。学界所谓的南太平洋辐合带（South Pacific Convergence Zone），是影响人类殖民活动的关键因素。那是条低空风辐合带，带来多云和降雨的天气，横跨从西边万那杜到东边南方群岛的中太平洋上空。

　　此一辐合带随着 ENSO 现象的跷跷板起落而移位。厄尔尼诺期间，它往东北移，气旋活动则往东移，并变得更为频繁。反厄尔尼诺期间，它往西南移，并视太平洋年代际涛动的变化而做出相应的回应。太平洋年代际涛动是指海面温度和降雨每隔15到20年逆转一次的现象，其较高温相位的出现与ENSO现象较强且较频繁有关。

　　由于有意义的气候序列寥寥可数，对于中世纪温暖期在太平洋广大地区所造成的效应，我们仍所知不多。在北方高纬度地区，结冰状况改变，因此温度升高个1℃~2℃，就能带来重大影响；但在太平洋地区，对气候变化和人类移居影响较大的因素，乃是热带辐合带的南北位移，特别是南方涛动的变动和与其相关的厄尔尼诺现象、反厄尔尼诺现象。这些变动影响太平洋每个地区的社会和远在太平洋以外的社会。类似反厄尔尼诺现象而为期甚久的气候，其全球性效应曾使许多地区陷入干旱，并让另一些地区降雨量增加。而在气温较高那几百年期间，这样的效应乃是太平洋各处的特色。反厄尔尼诺退位，厄尔尼诺上场时（过去间或发生这样的变化），特别是13世纪时，信风式微，波利尼西亚航海家往东航行，抵达偏远的新天地。

单凭身体和直觉的航海王

1769年4月13日，詹姆斯·库克（James Cook）船长的"奋进号"在马塔维湾下锚停泊。库克从英格兰的普利茅斯出发，航行八个月，才来到波利尼西亚的心脏地带，其间多半看不见陆地。在观察经度判定位置还是新鲜事的年代，他能够登上陆地，证明他的航海本事不凡，但与先前就横越太平洋的波利尼西亚划艇领航员相比，只是雕虫小技。公元1513年，西班牙探险家巴斯科·努涅斯·德·巴尔沃亚（Vasco Nuñez de Balboa），从巴拿马地峡某"高大峰顶"远望太平洋，成为第一个发现太平洋的欧洲人，但在数个世纪前，太平洋岛民已横越数千里大海，定居于地球上最偏远的陆块。

海员出身的库克，极欣赏大溪地人用来贸易、作战及远航的尖头长身划子。他写道："根据我们听到的说法，他们把这些船称为 Proes 或 Pahee's，这些人驾着这种船，以逐岛停靠的方式，在海上航行了数百里格[1]的距离。他们白天以太阳为罗盘定方位，夜里则依赖月亮和星星。得知这点后，对于这些横卧在大海上的岛屿怎么会有人定居，我们也就不再疑惑。"他结识当地的领航高手图派亚（Tupaia），这个人对太平洋的熟悉程度，犹如脑子里有张地图，其想象范围甚至和澳洲或美国一样大。

---

1. 旧式航海单位，现已停用，1里格约合5公里。——译注

波利尼西亚原住民的航海本事

　　20世纪60年代末期，人类学家本·芬尼（Ben Finney）开始以仿制的古波利尼西亚划艇从事长期实验。芬尼第一艘复制划艇是纳莱希亚号，长12米，仿制自夏威夷的国王划艇。在夏威夷的多风海域试航，证实它能以斜穿风向的方式航行，因此芬尼打算结合太平洋各地岛屿已知的划艇设计方式，复制出另一艘划艇，然后从夏威夷航行到大溪地再返回。这艘由夏威夷人赫布·卡瓦伊努伊·卡内（Herb Kawainui Kane）设计的划艇，取名霍库莱阿号，长19米，双船体，有两面蟹螯状的帆。公元1976年，芬尼、密克罗尼西亚导航员毛·皮艾鲁格（Mau Piailug）及一组以夏威夷人居多的船员，驾乘霍库莱阿号，成功从夏威夷航抵大溪地再返回。接着，他们只靠原住民的领航术，以两年时间成功环绕太平洋。由于霍库莱阿号多次成功的实验，波利尼西亚古代导航技术已记录在口述传统和文献资料里，供后代子孙学习。

　　每位航海家都携带充足的粮食，通常包括脱水的根茎类作物，有时甚至带鸡和猪。鱼干是主食之一，航海途中捕捞的渔获也是。淡水以葫芦制容器盛装携带，沿途尽量省着喝，逢大雨则盛接雨水填补。大部分划艇准备粮水时，力求一次携足，不希冀路上可以补充，但船员仍需省着吃喝，让粮食和水尽可能撑得久一些。事实上，除了远渡重洋到夏威夷和东波利尼西亚，只有少数航行为期超过两星期。

　　英国探险家詹姆斯·库克船长于公元1769年抵达大溪地时，为一个至今仍令学界好奇的问题大惑不解，就是大溪地人是怎么来到这偏远岛屿定居的？只有简陋的划子，没有欧洲人的航海工具，要如何航越辽阔的大海，定居在太平洋上偏远至极的岛屿？库克遇见大溪地领航员图派亚，请教他们如何驾着划艇，从一岛横越不见陆地的汪洋大海到另一岛。图派亚解释道，他们白天以太阳为罗盘，夜里以月亮、星辰为罗盘。

图派亚对波利尼西亚了如指掌，犹如脑子里有张地图。他一一列出岛屿、航行到那些岛屿所需花费的时日和那些岛屿的方位，库克依其口述列出粗略的航海图。现代学者深信，图派亚所熟悉的海域，东北及于马克萨斯群岛，东及于土阿莫土群岛，南及于南方群岛，西北及于库克群岛，面积广达250万平方公里。就连西方的斐济与萨摩亚，都在他的脑中地图里。

此后未再有探险家请教大溪地领航员。过去许多学者认为，太平洋诸岛屿有人定居，乃是原住民划艇意外遭风吹离至外海，无意中促成。但公元1965年，驾船悠游大海的英格兰人大卫·路易斯（David Lewis），在密克罗尼西亚的卡罗林群岛遇见数位年老的原住民划艇领航员，从中得知他们利用关键星辰往天顶移动的过程，还有长浪方向、从远方陆地反弹回的波浪，甚至海鸟与陆鸟的飞行，在远离陆地的海上航行，抵达遥远的另一个岛屿；还能利用上述的海象和天象安然返乡。为保存这正快速消逝的技艺，路易斯只带着一张星图，还有一名波利尼西亚导航员陪同协助，从库克群岛的拉罗汤加岛，驾着他那艘欧制远洋双体船，航抵新西兰。20世纪70年代，路易斯在卡罗林群岛跟着当地导航员学艺，了解到他们如何靠日月星辰、云、长浪，乃至飞经的鸟儿指点方向，航渡大海。

五年后，库克第三次远航，他在复活节岛岸边下锚，该岛是波利尼西亚最偏远的岛屿。这时候，他航行过的太平洋海域，见过的太平洋原住民，都是欧洲任何探险家无法企及的。他踏上许多岛屿，发觉分布在广达数千里海面上的这些岛屿居民，有显著的相似之处。库克惊叹于他们高超的航海本事："从新西兰到这座岛屿，隔着几乎相当于1/4地球周长的浩瀚海洋，而这支民族竟敢登上其间的所有岛屿，着实令人佩服。"与图派亚和其他地方的领航员谈过后，他确信波利尼西亚人源自东南亚，他们的祖先从西往东逐岛航行，横越了辽阔海洋。而在不久前，已有人以复制的尖头长身划艇和原住民的航海方法试航，重现古代的航海技术。

寻找新天地

那么，太平洋上的岛屿是怎么开始有人定居的，气候变化又对这里有何影响？拜过去50年蓬勃的考古研究之赐，如今我们知道，太平洋地区的海外殖民行动始于遥远西南部的俾斯麦海峡与所罗门群岛水域，该地区早在公元前1500年就有兴盛的航海传统。这些"拉皮塔"（Lapita）人在辽阔的海域内，在相隔数百里的岛屿间，从事黑曜石等商品买卖。他们务农，但最重要的是他们航海，发展出附有舷外浮材的带帆划艇，以及远航到外海的领航技巧——与其先祖在3万年前划着更早期的划艇从新几内亚、东南亚来到所罗门群岛时，所依赖的简陋视觉领航技术大不相同。

　　约公元前1200年时，拉皮塔人的划艇远航至所罗门群岛外遥远的太平洋海域，打破了数千年来只及于所罗门群岛的人类定居范围。到了公元前1100至公元前900年，已有数个拉皮塔家庭定居于斐济、新喀里多尼亚与萨摩亚。仅仅两三百年，只过了15~25代人，拉皮塔航海者就已深入太平洋4500公里，殖民了其间众多岛屿。他们为何远航，从事这些探险、殖民活动，不得而知。一如苦于土地不足和人口过多的古斯堪的纳维亚人，许多波利尼西亚人之所以深入大海，或许是形势所逼，不得不如此。他们所处的社会，财产、房产、仪式特权，乃至秘传的知识，都只传给长子。年幼的兄弟在经济上备受歧视，其中许多人航向大海，寻找能让家人丰衣足食的新栖身地。

　　过了斐济与汤加，就是更远的库克群岛和社会群岛。此时远航行动似乎暂停了一阵子，然后约在公元元年，他们从波利尼西亚西部往东重启远航，接着在公元10世纪末期抵达太平洋中部、东南部的最偏远岛屿。夏威夷在公元800年已有人定居，新西兰是公元1000年，或许还更早，大拉帕岛则是在中世纪温暖期期间的公元1200年。

温暖期西风启动航海移民

　　如果最近以碳十四测定出的年代无误，则波利尼西亚人的远航活动，就是在中世纪温暖期那几百年间开始步入尾声的。那么，在公元10世纪末期，航海条件是否有不寻常之处？

　　这期间大多盛行东北信风和东南信风，分别在热带辐合带两侧吹送，且有沃克环流（Walker Circulation，促成厄尔尼诺活动的强力引擎）推波助澜。一如所有小船水手都知道的，顺着信风航行，轻松惬意。一连数天，船只全速航行，船首两面的三角帆吃满风，飒飒作响。不管白天还是晚上，船只都轻松航行，午夜时满月高挂天空，船员坐着值班，穿着短裤，裸着上身，望着海面。再没有比这更舒服的海上航行。然而一旦风向逆转，从船头吹来，就得吃苦头了。船员顶着恶劣西风、汹涌波涛，步履维艰，感到一阵阵恶心，一心盼着苦难赶快过去。

一如现代的帆船，太平洋上的尖头长身划艇很善于顺风和斜吃风航行。现代复制的太平洋划艇，能在帆和风向约呈75度的情况下航行（当然，若到90度，就是与风向垂直航行）。即使张满帆，在船不致停止前进的情况下尽可能贴风航行（帆与风向的夹角变小），仍能缓慢前进。但若帆与风向贴得更近，划艇速度即变慢，偏向下风处，偏离预定的航向。一如内燃机引擎问世前世上任何地方的船长，波利尼西亚的领航员等待信风停歇，西风降临，以便利用西风航向平常逆风的方向。航海技术高超的库克船长，不解波利尼西亚人如何逆风航行，因为他碰到逆风时，向来都是等顺风降临。图派亚告诉他："11月、12月和1月期间，盛行挟带雨量的西风，岛民深知如何善用西风，因而即使两座岛分处东西，他们仍能在两岛间航行或贸易。"

如今，多如牛毛的太平洋贸易资料，证实情形确如图派亚所言。在南半球夏季的某些期间，信风衰退，西风盛行。事实上，吹的是西南风或西北风。这两种风都极有利于划艇东航，让船尾与风向保持某种斜角，前进效果最佳。太平洋岛民的东航方式想必非常多样，因为许多远航大概都是在有利的西风气候下展开，然后随着气压系统越过其航向，他们便会碰上风向转变。现代水手从事的一连串实验性航行，证实东航100%可能，前提是水手要有耐性与领航专长，并采取迂回路径，时时预想自己实际的所在位置。

西风气候于厄尔尼诺效应期间最为盛行。当太平洋上空的大气压力梯度逆转时，信风衰弱，西风吹送时间可能拉得很长，特别是夏季期间。通常在太平洋西部与中部，西风最强，但西风最远可吹送至大拉帕岛和其后更远处。重大厄尔尼诺效应期间，甚至可能有划艇从汤加出发，笔直远航至马克萨斯群岛。在该群岛上，已发现斐济出产的矿物所制成的陶器碎片。

有很长一段时间，科学家认定中世纪温暖期让热带太平洋地区气温升高，气候变得较温暖，呈现出全球暖化趋势下的部分现象。若果如此，大概就意味着厄尔尼诺活动更频繁，因为今日普遍认为暖化会伴随厄尔尼诺活动变频繁而发生。近来对太平洋信风的研究，注意到沃克环流在气候暖化时势力会减弱。中世纪温暖期是否真的带给太平洋较有利于航行的气候？这问题特别叫人感兴趣，因为目前已知人类最早定居大拉帕岛（波利尼西亚最偏远岛屿）的年代，据断定是公元1200年。

地球上最偏远岛屿的第一批移民

位于亚热带的大拉帕岛是地球上最偏远的人类定居陆块，东距智利3700公里，西距皮特凯恩岛2100公里，面积171平方公里，最高海拔只有510米，比波利尼西亚大部分岛屿低许多。这座岛南北长仅14公里，在太平洋上显得非常渺小，波利尼西亚人竟能找到这么小的岛，似乎令人难以置信。以今日的六分仪和天文钟，甚至全球定位系统，要在茫茫大海找到它都不容易。但古代划艇的艇长，远在还未实际见到该岛时，就已定出其方位，很可能是根据在该岛栖息筑巢的大群海鸟研判而来。观察敏锐的领航员在陆地浮现于地平线300公里前，就能看到这些海鸟。

荷兰探险家雅各·罗格芬（Jacob Roggeveen）从智利出海，航行17天后，在1722年4月5日看到大拉帕岛。上岸后，受到岛上讲波利尼西亚语的居民迎接，叫他大吃一惊。他发现岛上船只全是尖头长身的小划子，用棕榈绳将一块块小木头编结而成。岛上不见一棵树，生活贫困，但岛民采集石块，树立了数十尊面海的巨大石像（摩艾）。从哪里取得制造划子和立起石像的木材呢？50年后，库克在大拉帕岛岸边下锚。他形容岛民"身材矮小而瘦削，怯生生，怪可怜的"，且同样不解岛上为何看不到木材和可航行于外海的划艇。

此岛何时开始有人定居？考古学家泰瑞·亨特（Terry Hunt）与卡尔·利波（Carl Lipo），最近挖掘了位于阿纳凯纳岛上的唯一沙丘。他们下挖将近350厘米，贯穿数个层层叠压、保存完好的考古层，最后触及肥沃的黏土和原始土壤层。原始土壤层里有器物和化石化的管状树根压痕，后者明显是现已绝迹的大拉帕岛巨棕榈树所留下的。同一地层里出土许多海豚骨，而只有驾着可航行于外海的划艇，才有可能在深海区捕捉到海豚。研究人员以碳十四测定此土壤层八样出土物的年代，断定该岛于公元1200年开始有人定居，即中世纪温暖期的巅峰。当时的岛民无疑能驾着划艇到外海远处捕鱼，且岛上有森林。

第一批移民驾着划艇来到时，岛上覆盖着浓密的巨棕榈森林，有些巨棕榈树干直径超过2米。不到300年，巨棕榈及原本茂盛生长于大拉帕岛上的20种树就此绝迹。最高的两种树为山木棉和常青树，分别可长到30米和15米高，过去在波利尼西亚，广泛用来制造划艇的船壳。人类为取得建造划艇与房子的建材、树立摩艾石像的杠杆、滚木及木柴，大量砍伐浓密森林，岛上的树木在公元1500年前全部绝迹，加上带来的老鼠四处肆虐，人口随之急剧减少。由于没有树木可建造划艇，幸运挨过此灾难者，无法横越开阔的太平洋，前往皮特凯恩、曼迦雷瓦等遥远岛屿（这些岛也因砍掉森林而招致严重后果）。砍光森林的后果就是彻底孤立，因为皮特凯恩与曼迦雷瓦两岛的贸易在公元1500年就已停摆，石扁斧之类的商品买卖在这时中断。

但当年人类如何驾着划艇殖民大拉帕岛？现代的霍库莱阿号于1999年从曼迦雷瓦出发，17天后抵达大拉帕岛，但这艘船综合了波利尼西亚几种划艇的设计，帆面积较大，迎风航行的性能可能比以前带有舷外浮材的南太平洋划艇更强。以前的划艇是何样貌，不得而知，但无疑是双层船壳，且具有利于贴风、顺风航行的帆樯；其迎风航行的本事很可能不如霍库莱阿号，但经研究证实，古斯堪的纳维亚人的商船纳尔，其迎风航行的本事比大家认定的要强许多。几可确定的是，殖民远航乃是在吹着罕见西风的时期进行的。

如果古代航海者能往任何方向航行，他们大概会随时出海远航。但由于盛行东风，划艇迎风航行的本事不强，远航行动大概是零零星星的。厄尔尼诺效应期间，东来的信风平息，1月或2月时西风盛行，平均风速达3~5节（即每小时5.5~9.26公里）。在这种条件下，划艇能以1.5节（每小时2.7公里）的平均速度，花上约22天，从西波利尼西亚航行到东波利尼西亚（前提是完全未碰上无风或逆风）。现代资料显示，即使在重大厄尔尼诺效应期间，西风往往也未吹到那么远的东边，但这不表示过去西风没有吹送到那么远。

若未发现陆地，他们还是可以调头，顺着信风快速返航。但那些发现陆地的远航是否一开始就打着一去不回头的念头，还是有返回家乡的打算，不得而知。家乡的政治与社会情势，想必是一大决定因素，说不定因此阻绝了返航的可能。

最强烈的厄尔尼诺效应发生于厄尔尼诺现象最频繁的时期，因此考古学家阿索尔·安德森（Atholl Anderson）等人认为，顺风东航就发生于西风频发的时期。波利尼西亚领航者没有计算机模型辅助，但想必熟悉不定期降临的高湿度天气和久久未停的西风气候。往东航向未知的世界，不管航行多远，大概都需要几星期的西风，而这比岛际短程航行花的时

菲利普·德贝（Philip de Bay）在约公元1723年所绘之素描，描绘大溪地的双体划艇，由戴面具的男子操桨。另有用于长距离航行的双体划艇，造型一样，但体积大得多。这类大划艇未有图片传世，但由这张素描可大略了解其船身和帆

间更久。诚如先前提过的，许多迹象显示12世纪至15世纪期间，中世纪温暖期告终而人类开始定居大拉帕岛时，厄尔尼诺活动较频繁。

如今大家都认为ENSO现象是影响古太平洋气候的重要因素，至于其对太平洋航海活动影响到何种程度，如今仍莫衷一是，我们也还无法确定重大厄尔尼诺效应是否真是影响殖民活动的关键。但目前的气候学研究已足以让我们确信，波利尼西亚的岛民，一如以海为生活重心的其他民族，其生存有赖于对海洋与陆地两种环境的深入了解。若中世纪温暖期带来的气候，乃是特别有利于远程航行的气候，天生善于航海的波利尼西亚人已准备好抓住这难得的机会，大展身手。

第十一章

飞鱼海洋与吴哥窟的覆灭

天气很热，温度计指着42℃。
热烘烘的沙暴让我们的眼睛
和鼻孔充满带有细菌的沙尘，
让我们睁不开眼睛；
腐尸发出的恶臭四处弥漫，
让我们的衣服、头发与皮肤也染上臭味。

——路易斯·科洛普什（Louis Klopsch，1900）

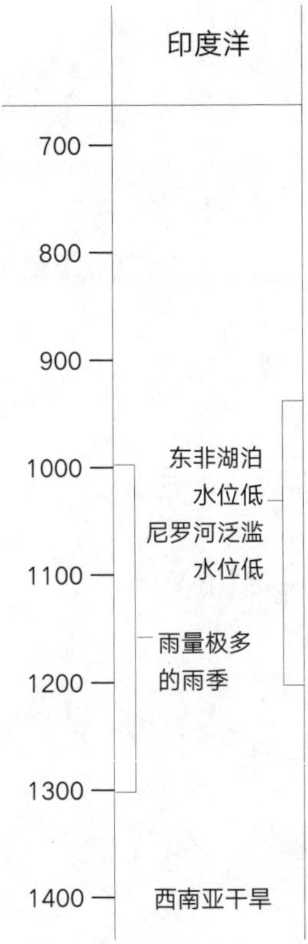

“饥荒是印度的特产。在世上每个地方，饥荒都只是微不足道的小事，在印度却是造成尸横遍野的大灾难。”维多利亚时代一位旅人，见过公元1896年至1899年印度大饥荒的惨状后，如此写道。没有人知道多少人死于饥饿和饥荒所引起的疾病，保守估计是1900万人。灾情之惨，难以言喻。

记者朱利安·霍桑（Julian Hawthorne）当时是《大都会杂志》派驻印度的特派员。他搭火车抵达饥荒灾区的心脏地带，看到铁轨旁的树下坐着一家大小的尸体，大为惊骇，“他们蹲着，全都已死去，身上单薄的衣物随风飘动，只有在胡狼扯散骨骸、徒劳地找寻食物时，衣物才停止飘动。"[1]在印度中部的贾巴尔普尔，美国传教士带他到市场，看到胖乎乎的商人和"瘦得皮包骨"的乞丐，两相对比，令他瞠目结舌。他到济贫院探望了更多饥民："就像每个骨瘦如柴的人一样，他们的膝关节突出于股骨与胫骨间，肘关节也是；无肉的下巴和颅骨架在脖子上，像拔了毛的鸡头。他们其实已经没有身体可言，只剩骨架子。"诚如史学家麦克·戴维斯（Mike Davis）所言，维多利亚女王登基60周年的庆典，是"在生灵涂炭中庆祝"的。统治印度的英国当局对救灾极不用心，反而加重了灾情。

19世纪末期的印度大饥荒，乃是雨季连年应来而未来所造成的，现今认为该现象与重大厄尔尼诺现象有关。雨季应来而未来，古已有之。1000年前，南亚、东南亚，有数千万人生活在季风及其与厄尔尼诺、反厄尔尼诺的复杂关系的摆布之下。

尼罗河标尺预测洪水或干旱

前面提过，中世纪温暖期期间，太平洋许多地区出现漫长的反厄尔尼诺现象，影响远及印度洋西岸的非洲东北部。尼罗河一年一度的上涨期间，奔流而下的河水约有90%来自落在埃塞俄比亚高原的季风雨。与一般人认知的正好相反，尼罗河的夏季泛滥不可预测，因年而异，而变

1.路透社的饥荒特派员法兰西斯·梅尔韦瑟（Francis Merewether），早霍桑数个月来到这些饥荒灾区，后来写出《印度饥荒区游历》（*A Tour of the Famine Districts of India*）一书，生动描述饥荒罹难者，震惊了当时的阅读大众。

量就在于埃塞俄比亚高原是干旱还是降雨丰沛。阿斯旺大坝建好之前，泛滥到洪泛平原的河水若太少，埃及农民就要挨饿。上涨水位只要低于平均值2米，上埃及（埃及南部）3/4的省份就可能无灌溉水可用。反之，若水位上涨过高，河水便大肆泛滥，所到之处，甚至整个村落，尽成泽国。为此，古埃及法老自然要苦恼河水上涨难测，试图以精心调校过的测量装置，即今日所谓的尼罗河水位测量标尺，预测水位变化。此后的埃及统治者亦是如此。

公元715年，倭马亚王朝哈里发苏莱曼·阿布杜·马立克（Sulaymann Abd al-Malek），忧心尼罗河水位低落和随之而起的社会动荡，命人在开罗附近劳代岛最南端建造了水位测量标尺[1]。150年后，阿巴斯王朝哈里发穆塔瓦吉勒（al-Mutawakkil），聘请突厥人、天文学家卡迪尔·法迦尼（Abu 'l Abbas Ahmad ibn Mohammad ibn Kathir al-Farghani）主持重大重建工程。这位以阿尔佛拉迦努斯（Alfraganus）之名享誉西方的大天文学家，在石砌内壁的坑里建造了一根八角形石柱，并以三条地道连接此坑与尼罗河。石柱上刻了19个埃及肘尺[2]标记，以记录河的最高与最低水位，其所能测量的最高洪水位达9.2米。这根水位测量标尺的表面刻有摘自《古兰经》的经文，文中提及水、植物与繁荣。理想的上涨水位是16个肘尺，低于此表示会发生干旱与饥荒，超过19个肘尺就表示将有严重洪灾。

乍看之下，劳代岛测量柱似乎不可能提供气候资料，但它记录了过去1500多年的水位变化。考古学家暨人口学家费克里·哈桑

---

1. 这根水位测量标尺值得一看，但一般游客很少造访。从开罗搭出租车，轻松可达。
2. 一肘尺等于54厘米。

（Fekri Hassan）整理劳代岛的洪水水位资料，想从中找出泥沙淤积和其他因素。他发现公元930年至1070年间为低洪水位时期，接着是公元1070年至1180年的高洪水位时期，然后尼罗河水位再度陡降，低洪水位长达170年。河水水量不足，随之出现收成不足、饥荒和谷价上涨的情形。哈里发忧心尼罗河水位自有其原因，费心建造尼罗河水位测量标尺也自有其道理。公元622年至999年之间有102年是低洪水位，也就是说其间有将近28%的年份，河水水量不足。公元967年，60万人死于饥饿和饥荒相关的疾病，占去埃及1/4的人口。在公元1220年至1221年的另一场饥荒期间，光是开罗一地，一天就死掉100至500人。

根据劳代岛水位测量柱得知的10世纪和11世纪漫长干旱，也影响了东非。从约公元1000年至1270年，肯亚中部奈瓦沙湖遭逢长期的严重干旱，其间只有约公元1200年至1240年的短暂期间有较多降雨。相对的，公元1770年至1850年期间，即小冰河期最盛期，该地区大体上雨量较多。

奈瓦沙湖的记录并非个例。维多利亚湖、坦干伊喀湖与马拉维湖，在公元1040年后都经历过数次漫长干旱和低水位。乞力马扎罗山也在那个世纪内，发生了特别严重的干旱。这些湖泊位于东非高原外，而牧牛民族繁衍于东非高原，到当时为止已至少2000年。

我们对这些族群一无所知，他们的个人财物不多，不断在迁徙，但碰上漫长干旱时，大概会待在便于取用永久水源的范围内。根据史上的重大干旱推断，随着牧草年复一年干枯，他们大概会损失数千头牛；但一如其他牧民，他们在雨水丰沛时期会增加牛的数目，以减轻日后一旦大量牛只死亡时的冲击。一如萨赫勒地区的牧民，其牲群的命运取决于世界另一端的气候力量。

约1000年前，正当非洲干旱最严重时，穆斯林商人在今日肯尼亚、坦桑尼亚沿海的小部落生根落户。他们到此寻找象牙、木材与热带地区产物已有数百年，但这时候他们在东非沿海永久定居。定居的诱因想必纯粹是经商牟利，因为这里的沿海环境炎热干燥。这些镇与内陆深处的牧民之间，隔着干燥而不适人居的内地，但这些流行多种语言的小"石头镇"（因以珊瑚建屋而得名），靠着非洲黄金、象牙、木材的买卖而繁荣一时。在1000年前，有一个广大的贸易世界，依赖季风和有着大三角帆的著名印度洋独桅帆船，得以运行不辍，这些东非小镇则是此一贸易世界的偏远贸易据点。

印度洋上令水手头疼的强劲西南季风

整体而言，印度洋对航海者最为和善，古阿拉伯歌谣称之为"飞鱼海洋"。印度洋比太平洋小得多，风向较稳定，陆地环抱四周。它受到亚洲遏阻，北部被印度分为阿拉伯海和孟加拉湾，而孟加拉湾与东南亚外的东印度洋海域相连。

围绕在印度洋周边的亚洲陆地，扰乱海风的正常运行。在赤道北边，海员在季风带里航行；在印度洋西侧，从非洲与马达加斯加岛间的莫桑比克海峡，往北再往东穿过阿拉伯湾，进入孟加拉湾和邻近水域，东北季风和西南季风支配航海活动已有数千年。

公元1世纪时，有位不知姓名的希腊裔亚历山卓商人（或水手），编纂了《埃里色雷海环航记》（*Periplus Maris Erythraei*）。希腊语的"periplus"意为"四处走动"，这位不知名作者笔下所述，正是其四处走动的经历。当时有许多船长，一年到头不拘何种天气，航行于那片海洋上，书中内容几可确定是作者亲身游历海洋后的见闻集结。作者乘着季风，从非洲出航，沿途停靠港口，最后抵达印度，途中也笔直朝外海航去："上面所述从卡纳到阿拉伯半岛尤戴蒙的整段航程，他们过去常驾着小船，紧贴海岸，绕海湾沿岸航行。希帕鲁斯（Hippalus）是第一位懂得如何笔直横越这片海洋的领航员，他的方法是观察港口位置和海象。"[1]《新约·圣经·启示录》以轻快的口吻描述红海上的季风贸易："这些货物就是金、银、宝石、珍珠、细麻布、紫色和朱红衣料、绸子、各种香木与各式象牙器皿。"就是这贸易促成占有地利的贸易城镇出现在东非沿岸，而这类贸易城镇最南远至坦桑尼亚南部的基尔瓦镇。

东北、西南季风约各吹送半年，但两者并不是突然就转换的。西南季风于5月底前在印度西海岸形成降雨，7月时势力臻于鼎盛，威力最强，然后渐渐减弱，直到10月时消散。在季风强劲的年份，强风暴雨使印度沿海门户大开的各港口形同关闭，就连大型帆船都无法出海，而季风强劲往往与太平洋上类似反厄尔尼诺现象的气候有关。雨可能连续下四五十天，其间晴朗天气不多。这样的气候不利于海上航行，对于沿着

---

1. 希帕鲁斯是来自亚历山卓的希腊裔船长，公元前1世纪时，在一季之内驾船从阿拉伯半岛抵达印度再返回。他沿着阿拉伯半岛沿岸航行，然后"观察港口位置和海象，找出航越大洋的路线"。不久，西南季风以"希帕鲁斯风"之名为人所知。

海岸航行且置货区毫无遮蔽的船只尤其不利。

东北季风温和、稳定，威力从来不强，日夜风向都如人所预料，深得行船人喜爱。11月至次年5月间，这宜人的海风将独桅三角帆船从波斯湾送到印度，将从印度港口出航的船只送到美索不达米亚，然后沿着阿拉伯半岛南部海岸，将船更往西送，送到位于红海湾口、盛产香料的遥远岛屿索科特拉（Socotra）。商船自东方抵达印度的同时，欲前往马来半岛和东方诸岬角的中国帆船和其他船只，已迎着4月到7月间吹越孟加拉湾的西南季风出港。西南季风能将帆船送到遥远的越南海岸，进入南中国海，直到9月渐弱的南风为东北季风所取代为止。东北季风则吹送至次年4月，如此周而复始。西南、东北季风让印度与中国得以通过海路，和罗马世界、伊斯兰世界往来。

一如太平洋上的信风，季风的模式绝非一成不变。印度洋上的季风依据毫无规律、至今仍待厘清的周期，往南北移动。季风南移时，埃塞俄比亚高原雨量丰沛；但往北移时，雨量减少，最严重时出现长达10年或更久的严重干旱。气温较高那几百年期间的干旱，时间拉得特别长，且似乎发生在至今仍鲜有证据可说明的太平洋反厄尔尼诺气候时期。10世纪和13世纪的干旱期期间，季风往北移。诚如先前提过的，这期间埃塞俄比亚和东非的湖泊区雨量减少。因此，当印度下暴雨而西南季风强劲时，非洲便陷入干旱。据史学家伊恩·布兰查德（Ian Blanchard）的说法，季风约每隔100年至120年发生一次南北交替，犹如缓缓摆动的钟摆。

气温较高那几百年期间，在印度洋上航行，对水手是一大考验。在那期间，与遥远东方太平洋上持续不退的反厄尔尼诺现象有关的强劲西南季风，往陆地上吹，使接近印度洋西岸成为危险之事。来往于红海、波斯湾、印度洋之间而操多种语言的船长，在盛行风转向时改变其航海路线以为应对；商人亦然。商人不顶着强劲逆风勉强航行，反而从红海港口走陆路到尼罗河，倒可缩短行程。不管走陆路或海路都不容易。"这些海峡因为陆风而多暴风雨，所以到了白天……许多（船）都消失不见了。"葡萄牙旅行家托梅·皮雷斯（Thomé Pires）于公元1513年如此写道。中世纪温暖期时，强劲西南季风有利于船只往东快速航行，出产大量象牙的东非海岸或许就因为这样，格外受到远程水手的青睐。

也或许因此，与外地有人脉关系的商人决定在东非沿海永久定居（与印度象的象牙相比，非洲象的象牙质地较软，较易雕刻。因为这一优点，非洲象牙在印度销路极好，需求永不餍足。印度人极珍视象牙，用于婚礼饰物等多种用途）。

一年中有许多时候，印度洋上的航行可能比较危险，但在独桅三角帆船的船长眼中，中世纪温暖期时印度洋的情况，有点像撒哈拉沙漠里骆驼商队所面对的情况。沙漠里雨量稍增时，商队便改走此时有水可用的沙漠中央路线；干燥时期，路线便西移，更靠近大西洋。骆驼能让主人轻松应对气候变动，顺风快行的独桅三角帆船也有同样的功用。驾着这类帆船的船长，耐心等待风向转变，仔细聆听季风南北移动的动静，以掌握最佳航行路线。他们能迅速应对不同的季风状况，意味着印度洋贸易在气温较高那几百年期间从未停摆。在汽车、铁路、汽轮问世前，海陆远程贸易的触角灵活，适应力无限，不断移动。在印度洋沿岸，船只停靠的港口可能会淤塞、海盗可能会袭扰原来很安全的港湾，季风模式也可能会改变。一旦如此，原停靠的船只会转到别的港口做买卖。

太平洋暖池的威力

尼罗河洪水水位降低、东非干旱、西南季风强劲及印度洋航海路线改变，这些现象说到底全源自地球上某辽阔地区的气候变化，源自太平洋西南部一个名叫"暖池"（Hot Pool）的区域。

我们在前几章探讨过许多降雨与气温改变的现象。在距印度洋甚远的加州圣巴巴拉海峡所钻取出的深海沉积物样本，说明了约公元500年至1300年，有很长一段时期海面温度较低，涌升流强劲，呈现典型的反厄尔尼诺现象（见第七章）。从中太平洋巴尔米拉岛取得的古珊瑚，也显示12世纪期间呈现较低温而干燥的气候，其中有时可能是反厄尔尼诺气候（见第十章）。秘鲁沿海所钻取出的深海沉积物样本，则显示公元800年至1250年间，有很长一段时期呈现类似反厄尔尼诺的气候。厄瓜多尔安第斯山区和智利中部低地的湖泊，也记录了公元900年至1200年间，出现强烈厄尔尼诺现象的典型特征，即洪水和暴雨的发生率低（见第九章）。

10世纪到13世纪的干旱期，使当时低温而干燥的太平洋某地区变成所谓的"暖池"，进而使亚洲、印度洋的季风气候受到严峻的考验。这一大池高温水，沿着赤道东西横跨约1.45万公里，南北纵长约2400公里，面积之辽阔相当于美国四倍大，简直就是座超大浴缸。这座暖池涵盖新几内亚、萨摩亚之间的西太平洋赤道海域，长长的尾巴延伸穿过印尼群岛，深入印度洋。这些海域是地球上最高温的水域，温度高到足以将热气和水汽驱赶到大气层高处，影响邻近陆块（中国、印度）的气候。此一暖池的范围和温度，呈现缓慢的周期性变动，此现象可能与厄尔尼诺强度密切相关，但促成那些变动的原因目前仍是个谜。

厄尔尼诺形成时，太平洋暖池东移，更靠近国际日期变更线。强大高压系统在印度尼西亚上空形成。这高压中心让季风延迟到来，干旱随之出现，森林大火肆虐广大地区，一如公元1997年和1998年强烈厄尔尼诺效应期间所出现的现象。强烈的 ENSO 现象使东南亚许多地区，乃至远在南方的澳洲、新西兰，雨量减少。公元1870年至1900年的几次强烈厄尔尼诺期间，澳洲新南威尔士、维多利亚变成干旱尘暴区，尘暴持续数天，爆发森林大火。数百万只绵羊死亡，广大地区作物歉收。但每次的厄尔尼诺现象都不一样，因此每次的效应也不同，且这效应还受到至今仍旧一无所知而为期更长、横跨至少十年的变化所左右，例如欧亚大陆覆雪现象之类的变化。

印度洋的气候与太平洋上不断变化的南方震荡相互作用，但还有一些独立的变量对印度洋气候影响甚大。我们当然不能斩钉截铁地说，强烈厄尔尼诺现象与季风未降临南亚、东南亚这两件事之间，存有直接而始终不变的关系，但ENSO现象与印度的干旱的确有连带关系。公元1870年至1991年间22个厄尔尼诺年里，有20个厄尔尼诺年出现干旱或降雨低于平均值。我们没理由认为过去没有这种关联。

那么，10世纪到13世纪期间，太平洋上久久不退的较低温气候，带来什么结果？那些较低温气候虽不是持续不断，但无疑是最主要的气候形态。在气温较低时期和反厄尔尼诺期间，暖池西移，远离国际日期变更线。季风畅行无阻，横扫东南亚和东亚，带来丰沛的降雨，有时甚至过量。

今人对暖池的活动仍旧所知甚少，但毋庸置疑的是，海面温度即使只是些微变动，都会大大影响周边地区的气候。整体而言，几乎可以确信低温而干燥的类似反厄尔尼诺气候，意味着夏季季风增强，南亚、东南亚降雨变多，即使其相互关系并不精确或并非一成不变。散布于广大地区的一些替代性气候记录，间接表示公元1000年至1350年间有段时期雨量较多，夏季季风较强，那些替代性记录包括阿曼某个浅洞穴里的石笋、巴基斯坦沿海钻取出的深海沉积物样本、从中国东北得到的化石花粉序列。

在这350年间，印度动荡不安，信仰伊斯兰的北方游牧民族入侵，在德里建立穆斯林王朝，佛教被赶出印度。但太平洋上普遍盛行的类似反厄尔尼诺气候，似乎为这一时期大部分时候带来丰沛的季风雨。

下错时节的雨也是灾难

在印度，季风不只是气象学上的冰冷名词。这片大陆上，人的生活作息围绕着旱、雨两季而展开。雨季带来温暖而潮湿的气候，从海洋吹向内陆的季风带来大雨。旱季时，气候干燥，从北方吹来凉爽而干燥的空气。人们度过几个月舒服的冬天，然后苦撑过几周日益难挨的酷暑，接着夏季季风降临，迎来一年中极令人兴奋的时节。东印度公司上校爱德华·滕南特（Edward Tennant）在公元1886年写道："天空不是湛蓝色，而是阴沉的铅色……天气变成阴天、炎热，云团自海面西方升起……最后，山丘间突然打下闪电，电光穿过海面低垂的云层，一记轰雷，季风雨降临饥渴的大地。"季风雨猛然降临那一天，始终叫人难忘。6世纪作家苏磐图（Subandhu）写道："薄暮时分，孔雀起舞。"

印度夏季季风雨于6月降临，那时大地吸收太阳热力的速度快于海洋。陆地上方的空气团温度升高、膨胀、上升。热空气上升，留下的空间由海洋较低温、较潮湿、较重的空气所填补。风向转为西南，吹向内陆，带来大雨。印度中西部和巴基斯坦，一年降雨有90%多得自夏季季风的三个月；印度南部、西北部则50%~75%年度降雨来自季风雨。在南亚的半干旱地区，季风雨量的变动有时攸关生死。但问题往往不在没有雨，而在于下雨的时节不对。雨季可能一来就带来洪水，然后一年里其他时间未再下雨。对农民而言，印度可以说是高风险环境。

1000年前，印度是由森林和不规则分布的开垦农地交织而成。政治活动或战争有时导致大面积耕地被弃置，成为辽阔的草原。经过人类数千年的干扰，这时天然植被已多半被摧毁。例如，若不是农民砍伐灌木、放火焚烧，西海岸许多地方大概会布满热带常绿森林、干燥的热带落叶林或热带莽原。公元1937年，英国土地测量员赛克斯（W. H. Sykes）如此描写孟买周边的乡间景致：干燥的4月和5月，"乡间看去犹如旱漠，但雨季来临后……乡下似乎变成一大片长了谷物的田野"。酷热肆虐大地一连数月，大部分降雨集中落在几个月内，农民要在气候变化如此强烈的环境里生存，需要耐心、适应力，还有机动能力。

在中世纪温暖期期间，在游牧民族袭扰和不分青红皂白洗劫的威胁下，默默在田里干活的数千万农民的遭遇，我们一无所知。他们的部落早已荡然无存，深埋在河流淤泥之下。当时的历史文献未记载干旱、水灾之事，而这根本不足为奇，因为气温较高那几百年，情势相当动荡。

欧洲进入中世纪盛期而玛雅努力抗旱时，伊斯兰入侵印度。

第一支抵达半干旱信德地区的穆斯林部队指挥官，对该地区评价不高。他说："水源匮乏，水果质量差，盗匪横行；若派小部队来此，会遭歼灭，若派大部队来，会饿死。"数百年间，印度饱受外族劫掠与侵扰，尤其是阿富汗的伽色尼王国。靠着多次入侵所劫掠的财富，伽色尼发展成为11世纪伊斯兰教一个重要的学术中心。连连袭扰的结果，不可避免地以攻占收场。公元1206年后，穆斯林王朝以德里为都城，统治印度长达320年。公元1211年至1236年在位的沙姆斯·乌德丁（Shams-ud-din），通过高明的外交手腕，避免了成吉思汗大军的洗劫。

这些事件发生于西南太平洋地区处于漫长低温而类似反厄尔尼诺的气候时期，而这气候大概为其间大部分年份带来丰沛的季风雨。但没有农民可以松懈，因为西南太平洋地区ENSO现象的变动，可能无预兆地带来数年干旱，然后较低温的气候才降临，再度给该地带来丰沛季风雨。因此，想必曾偶尔出现几次因干旱导致的严重饥荒期。那些饥荒期早已为后人所遗忘，我们只有通过其后几世纪的证据来了解。

即使在中世纪温暖期之后，印度仍苦于作物歉收。在铁路和改良的通信设施问世、使谷物能立即运送到灾区赈灾之前，一有饥荒，灾情总是很惨重。公元1344年至1345年的印度饥荒，严重到连国王都挨饿。16世纪莫卧儿皇帝巴布尔（Babur）写道，村乃至镇"在顷刻间被废弃，也在顷刻间建成！如果某个大镇的居民（即使已居住数年）欲逃离该镇，在一天或一天半内就会逃光，逃得干干净净，不留痕迹。另一方面，他们如果看中某个地方适合居住，不会开凿沟渠，亦不筑堤堰，因为他们的作物靠雨水灌溉长大。"[1]公元1629年、1630年，季风雨接连两次未降临，整个乡村地区人口剧减。数百万人和牛只死亡。一村又一村的人死于霍乱。公元1685年至1688年暴发另一场大旱。一个世纪后的1770年大饥荒，使孟加拉国人口锐减1/3。1789年南亚雨季再度未降临，接着在1790年，澳洲、墨西哥、南非暴发大旱。1792年，印度马德拉斯北部地区有60万人饿死，尸体和垂死者堵在加尔各答街头。死伤如此惨重，原因之一在于印度大部分地区在18世纪之前，都依赖高风险的"旱"农业。在18世纪之前，除了靠近永久河流的地方，灌溉设施并不常见。

吴哥渠道网络是兴衰关键

东南亚辉煌高棉文明的兴起，季风也是重要推手。中世纪时，中国人称东南亚湄公河下游地区为"扶南"。湄公河三角洲坐落着数个富裕王国和为高大土木工事所环绕的部落，中国从这地区取得铜、金与香料。中世纪温暖期开始时，这个地区的政治、经济中心已转移到上游处的洞里萨（意为"大淡水湖"），即柬埔寨的中央盆地。旱季时，洞里萨是一个低浅的大湖，湖水面积约3000平方公里，湖长约66公里。洞里萨河连接此湖与湄公河。8~10月间的雨季，大量洪水注入湄公河，导致洞里萨河河水逆流，回注洞里萨湖。湖水暴涨，淹没周边原野和森林，最后创

---

1. 莫卧儿皇帝巴布尔，公元1526年至1530年在位，当时人称"印度的主宰"（Master of Hindustan）。他是帖木儿后裔，击败了德里最后一位蒙古苏丹。"莫卧儿"一词为波斯语，意为蒙古人。

造出一个深达9米、面积广达1.6万平方公里的大湖。如今，洞里萨湖长133公里至167公里，最宽时有50公里。洞里萨湖淹没了森林边缘，湖中的鱼便在这里繁殖，其中许多鱼跟着外流的水往外游，进入湄公河。10月末期，洪水慢慢退去，使数以百万计的鱼困在泥泞的湖口。富饶的洞里萨是稻农的天堂，生产的粮食足以维持一个灿烂富裕的文明，前提是当地统治者建造水资源控制体系，管理水的供应。

千百年来，洞里萨都是逐鹿天下者的必争之地，内战的战场。但公元802年，精明干练的高棉君王阇耶跋摩二世（Jayavarman II）击败群雄，建立吴哥国，以印度教信仰，加上武力、纳贡，维持国家一统。阇耶跋摩二世自称为神君，借以巩固其王朝，子民敬之如神明。日益集权的政府，将所有资源用于崇拜神君。每个人，不管是将领、贵族、祭司或平民，都得将个人抱负摆在其次，而将国王长存于世、其生前死后永保神性，视为第一要务。阇耶跋摩二世为高棉王国的开国君主，在位45年，此后，高棉王国至少经历了三个王朝的统治，并在公元900年至1200年（中世纪温暖期）季风雨丰沛期间，臻于鼎盛。

阇耶跋摩二世和其后的国王，自视为印度教创世神湿婆的化身，自视为跋摩（varman，"守护者"）。

在他们的统治下，由名门望族组成而受到严密掌控的行政体系，监管高棉人民生活的每个层面，掌握由他人负责耕种的土地。当地农业生产大量的剩余粮食，让高棉王国能无止境地建造庙宇。旱季时，高棉王国倾全国之力，在高棉人眼中的世界中心（即今日大家所知的吴哥）建造一座座人造山丘，在人造山丘上建造越来越宏伟的宫殿庙宇。

高棉王国统治者所建的神庙，令埃及法老或玛雅君王的庙宇相形见细。苏耶跋摩二世（Suryavarman II）于公元1113年登基，4年后开始兴建吴哥窟（又称吴哥寺）。这是集美丽、神奇、气势磅礴于一身的旷世杰作，每个小地方都仿照人间大地，以重现世界中央的大陆阎浮提（Jam-budvipa）。吴哥窟的最高塔，代表耸立于阎浮提洲中央的须弥山。四座较小的塔矗立于四隅，代表须弥山四座较矮的山头，外郭围墙代表位于世界边缘的山，墙外护城河代表海洋。整个吴哥窟饰有长长的精彩浮雕，其中有数米描绘苏耶跋摩接见官员、坐在大象上穿越森林、身旁簇拥着披盔戴甲的军人，还描绘了身材修长性感的天女婆娑起舞，向观者预示天堂的欢乐。

公元1181年，另一位国王阇耶跋摩七世，在吴哥城附近建造庞大的新都城。他和之后几位继任者，继续漫无节制地大兴土木。他建造了塔普伦寺献给母后。庙上的铭文记载，这庙宇的工程动用了约1.2万人，工人靠6.6万名农民所种的稻米填饱肚子，从中可以看出，为了维持这个只能以中央集权得不可思议来形容的王国，投注了多大的人力、物力。

在前工业时期，任何文明（例如古埃及文明和玛雅文明）的一切资源都流向中央，因为统治者掌控了被统治者的人力。高棉帝国是此一中央集权现象的极端例子，因为每个人、每样东西全都要奉献给神君，奉献于让神君在天上永生不死。高棉统治者要人民以劳力、谷物纳税，强制要求上贡，不惜任何成本强征人民建造宏伟神庙。因此，他们的中央集权国度其实处于随时可能崩解的脆弱环境里。

来自太空的考古学

卫星照片和相关影像，让人从引人入胜的太空角度了解过去。这些技术用于研究古代对土地的使用，研究要塞、弃置已久的灌溉沟渠、水库之类特定地面特征，特别管用。目前有一些仪器可用来扫描地表发出的电磁波谱。热红外多光谱扫描仪（TIMS），利用一个六波段扫描仪，测量地面的热辐射，精确度极高。人眼当然看不出来土壤和其他沉积物的温度，但热红外多光谱扫描仪却能轻易记录下来，因而通过观察土壤质地与湿度的细微差异，可以揭示玛雅低地区为植物所覆盖的古代农田体系和道路。从太空摄得的影像，提供了了解玛雅农民集约耕种雨林环境的重要资料，而从地面绝对无法探得这样的资料。

合成孔径雷达（SAR）向地表发射能量波，由其反射信号可探知早已为人遗忘的地面特征。合成孔径雷达用于探测线性特征和几何特征，特别管用，1981年"哥伦比亚号"航天飞机所测得的吴哥窟周边沟渠、水库和道路，就属这类特征。卫星仪器甚至可设定来探测运河、沟渠之类特定地表特征。"哥伦比亚号"航天飞机从撒哈拉沙漠上空，探测出沙漠中央地带埋没已久的水道和河谷。地质学家接着到此调查，对埋在地下的峡道进行挖掘，赫然发现数个20万年前的石斧。这说明当时撒哈拉的降雨比今日丰沛。

从太空摄得卫星影像，成本高昂，但它让人得以从独一无二且往往出人意料的角度，在人类难以想象的广大范围内，探索人类开发土地的痕迹。新墨西哥州查科峡谷的古普埃布洛人，建造了以该峡谷为辐辏点的复杂道路网。卫星照片揭示了数个总长600多公里的未完成路段，今人才首度得以了解该道路网的涵盖范围，因为除了从太空来看，基本上看不见那些道路。修建此一道路网的目的，如今仍十足是个谜，因为那些道路没有明确的目的地，称不上西方人眼中的"公路"。它们很可能是用来界定某种现已不为人知的象征景观。

高棉王国依赖一套精心设计的供水系统，维持国家运作于不辍，而这套系统所需的水，来自一年一度的季风雨。洪水是让洞里萨湖边缘得以生产稻米的功臣之一，但水资源管理网除了控制来自天上的雨水，也控制来自山上的水。吴哥窟等高棉神庙，令考古学家和游客大为着迷。直到近几年，科学家才对支撑高棉文明的庞大供水系统有全面而详细的了解。吴哥的国王和其耗费巨资兴建的设施，都依赖一整年生产的庞大稻米产量，而稻米产量则有赖于大量的供水和庞大的灌溉系统才得以取得。公元1994年，"奋进号"航天飞机拍摄的雷达照，揭示了所谓"北方大运河"的其中几段。这条运河用来将北方丘陵的水输送到两座水库（见专栏）。如今，有一支由罗兰·佛莱彻（Roland Fletcher）、克里斯多夫·鲍狄埃（Christophe Pottier）等人发起的国际研究团队，正利用更多美国航天总署的雷达、先进的全球定位技术，乃至一架超轻飞行器，绘制吴哥的庞大人造景观。这片人造景观占地超过1000平方公里，上面有房舍和蓄水池，两者之间原有小路与水渠相接。曾有三座大水库储存三条河的水，有需要时，就将水库的水转送到大神庙的礼池（Ceremonial

Pool）和储水设施，也通过渠道输送到吴哥南半部的田里灌溉；河水泛滥时，这三座大水库也充当蓄洪池。大水库所蓄的水大概能支应10万至20万人所需，而据估计吴哥人口约有75万。大部分高棉人靠自有的稻田过活，这些稻田则靠雨季时的降雨灌溉。但大水库有一个重要功用，即储水以备作物歉收时使用。

吴哥帝国到15世纪时已日渐衰落，吴哥城本身则在16世纪末期成为废城。为何如此，至今仍有激烈争议。是因为吴哥不再被纳入贸易路线？是因为历来国王大肆建造神庙，使国家民穷财尽？还是因为佛教势力的壮大，使印度教神君不再受到崇拜？最有可能的原因，乃是作物产量剧降。渠道淤积越来越高，旱季时，可能会阻断水的供应，而淤积则是大面积砍伐森林，导致土壤流失的结果。因此，主河道如今位于古代地面的5米以下。佛莱彻主持的"大吴哥计划"（Greater Angkor Project），目前正在研究沟渠和溢洪道。他认为吴哥的水管理系统随着文明成长而日趋复杂。经过许多代人之后，这套系统变得太复杂、太庞大，碰上在季风区必然发生的超大旱涝，一旦受损即无法彻底翻修。高棉人建造了一个脆弱而完全人工的环境，而这环境规模庞大，以致最终无法永续运作。

只要气温较低而类似反厄尔尼诺的气候占上风，夏季季风总会带来丰沛降雨，但随着中世纪温暖期结束，由小冰河期取而代之，气候可能变得较不稳定，厄尔尼诺、干旱更为频繁。这时，不堪负荷的洞里萨水管理系统，大概无法再满足神君永无餍足的需求。崩溃大概不是一夕间就发生的，而是随着人们渐渐散居到较小的居住区，缓缓步向死亡。吴哥的建筑杰作，最终和尤卡坦半岛空荡荡的玛雅水山一样，湮没于荒烟蔓草之间。

第十二章

黄河之水

滔滔者天下皆是也，而谁以易之？

——《论语》

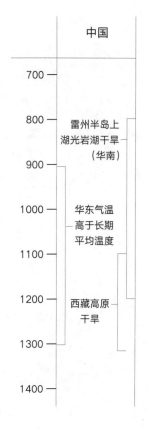

中国

700

800
雷州半岛上
湖光岩湖干旱
（华南）

900

1000
华东气温
高于长期
平均温度

1100

1200
西藏高原
干旱

1300

1400

中国北方黄河流域，公元950年冬末（五代十国时期）。刺骨寒风穿透人身上的衣物，寒气直透进骨子，让人睁不开眼。无视于严寒与飘飞的细尘，农夫在贫瘠的土地上辛勤劳作，脸上裹着厚布御寒防尘。他们翻动土壤，连续几小时掘松布满草根的表土，中间都没有休息。他们刻意放慢脚步，一脸无奈，仿佛心知这番努力终究是白费。去年，经过炎热而异常干燥的夏天，谷子收成比往常少了许多。几个月来一直有人死于饥饿和痢疾，但风吹个不停，天空阴沉，没完没了的细尘，不断落在刚翻过的干土上。一名农夫神情疲累，仰头看着阴郁的天空，看不到一丝春雨降临的迹象。往后还要勒紧裤腰带苦撑。

黄河长5464公里，是中国第二长河。它发源于戈壁沙漠南边的昆仑山脉，流经一些深邃的峡谷，穿过鄂尔多斯沙漠，然后进入一个从辽阔平原开凿出来的庞大汇水盆地。这盆地覆盖着随风刮来的细尘（地质学家所谓的黄土[1]），大量泥沙在此汇入这条大河，使之成为名副其实的黄河。

黄河从水道纵横的河口出海后，将泥沙带到150公里外的海里，含沙量之高仅次于恒河—布拉玛普得拉河与亚马孙河。由于不规律的季风雨和严重大旱，7000多年来，86.5万平方公里的黄河流域[2]一直面临着严峻的考验。在此，从某种意义上说，全球气候变化的力量，又一次决定了中世纪中国社会的命运。

看季风脸色的北方农民

在中国北方，季风和推动季风的诸多力量，左右了中世纪温暖期几百年间的气候。中世纪温暖期的气候记录大多来自替代性记录，文献记录则涵盖长久岁月。日本与韩国官员记录樱花春季开花日期已有千余年，这份悠久的记录与欧洲最长的历史记录相比，毫不逊色。中国气候学家利用这类文献，加上替代性记录，已拟出中国华东的冬季气温曲线，显

---

1. "黄土"的英文loess，源自德语lö'ss或lösch，意为"疏松的"。黄土源自冰积层，经风吹起，在美国中部、西北部的部分地区，欧洲中部和东部，中国东北部等距后退冰原遥远的地区，形成巨大沉积。
2. 按《辞海》的说法，黄河流域面积为75.24万平方公里，但相关部门对此数字又有更新，最近的说法是79.5万平方公里。——编注

示公元950年至1300年间的气温高于长期平均值。中世纪温暖期在此时确实存在，但在这400年间，一如此前和此后，影响东亚气候的最大因素，乃是太平洋暖池所孕育的季风。

东亚季风与南方涛动、厄尔尼诺、反厄尔尼诺现象关系密切。北京大学王绍武所领导的长期研究计划已发现，东部热带太平洋的海水温度，冬季时因厄尔尼诺现象而升高时，隔年亚热带高压增强，往西移动，进而使夏季季风无法移动到往常那么靠北边的地方，黄河流域因而出现稀疏降雨或干旱。早自公元1870年起，中国北方气象站的观测结果，就已证明厄尔尼诺活动和大面积干旱有关。东亚季风来到长江中下游就停住，未再往上。六七月间，该地区降下大雨，中国北方却形成严重干旱。当南方涛动摆动，气温较低而干燥的反厄尔尼诺现象笼罩太平洋，亚热带高压不再阻挡季风北移，中国北方夏季降雨，中国南方夏季则往往有广大地区发生水灾，同时又出现干燥天气。与ENSO现象有关的季风，造成殊若天壤的气候变化，因而约从公元前1000年起（商朝晚期[1]），有长达3000余年，实质上南北差异很大。在中国南方，长江流域的繁荣富庶令人吃惊；在中国北方，贫困不堪而仅足温饱的农民，则与难以捉摸的降雨搏斗（在此应提醒，ENSO现象与季风间的关系，以及厄尔尼诺、反厄尔尼诺与中国气候状况之间的关系，委婉地说，非常复杂，且绝大部分仍有待厘清）。

中国人口有45%住在长江以北各省，那些地区的年降雨量因年而异，差距可能多达30%。黄河流域年降雨量500毫米，其中70%下在5~9月的

---

1. 公元前1000年应该是周朝初期。——编注

炎热夏季。冬季严寒、干燥、雪花纷飞，使中国北方农民的处境更为艰难。数千年来，中国北方农民都是在6月收割小麦，9月收割谷子与高粱。如果捉摸不定的春雨没下，小麦就歉收；夏季季风雨若没来，整年都没有收成。关键月份是6月，而6月降雨不足的概率很高。降雨不定和气候极端，使黄河流域即使在好年，对耕种谷类作物的农民来说也不敢大意。每个农民的生活都要看季风的脸色。

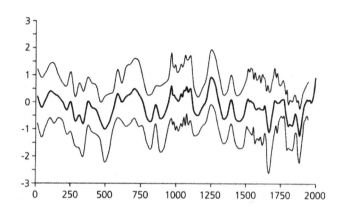

公元1年至1995年中国华东地区的冬季气温曲线

深色线是估计值，标准误差标示于其上下两侧。这张图表主要根据历史文献绘成

1000年前（宋初），中国北方气温稍高，中世纪温暖期威力正值最强。美国地理学家乔治·克雷塞（George Cressey）在公元1934年写道："如果降雨更充足，（黄土高原）说不定会是地球上土地生产力最高的地方之一。"欲深入了解，我们仍旧得依赖替代性气候记录，而这样的记录目前仍然很稀少。

有项替代性记录来自中国另一端的湖光岩湖。这个封闭湖位于热带南方地势低洼的雷州半岛上，该地区的全年降雨90%落在4~10月，降雨多寡取决于西太平洋亚热带高压的位置和强度。湖中沉积物的碳酸盐浓度，因年代而有很大的差异，很可能是蒸发速率改变和雨量变动造成的。在湖光岩湖，代表干燥气候的高碳酸盐浓度出现在公元880年至1260年间（晚唐至南宋）。而根据记录，在这期间，中国东部正好出现大范围的低降雨量，整个中国的湖泊水位出现重大变化。

中国的干旱甚至与全球有关。在数千公里外的西北方，覆盖着5.7万平方公里冰川的青藏高原上，以安第斯山冰川研究（见第九章）而著称的俄亥俄州立大学气候学家隆尼·汤普森（Lomnie Thompson），从古里雅冰帽（昆仑山脉西部）钻取了一连串冰芯。有根冰芯位于冰帽下132米处，记录了过去2000年的气候，从中可发现公元1075年至1375年间（宋朝至明初）有段长期干燥期，接着出现持续将近400年的较多雨期。汤普森发现一项有趣的事实，即古里雅冰帽的干旱期，与2万公里外安第斯山南部的克尔卡雅（Quelccaya）冰帽在12世纪和13世纪发生的一次大干旱时间几乎重叠。

古里雅冰帽联结了南美和亚洲，而从中国南方沿海湖光岩玛珥湖钻取的沉积物样本，则为中国南方气候变化和中国与全球的关系，提供了非常清楚的记录。研究人员研究样本中磁性与钛成分的变化，确认这些样本记录了过去1.6万年的气候。湖泊沉积物中的磁性与钛含量是替代性气候记录，从其中的变化可看出干燥冬风的强弱。北半球升温期间，夏季季风较强，冬季季风较弱。

热带辐合带南移时（如厄尔尼诺年期间），夏季季风弱，降雨较少。湖光岩玛珥湖的沉积物样本显示约公元750年至900年间（唐朝至五代十国），气候普遍转趋干燥、寒冷，且接连出现三次持续多年的干旱。

值得注意的是，这些干旱与委内瑞拉卡里亚科海盆沉积物样本所记录的几次干旱期（见第八章），恰好发生在同一时期。卡里亚科沉积物所记录的多年干旱，最早始于公元760年，接着每隔约50年，即760年、820年、860年及910年又陆续出现。卡里亚科干旱，一如湖光岩湖干旱，发生于热带辐合带南移时，而巴尔米拉岛的珊瑚显示，10世纪时东太平洋处于久久不消的反厄尔尼诺效应期间。热带太平洋处于温度较低的反厄尔尼诺期，通常意味着中国北方降下大量的季风雨，南方则变得干燥。

这现象与中国南方少数替代性记录所显现的气候模式正好吻合。

对中国北方人民而言，中世纪温暖期或许气温较高，但同时也是数千里外所孕育的气候剧变发威的时期，若非带来长期干旱，就是带来暴雨，淹没黄河流域数千亩土地。

饥荒导致盛唐衰落

公元850年，在唐朝皇廷内，一身华丽的蒙古可汗，带领长长一队北方游牧民，骑马走在通往皇宫的夯土路上，几名神情严肃的唐朝官员陪伴在可汗身旁。这些官员先在边界会晤了来访使节，然后陪同他们进京。带着厚重货物的游牧民下马，有人前来卸下、安置货物，唐朝官员则在此时教导他们晋见皇帝应有的规矩。晋见那天，可汗带着主要亲信，在唐朝官员陪同下进入皇宫。他们按照礼仪跪见皇帝，以示自己顺服于天朝上国。动作力求标准。来访使节获准与陛下短暂交谈，献上兽皮、马与猎鹰给皇上，皇上则回赐予丰厚的赠礼。谒见很快就结束。蒙古来使接下来三到五天获准与唐朝商人做买卖。

受天命统领天下的中国皇帝，树立了昌明吏治、承平社会的典范，吸引外邦人前来"归化"。

根据湖泊沉积物样本和冰芯的记录，公元9世纪时不规律的干燥期笼罩东亚，当时中国正值唐朝。这个绵延将近300年的王朝（618—907）是中国历史上的盛世时期。唐朝立都长安，建立帝国，通过陆路与海路和印度、东南亚维持贸易。横跨欧亚的丝路，交通非常热络。长安是当时世上最国际化的大城之一，有数千名外国人居住其中。克什米尔、尼泊尔、越南、日本、韩国向唐朝称臣纳贡，欧洲大草原上的游牧民族则尊称唐朝皇帝为天可汗。唐朝皇帝主政近300年间，对宗教抱持宽容政策，在这期间，佛教成为中华文化的一部分。同时印刷术问世，文学、艺术灿烂辉煌。

10世纪末期，地方藩镇连连作乱，大大削弱中央威权。公元907年，唐朝灭亡。

但导致唐朝崩溃的最有利因素，可能是寒冷、干燥气候和带来较少夏季降雨的强劲冬季季风。

如果拿后来的历史做参考，作物歉收和饥荒助长了社会动乱和叛乱。面对长安周边黄土地陷入久久不止的大范围干旱，唐朝可能已是令不出中央，处境一如地球另一端，因广大地区陷于变化无常的干旱而瓦解的玛雅文明。要输送食物解救数千万饥民，如此浩大的工程大概是当时的政府力所不逮的。

公元900年后，中国处于五代十国时期。野心家一个接一个崛起掌权，旋即又被推翻，朝代更替之快，叫人目不暇接。以当时群雄割据的局面，政局再怎么样好，大概都谈不上稳定。但如果气候学上的序列可信，当时的中国北方还苦于异常干燥的气候和久久未退的严重干旱。作物歉收和随之而来的饥荒，想必使定居农耕社会与游牧社会间已然不稳的边界更趋险峻。

唐朝从未拥有边界明确的北疆，只有分散各处的要塞、屯田区及一些筑有防御工事的边疆县份（现今的长城建于公元1449年后的明朝期间）。唐人深信纵深防御，而以远离边界之省份的强大军队，作为此一防御手段的后盾。他们也与边疆地区的部落民族谈定复杂的协定，让部落领袖保有独立自主权，但封予他们唐朝的头衔和官阶。数百年间，边界在某种程度上，只是区隔定居农民和游牧民组成的生态分界。但边疆地区也是个多元地区，农民与游牧民和平共处，各自保有文化与种族的特色。唐朝衰微时，农民与游牧民仍可自由进出边疆地区，只是掌控者换成了军事领袖。

气温较高那几百年间的干旱，在北美西部和安第斯地区都属于长期干旱，若古里雅冰川、湖光岩玛珥湖的样本值得采信，那么在那期间，东亚的干旱也是长期干旱。这些干旱不是连续不断，而是周期性降临，也许会为北方边疆所在的黄河流域，带来危险的震撼效应。漫长干旱期之后，一旦继之以突然的多雨年，洪水大概会淹没干旱的农田和失修的灌溉设施。中世纪温暖期那几百年间，这个降雨变动极大的地区，气候极不稳定，甚至可能比世上其他地区都不稳定。旱涝的诡谲多变，想必影响了政治及战争领域，因为不管统治者是谁、交战军队谁胜谁负，农民和游牧民都过着靠天吃饭的生活，都受气候所摆布。

北方契丹的兴起

中世纪气候的变动剧烈，也影响了定居民族和欧亚大草原东部游牧民族间复杂的关系。这些部落民族中，势力最强的是契丹，他们是游牧民族和骑马民族，在大草原上生活已有悠久历史。一如其他游牧民族，他们的生活在某种程度上受制于大草原的降雨多寡，以及沙漠的消长变动。干旱期时，他们南侵水源较充足、定居生活较常见的地区。公元840年后，随着唐朝势力于较干燥期时衰弱，契丹人击败邻近部落，接着将注意力转向南方的强大国家。起先契丹人只是短暂入侵定居文明区，大肆洗劫一番即撤兵北返。大草原上的干旱，对这些南侵行动有多大的推波助澜作用，不得而知，但根据几百年来的游牧民族历史研判，历来重大的入侵行动，有许多明显是发生于牧草不足的干旱年。

唐朝势力的瓦解和边疆地带军阀彼此对抗加剧，给了契丹人建立统一政权的机会。公元906年至907年，契丹族耶律阿保机登基为大汗，随后契丹人开始四处征讨，不到20年就征服了蒙古和满洲的诸游牧部族。契丹王国是个很有组织的王国，设置州县供来自边界地区的汉人居住，国内有多种产业和定居农耕区，采取并行组织以包容汉人和游牧民的生活方式。随着农民、牧人越来越互相依赖，游牧生活方式开始改变，而在气候变幻莫测的时期，农牧互赖无疑是管用的生存保障。

耶律阿保机于公元926年去世，947年契丹人改国号为辽。1115年，女真族完颜阿骨打即帝位，建立金朝。公元1125年辽王朝为金人所灭。

中原华北西部，则有李元昊在公元1038年建立西夏。中国北方陷入交相征伐的动乱时期。但在这些政治、军事活动与纷然继起的统治者背后，都隐藏着一个严酷的经济现实，即定居社会的农业，收成只够自身食用。根据金朝文献，金国每年生产谷子和米约9000万石（1石约合59.4公斤），其中1/10充当土地税缴交官府。人平均谷物消耗量一年约6石，因此降雨充足的年份，谷物收成刚好只够喂饱全国人口。但年收成只能满足消费，没有剩余，就没有存粮以备干旱之需。

即使在雨水丰沛年，农业生产都未必高枕无忧，因此中世纪温暖期的干旱期，想必严重冲击当时中国北方的政治情势。当时的史料未对干旱等天灾多加着墨，其实不足为奇，因为在当时封建统治者眼中，广大农民是不识字、默默无闻的小卒，他们的心声不值一顾。但夏季季风捉摸不定，使中国北方不得不从南方输入稻米。南粮北运的需求，已行之数百年。陆路运送缓慢且不可靠，因此最合理的谷物运送方式是走水路。海运不可靠且危险，因为有海盗和暴风雨；在内陆开凿运河，连接长江与黄河，虽然成本高昂，却最为理想。

开凿运河，早在公元前486年（东周）就开始了。公元6世纪末、7世纪初的隋朝皇帝，将先前开凿的几段运河串联成一气，将长江下游的富饶农业区和都城洛阳连接在一块。他们以人工渠道连接天然河道和湖泊，最终建成起自今天北京、终点到达杭州的大运河。这条大运河是世上最长的人工水道，长度远超过苏伊士与巴拿马运河。10世纪时，大运河体系拥有闸门、补水湖与支渠。在15世纪至16世纪大运河巅峰时期（明朝），运河体系全长超过2500公里，途经24道闸门和约60座桥，一年输送谷物约40万吨。

第十三章

无声的大象

我见到一群大象穿越浓密原始森林……
行进的步伐沉稳有力……像是要到世界尽头赴约。

——伊萨克·迪内森《走出非洲》

那场干旱肆虐后的景象，叫我永生难忘。那是40多年前某个11月在非洲中部的那几天，情景仍历历如昨日。在那之前，非洲中部已连续数周酷热无比。每天早上，黄铜色的太阳从灰尘漫天的地平线升起，天空万里无云。气温不断攀升，影子越来越短。灰尘弥漫的蓝色无云苍穹，笼罩焦枯大地蒸腾的热气。偶有阵阵大风刮起沙尘暴，吹过草原。人与动物都躲在树木或屋檐下，寻找终归是可笑错觉的凉荫。牛垂头站着，一动不动，耐心等待太阳下山后的凉爽。我看着农民一脸无奈地望着龟裂农地里枯死的玉米。一个月前下了场暴雨，预示雨季将要降临，他们才种下那些玉米。影子越来越长，我自我安慰说气温逐渐在下降，但午夜气温仍有30.5℃。饥荒看来不久就会降临。

根据各种说法，以后的干旱会比这次严重许多。开始为了撰写本书收集资料时，我期盼会在广大地区找到1000年前气温渐升的证据，找到农耕方法惊人改变的证据，找到在出奇高温环境下航海、繁荣的证据。在头几章，我的确探索了物产丰饶而繁忙活跃的欧洲。我跟着古斯堪的纳维亚航海家的脚步横越北大西洋，了解他们与极北边的因纽特人如何有了短暂接触。到此为止，情况都很好，但接下来我来到欧亚大草原、西非萨赫勒地区与南北美洲，却碰上了改变历史的漫长大旱。

在此，我要特别强调"漫长"，因为1000年前的干旱期不是只有几年，而是持续了几代人。加州内华达山脉的中世纪干旱为期数十年，比今日的干旱要久得多。一场为期50年的漫长干旱，使美国西南部古普埃布洛人的生活有了重大改变（如前文所述）。干旱降临内布拉斯加州和北美大平原，久久不退。

美国西南部自古以来就是干旱地区，但北美洲不只有西南部曾遭遇过干旱。研究人员从美国东岸哈得孙河下游河谷皮德蒙特沼泽地，钻取出含有层层花粉堆积的沉积物样本，从中发现公元800年至1300年间，河口盐分升高时，发生了数场干旱。如果今天在同一地区发生类似的干旱，数百万人将有缺水之虞，其中包括用水取自哈得孙河的纽约州波基普西居民，还有此地区的其他城镇。

远在南方的中美洲，玛雅大城在中世纪干旱下摇摇欲坠，由于的的喀喀湖不断蒸发和沿海河谷径流消失，安第斯地区诸文明变得萎靡不振。看着这全球性的景象，我不由得想将中世纪温暖期改名为中世纪干旱期。

明天过后的严酷现实

约30年前，利用替代性资料（深海沉积物样本、冰芯、珊瑚、树轮）推断气候记录的方法，进入科学研究主流范围，气候学开始有了革命性的变革。对厄尔尼诺、南方涛动的研究剧增期间，卫星观测和电脑模型成为气象学研究的工具。地球气温从公元1860年起几乎不间断升高，且有充足证据证明确有此事。因此，20世纪80年代时，人为全球暖化即已成为气候学家关注的课题。随着人为暖化成为科学事实和重大政治议题，过去2000年的气候变化突然受到公众的热切关注。对此，我们不只要感谢戈尔及其以全球暖化为题的纪录片，还要归功于大众日益意识到气温升高、气候活动更极端与海平面上升，都是人类不久后就要面临的严酷现实。

于是，几乎一转眼间，许多人开始关心中世纪温暖期攸关今日暖化的辩论，将由哪方胜出。"人类在过去就经历过暖化。"赞成或反对全球暖化的双方人士都高声说道。科学家、记者与激进主义者争辩中世纪温暖期的气温是否比快速升温的今日还高，从东京到斯堪的纳维亚的演讲厅，都充斥着正反两方的声浪。随着新树轮序列和其他证据问世，有关中世纪温暖期的辩论更趋激烈，现在看来还难以平息。

中世纪温暖期仍笼罩着一层迷蒙的面纱，但比起休伯特·兰姆的时代，我们对它的了解已多了许多。越来越多资料告诉我们，从未有经久不辍的中世纪高温期，倒是在公元1000年至1200年间，世界某些地方（特别是中国部分地区、欧洲及北美西部）的气温高了几度。

今人热衷探究中世纪温暖期，是完全可以理解的事，毕竟现今地球气温因人为因素而不断上升，人类时时担心格陵兰冰原融化、海平面上升、风暴威力增强。

如果格陵兰冰原融化，局部阻隔墨西哥湾流的流动，地球会有何变化？届时欧洲气温会降到近乎冰河期，一如约1.2万年前，新仙女木

（Younger Dryas，根据某种极地花而命名）气候剧变时期所发生那般？

如果因为冰原局部融解，在这个世纪结束时海平面将上升30厘米或更多，荷、比、卢三国和某些太平洋环礁会有何遭遇？

这些都不是杞人忧天的疑虑，势需未来几代人通过政治手段合力解决。但我们执着于升温和海平面上升问题时，却忽略了一个更大的威胁：干旱。照理不应如此，原因何在？2004年南亚大海啸和隔年美国卡特里娜飓风所带来的洪水和破坏，无疑使人只专注在极端气候和全球暖化。因此这两桩发生于冰河期以来最高温年的灾难，其所带给世人的启示，似乎是气温较高的世纪，代表雨量较多而非较少。然而干旱会被忽视还有另一个现实原因：未来可能受到严重干旱危害者，大部分（但并非全部）住在发展中国家，而美国人仍执着于卡特里娜飓风所带来的洪灾。

干旱是恶徒，是气候房间里的无声大象

我能听到赞比西河在多岩石浅水区的潺潺流水声，听到远处随即传来维多利亚瀑布永不止歇的轰隆作响声。我孤身一人（或者说我这么认为）走进浓密灌木林包围的林间空地，头顶上树枝交接成拱状，枯叶在午后的热气中窸窣作响。之后传来重重踩地和摧折树枝的声音，我这才惊觉自己已走进一小群大象中。我看不到那些巨兽，但它们就在附近，且似乎未察觉到我的存在。我踮起脚尖悄悄循原路回去，直到走出森林。抵达赞比西河时，我回头望。一头庞然大公象对着我拍动耳朵，四肢稳稳站在浅滩上。我小心后退，它盯着我，停在原地未动。

大象可以把脚步声放得很轻，且轻易就能悄悄跟踪到你身旁，让你想躲都来不及。

以《一九八四》闻名世界的小说家乔治·奥威尔，20世纪30年代在缅甸当警察时，在市集里遇见一头发狂的大象。那头大象在远处"安静地吃东西，看起来就和母牛一样安全"。但那头大象已杀死一名男子，而"发狂的大象就像发狂的狗一样得杀掉"。眼前看来温顺的大象，性情竟有如此大的变化，叫奥威尔大为惊讶。干旱就像这种大象。随着我把研究目光移到欧洲以外的地区，我意识到干旱是中世纪温暖期潜伏的恶徒。漫长干旱是气候房间里的无声大象，而不可测的南方涛动难以预测的变化，则是这头野兽破门而出的因素。

过去20年暴增的 ENSO 现象研究告诉我们：厄尔尼诺和反厄尔尼诺不只是地方现象，而是仅次于四季推移、影响全球气候的第二关键因素。剧烈的 ENSO 现象为秘鲁沿海地区带来暴雨和洪水，为加州带来滂沱大雨，降低大西洋热带风暴、飓风的出现频率，还为东南亚、澳洲、中美洲、巴西东北部、部分热带非洲地区带来严重干旱。较不受注意而为期往往更久的反厄尔尼诺现象，破坏力有时一样吓人，特别是它能使全世界广大地区陷入干旱，一如中世纪温暖期时，较低温、干燥的反厄尔尼诺现象连续数年未退所造成的结果。

人为暖化造成的大浩劫

中世纪温暖期气温是否高于今日、为何高于今日，至今仍是备受争论的议题。现今的暖化现象，虽远不如本书探讨的中世纪温暖期长久，但有充分证据佐证暖化趋势稳定，且气温曲线未曾反转向下。与1000年前的情况不同的是，现今地球人口和人类的制造物多到足以使暖化趋势升高、加快。不容争辩的是，如果1000年前的气候史在今日重演（更别提地球气温变得更高），我们将会看到人类如何难以抵御环境的力量。

若从全球角度检视中世纪温暖期那几百年间干旱的频繁，的确引人注目，亦能唤醒今日人类，省思未来。漫长干旱普见于中世纪许多地方，夺走许多人的性命。越来越多证据显示，干旱是与全球暖化有关而默不作声的阴险杀手。干旱危害之烈，受害者之多，叫人触目惊心。2006年的长期干旱，让肯尼亚、索马里、埃塞俄比亚、厄里特里亚四国，有约1100万人陷入极可能饿死的险境。尼日利亚的热带农业国际研究院指出，2010年时，撒哈拉沙漠以南的非洲地区，有约3亿人（也就是将近1/3的非洲人口）因为日益严重的干旱而营养不良（干旱期间饿死者相对较少，死于痢疾流行病和因生活条件恶劣所散播的其他疾病者，反倒较多。例如，现今一年有160万孩童，因为无法获得良好卫生设施和干净饮用水而死）。

长远来看，未来更叫人胆战心惊。根据英国权威机构哈德利气候变迁中心的研究，20世纪90年代全球干旱地区增加了25%，造成人口减少（有充分证据为证）。他们设计计算机模型，预测未来因温室气体排放所导致的干旱，结果着实吓人。目前，受极严重干旱影响的地区，占地表3%，若气温持续上升，可能会升高到30%；遭受严重干旱的地区，也会从现今的8%增加为40%，而中度干旱的地区，则会从25%增加为50%。然后，该机构将温室气体（他们认为这类气体是造成气温改变的凶手）

冲击排除在外，设计了另一个计算机模型。结果发现在没有人为暖化的情况下，未来干旱范围的变化的确很小。

就人类来说，联合国环境计划署报告，现今有29个国家、共计4.5亿人苦于用水不足。到了2025年，据估计将有28亿人生活在水资源日益稀少的地区。现今全球人口有20%无法享用安全而干净的饮用水。在热带非洲，水源污染是比艾滋病更可怕的杀手。若预测的干旱真的发生，未来的死亡人数将剧增。干旱日益严重，首当其冲者将会是干旱及半干旱地区的居民，也就是分布于全球110多个国家的将近10亿人口。受害最深的人将是收成仅足温饱的农民，特别是处于热带非洲地区者。非洲70%就业人口从事小规模农业，不下雨，生计就出问题。

每年紧急援助非洲的粮食，自20世纪80年代以来已增加了将近两倍，撒哈拉以南的非洲地区，1/3人口营养不良。前述尼日利亚机构针对2010年的预测，只是开始。未来干旱所引发的浩劫，将使这些初步预测变得微不足道，届时可能使热带非洲过半人口受害。

秘鲁提供了另一个触目惊心的例子。由于气温不断升高，热带地区最大的冰川山脉布兰卡，目前正迅速融化。秘鲁南部的克尔卡雅冰帽，气候资料的宝库，一年后退约60米，后退速度是20世纪60年代的三倍。整体而言，秘鲁安第斯山的冰川面积，自1970年迄今已减少22%。秘鲁2700万人口，2/3住在沿海，而沿海只能用到秘鲁2%的水资源。当年统治秘鲁的奇穆王国，要喂饱的人口少许多，因而能改变灌溉方法，以应对1000年前的漫长干旱；今日的秘鲁人住在拥挤的城市、贫民区，还有为沙漠所包围而日益拥挤的乡村地区，不可能比照先前的方法挨过漫长的干旱。

干旱夺走许多人的性命，也造成严重的经济损失。公元1934年至1940年席卷北美大平原的几场沙尘暴干旱，令整整一代人受创，340万人为此逃离灾区。许多人感染伤寒等疾病，长期健康受损（例如癌症、心脏病罹患率升高），精确的伤亡人数不详。公元1950年至1956年的美国中西部干旱，带来极高温的气候，使许多农民血本无归，某些地区的作物产量锐减达50%。

公元1987年至1989年的干旱，涵盖全美36%的面积，但损失据估计达390亿美元，成为美国历史上损失最惨重的天灾之一。干燥气候在美国西部导致数场大面积的野火，且因干旱导致密西西比河流域水位降低，航行严重受阻。相对的，2005年卡特里娜飓风所造成的损失，目前为止已达810亿美元，而且还在持续攀升中，从中可约略了解未来的重大气候灾难可能带来多大的损失。

历史告诉我们，干旱危害人类已久，特别是在热带地区。在沙漠边缘和半干旱地区，"沙漠生态泵"效应发作，由于降雨锐减，动物和人不得不往外迁到雨水较多的边缘地区。史学家麦克·戴维斯深入分析了19世纪的干旱，保守估计19世纪期间，至少有2000万至3000万人死于厄尔尼诺、季风减弱所造成的严重干旱，其中大部分是热带地区农民。这个数目比19世纪几乎所有战争的死亡人数还要多。维多利亚时代（1837—1901）的饥荒，其相关文献比其他时代丰富，但诚如戴维斯所指出，他的史学界同僚往往忽略这些饥荒，因为饥荒受害者大部分不识字，他们的生活多半不在记录之列。

更早之前死于饥荒的人数，例如中世纪温暖期必有的饥荒死亡人数，未见记载。公元1315年至1321年为小冰河期揭开序幕的那些暴雨，据估计造成150万中世纪欧洲人死于饥荒和相关的疾病。黄河流域、安第斯山沿海河谷的农民，以及美国西南部的居民，死亡人数想必很高，特别是因为许多人住在拥挤而卫生设施简陋的村落、镇与"巨宅"定居地。20世纪的干旱，提供了可供参照的数据。公元1907年的中国饥荒，据估计使2400万人丧命；公元1965年至1967年因季风未至所造成的饥荒，使150万印度人丧命；公元1921年至1922年乌克兰、伏尔加河地区的干旱，使250万至500万俄国人丧命。

这些灾难都发生于全球人口比现今少得多的年代。人烟稀疏的非洲萨赫勒地区，有超过60万人死于公元1972年至1975年和公元1984年至1985年的干旱。由此不难想见，农业人口如果是现今的数量，这些灾难会带来何等巨大的危害。

直到为了撰写本书而四处收集资料，我才了解1000年前，地球上许多地方的人类社会，适应环境变迁的能力那么强。中世纪温暖期时，全球有很高比例的人口住在较干燥的环境中。城市比今日小得多，城居人口数万，而非数百万，因此较容易采取办法度过气候变动危机。凡是位于贫瘠而难以耕种环境的社会，都会发展出危机应对机制。美国西南部的古普埃布洛人与远在他地的定居地保有亲缘关系，随时有一发生干旱，就迁离家园、投靠亲人的打算；玛雅人在村落和城市里广储用水；秘鲁沿海地区的奇穆君王，开凿复杂的沟渠，极尽公平、细心地分配灌溉用水；西非尼日尔河流域的曼德语族农民，发展出复杂的社会机制，以应对突如其来的气候变化；加州印第安人储存橡实作为备粮，粮食不足时靠邻人救助。

这些文明（还有先前提过的文明）都难以抵御干旱的危害。除了有季风吹拂的印度、中国两个显著例外，这些文明大多只能任凭气候袭击，就像遭受强风连番猛击的树木。有些环境如中国北方的黄河流域，气候变化难以捉摸，即使在降雨丰沛的年份，饥荒仍如影随形，因为降雨丰沛使河水泛滥，数千亩可耕地泡在水中。但大体而言，1000年前的人类社会远比今日脆弱。不过社会发展一旦达到临界点，便不得不崩溃，例如城居人口和不事农业生产的人口，所占的比例高到干旱时社会无力再维持时；或者农业经济耗尽了地力，断送了食物来源多元化的所有机会时。墨西哥和危地马拉低地南部的玛雅文明，就是个有力的例子。战争频仍、统治严苛、环境退化、干旱，使这一地区的数十个小镇和大城一蹶不振。1000年前，玛雅君王覆灭，国家解体，居民们四散到村子里，过着收成仅足温饱的生活。柬埔寨吴哥窟的壮丽，令人叹为观止，但高棉王国，一如玛雅文明，到后来只是苟延残喘，那勉强自给自足的社会，终究因资源不敷所需而迅速崩解。

将历史快速翻转至19世纪，来到大不列颠帝国的黄金时代，那是扬言派出炮艇即能收到外交宏效的时代，也是通讯、运输技术（电报、汽轮、火车）远比中世纪更便捷的时代。这时，全球性经济开始萌发，而这种经济大体建立在谷物价格上。但这时人类社会的脆弱，比中世纪温暖期更高出千倍。麦克·戴维斯保守估计，19世纪期间有2000万至3000万人死于严重干旱（这些人大部分不见于历史记载），已叫人难以想象；更何况今日全球居住于半干旱、季风区的人口，比19世纪多出数倍。

21世纪初期，全球约有2.5亿人住在贫瘠而难以耕种的地区，一旦ENSO现象和难以捉摸的南方涛动变化造成干旱，这些地区便首当其冲。地球干旱之多，远超过前面数章所举的例子，例如巴西东北部一再遭遇大旱，其中多次为厄尔尼诺现象所致；印尼、澳洲饱受 ENSO 现象造成的干旱蹂躏。

如今，全球极易受干旱危害的人口众多且急速增加，不只分布于发展中国家，也分布于亚利桑那州、加州及西南亚等人口稠密区。根据1000年前的干旱时期研判，未来气温更高，干旱会拖得更久，灾情更严重。即使没有温室气体，漫长干旱的破坏力和一个世纪前相比，仍将严重许多。

干旱使作物歉收、牧草地干枯、河川变成涓涓细流、小溪干涸。水是人类维系生命不可或缺的元素，因为人类需要饮水，而人类的农业、牲畜、人类狩猎的野兽，都需要水。加州南部的楚马什族印第安人，干旱时苦不堪言，原因不在缺少食物，因为有鱼可捕，而在缺乏干净的饮水。他们聚居在捕鱼营地和人口稠密、水源日益稀少的村子里，依赖污染的饮用水，自然而然有大量人口死于卫生不良所引发的疾病。19世纪后期英国统治下的印度饥民营与古代地中海的东部城市，亦是如此。

逃不掉的未来

如今地球升温速度越来越快，人类面临的生存威胁比以往高了许多。现今人类以工业规模大量取用水，水则来自雨水、河湖水、迅速减少的地下水。许多人靠着掠夺来的水资源生存，例如从欧文斯河流域建设高架渠取水、截取科罗拉多河水，又如取用自流井（终有一日会枯竭的地下水）。以加州来说，我们不应忘了，过去700年乃是冰河期以来雨量最多的时期。我们遇到过干旱，但都不像1000年前内华达山脉的干旱持续那么久。

如今，我们正处于持续升温期，而且升温规模是冰河期结束以来所未见。此一升温现象必然会带来干旱，而且是长期干旱和水资源短缺，其危害连小城市都难以幸免，更别提洛杉矶、凤凰城或图桑之类的大城。供应美国内布拉斯加到得州共八个州用水的庞大地下水储量，即奥加拉拉地下蓄水层，现正以每年420亿加仑（约1600亿公升）的速度，快速消耗掉。得知城区日益扩大的拉斯维加斯，正努力从遥远的内华达山脉取水，谁都不禁要怀疑能维持多久。有一天，拉斯维加斯大道旁的饭店，会不会因为地下水枯竭而无水可用？从水的角度来看，如果1000年前的漫长干旱会再降临，那么现今美国西部许多地方其实是在苟延残喘。

根据联合国教科文组织的说法，全世界有充足的淡水，只是分配不平均。但如果更深入检视，会发现全球有将近1/5人口因为管理不善、资源有限或环境改变，仍无法拥有安全的饮用水。

40%的人没有基本的卫生设施可用。该机构粗略估计，有11亿人没有饮用水，约26亿人没有基本卫生设施。这些人里超过一半住在亚洲，还有数百万人住在热带非洲地区。这些数据出炉时，与水相关或缺水所引起的天灾，正渐趋频繁。联合国教科文组织还估计，到公元2030年，全球所需粮食将比现今多55%，也就是说未来的灌溉用水需求有增无减，而现今灌溉用水已耗去人类所消耗淡水的70%。而且，还有城市人口暴增的问题。该机构研究人员估计，到了2030年，全球将有2/3人口住在城市，其中约20亿人住在违章建筑和贫民区。城里的穷人最无法拥有干净饮水和卫生设施。

中世纪温暖期给今人的教训并非一眼就能看出，但无疑叫人忧心。走过1000年前气温较高而饱受干旱之苦的世界，我们见到缤纷多样的人类社会，其中许多社会通过不断变化的经济、社会政治关系而关系密切。

这趟历史之旅，带我们走过全球性经济初兴时期的陆路与海路，穿过政治渐渐看到一个相互关联、相互依赖的世界。1000年前的世界，全人类抱着保守的心态过活，敏于提防气候变化的危险。如今，我们要面对的未来世界，则是大部分人住在急速扩张的大城市，其中许多人与日益升高的海水和河水比邻而居，而五级飓风或大规模厄尔尼诺现象，足以在几小时内让这些地方遭受数十亿美元的损失。如今我们正处于人口多到无法疏散的时期，连最富裕的政府都几乎无法应付天灾损失的时期。工业化社会规模庞大，使政府更难以抵御气温、海平面上升等长期变迁所带来的危害。

这是全球暖化带给人类迫在眉睫的危机，解决之道并非短期的应对措施，而在于从国际层面与长远规划的角度大规模进行改革。

人类不善于为好几代以后的子孙预先规划，但当前的危机已危及我们这一代和下一代，我们必须得预先规划。政治人物总喜欢宣布采取了哪些短期的治标措施，然后宣称已在对抗全球暖化上有了重大作为。不幸的是，情势显示短期治标的思维，目前已无济于事。干旱和缺水大概是当前这个世纪和未来几个世纪最重要的问题，未来几百年里我们得习惯做出无私且利他的决定，那些决定未必惠及我们自身，但将惠及尚未出生的往后数代。今日的政治和社会思维，讲究立竿见影的成效和赢得下次选举。遥不可及的未来不在关注之列，欲做出惠及未来的决定，就得打破这种短视心态。而长远思维的落实，必然得对发展中国家（特别是最濒临险境的地方）大下功夫。

对于干旱问题，若抱持自扫门前雪的心态，后果将不堪设想。1000年前的中世纪温暖期显示，干旱是全球问题。如今，地球上人人祸福与共。中世纪温暖期的历史显示，干旱能使社会动荡，导致社会瓦解。如今，破坏稳定的力量能轻易跨越地方的分界线。看看数百万的拉丁美洲人，只为了有机会过更好的生活，便越过美国边界，想想一旦拉丁美洲发生饥荒，为了填饱肚子，届时会有多少人抛弃家园进入美国？许多未来学家认为，未来几世纪的战争，不是为了无意义的民族主义、宗教或民主原则而打，而是为了水资源而打，因为这最珍贵的商品，未来可能比石油更值钱。未来发展很可能就像他们想的一样。

我们还能麻木不仁多久？如果哈德利中心的气象学家预测的干旱真的降临，将会造成多大的伤亡？肯定会是场浩劫，死亡人数会比麦克·戴维斯揭露的19世纪死亡人数还高出许多，景象将会惨不忍睹。想象有一天，庞大、失控的人潮，为躲避饥荒与干旱，集体冲过国界？这样的人口迁徙，并非不可能。

人类向来健忘，如今仍有数百万人过着收成仅足温饱的生活，使用继承自中世纪的技术，耕种土地勉强过活。我们不该再抱持无恶意的无知，因为长期干旱带来的长期危害，将以我们才开始了解的方式，波及每个人。我在先前的书中，形容工业社会是一艘庞大的超级油轮，行动迟缓，要滑行很远一段距离才能停下。我谴责我们的社会健忘、轻忽、漠视眼前的气候警讯。

拜新一代科学所赐，还有从美国前副总统戈尔到大学生的各界活跃人士的努力，全球暖化得到政界重视，成为好发议论之公众人士的热门话题。但叫人不得不注意而又令人惊恐的是，干旱这头大象仍普遍受到忽视。

历史始终在我们身边，威胁我们，鼓励我们，有时给我们前车之鉴。1000年前气温较高那几百年告诉我们，人从来不是自然世界的主宰者；人类再怎么厉害，也只能迁就变化不断的自然世界以图生存。诚如高棉人和玛雅人给我们的教训，我们越是想掌控自然世界，离永续生存就可能越远，越可能走向毁灭。我们应接受自然界的事实，坦然迎接我们不是万物之主的未来，而不应再以万物之主自居。1000年前的人类提醒我们，人类最大的资产乃是善用降临眼前的所有机会，以及适应新环境的无穷本事。我们应把自己当成变化不断的自然世界的伙伴，而非其潜在的主宰者。